Die Zukunft der Vertrauensarbeitszeit

Europäische Hochschulschriften Recht

European University Studies in Law

Publications Universitaires Européennes de Droit

Band/ Volume **6289**

Roua Schmitz

Die Zukunft der Vertrauensarbeitszeit

PETER LANG

Bibliografische Information der Deutschen Nationalbibliothek
Die Deutsche Nationalbibliothek verzeichnet diese Publikation in der Deutschen Nationalbibliografie; detaillierte bibliografische Daten sind im Internet über http://dnb.d-nb.de abrufbar.

Zugl.: Köln, Univ., Diss., 2021

Gedruckt auf alterungsbeständigem, säurefreiem Papier.

D 38
ISSN 0531-7312
ISBN 978-3-631-87196-6 (Print)
E-ISBN 978-3-631-87491-2 (E-PDF)
E-ISBN 978-3-631-87492-9 (EPUB)
DOI 10.3726/b19522

Peter Lang – Berlin · Bern · Bruxelles · New York · Oxford · Warszawa · Wien

Diese Publikation wurde begutachtet.

www.peterlang.com

Für Lamia und Hamdi

Vorwort

An dieser Stelle möchte ich mich zunächst bei meinem Doktorvater, Herrn Prof. Dr. *Martin Henssler*, für die Aufnahme und großartige Betreuung meines Promotionsvorhabens bedanken. Zudem danke ich Herrn Prof. Dr. *Christian Rolfs* für die zügige Erstellung des Zweitgutachtens.

Von ganzem Herzen bedanke ich mich bei meiner Mutter, *Lamia Schmitz-Bahri*, die mir mit ihrer bedingungslosen Liebe immer den Rücken stärkt. Schließlich bedanke ich mich bei meinem Bruder, *Hamdi Schmitz*, der mich während dieser Arbeit stets motivieren konnte. Ihre Unterstützung waren das Fundament dafür, dass diese Dissertation entstehen konnte.

Inhaltsverzeichnis

A. Einleitung

In der heutigen digitalen Arbeitswelt hat Vertrauensarbeitszeit enorm an Bedeutung gewonnen, da Arbeitsprozesse orts- und zeitunabhängig stattfinden können.[1] Was zählt, sind eine Work-Life-Balance, Zeitsouveränität und Zielerreichung bzw. das Ergebnis.[2] Dabei steht das gegenseitige Vertrauen der Arbeitsvertragsparteien im Mittelpunkt des Arbeitsverhältnisses. So nutzt ein Drittel der Unternehmer in Deutschland Vertrauensarbeitszeitmodelle, in denen sie ihren Arbeitnehmerinnen und Arbeitnehmern[3] selbst überlassen, ihre Arbeitszeiten festzulegen.[4] Im Vergleich zu 2004 gelten bundesweit in circa doppelt so vielen Betrieben Vertrauensarbeitszeitregelungen, bei denen die Arbeitszeit der Mitarbeiter üblicherweise nicht vom Arbeitgeber erfasst wird.[5]

Dieser Trend wird von der Globalisierung, Digitalisierung und dem Kulturwandel, die sich auf die Einstellung der Beschäftigten zum Beruf auswirken, getrieben.[6] „Industrie 4.0“[7] bestimmt seit einiger Zeit die Debatte in der deutschen Wirtschaft.[8] Sie ist gekennzeichnet durch eine weitläufige Digitalisierung von Dienstleistungen und Produktion.[9] Auch die Arbeitswelt blieb von diesem digitalen Wandel nicht unberührt und wird von diesem auch weiterhin in ein entgrenztes Arbeiten gesteuert.[10] Der digitale Wandel führt zu einer völligen zeitlichen als auch räumlichen Entgrenzung der Arbeit.[11] Denn aufgrund der

---

1 Vgl. *Steffan*, NZA 2015, 1409 (1413); *Kössel*, DB 2019, 1958 (1962).

2 Vgl. *Steffan*, NZA 2015, 1409 (1411 f.).

3 Nachfolgend einheitlich/geschlechtsneutral: „Arbeitnehmer“.

4 Vgl. BT-Drucksache 19/506 S. 9 f.; BT-Drucksache 19/11469, S. 8 f.

5 Vgl. BT-Drucksache 19/506 S. 9 f.; BT-Drucksache 19/11469, S. 8 f.

6 Vgl. Bundesministerium für Arbeit und Soziales (BMAS), Weißbuch Arbeiten 4.0: Arbeit weiter denken, Berlin 2017, S. 18 ff., abrufbar unter: https://www.bmas.de/SharedDocs/Downloads/DE/PDF-Publikationen/a883-weissbuch.pdf?__blob=publicationFile (12/2019); *Krause*, NZA-Beilage 2017, 53 (53); *Krause*, NZA-Beilage 2019, 86 (87).

7 Unter der „Industrie 4.0“ ist die vierte Ebene der Industrialisierung zu verstehen.

8 Vgl. *Krause*, NZA-Beilage 2017, 53 (53).

9 Vgl. *Krause*, NZA-Beilage 2017, 53 (54).

10 Vgl. *Krause*, NZA-Beilage 2017, 53 (54); *Haußmann*, RdA 2019, 131 (132); *Günther/Böglmüller*, NZA 2015, 1025 (1028); *Bissels/Meyer-Michaelis*, DB 2015, 2331 (2331).

11 Vgl. *Krause*, NZA-Beilage 2017, 53 (54); *Däubler*, Digitalisierung und Arbeitsrecht § 5 Rn. 1.

neuen Möglichkeiten lässt sich die Arbeitsleistung nicht mehr ausschließlich auf den klassischen Arbeitsort und die klassische Arbeitszeit im herkömmlichen Sinne beschränken.[12] Durch mobile Endgeräte, wie z. B. Smartphone, Notebook, Tablet etc., als auch die Cloud-Infrastrukturen kann sie zu jeder Zeit und von jedem Ort der Welt aus erbracht werden.[13]

Das Bedürfnis der Arbeitnehmer, selbst bestimmen zu wollen, wann und wo die Arbeitsleistung zu erbringen ist, nimmt mit den durch die Digitalisierung eröffneten Möglichkeiten stetig zu.[14] Sie erhoffen sich hierdurch eine bessere Bewältigung ihrer privaten Anforderungen und insbesondere die Möglichkeit, Beruf und Familie besser in Einklang zu bringen.[15] Vor allem bei der jüngeren Generation hat die Arbeit zunehmend einen anderen Stellenwert als für die ältere Generation.[16] Während die Vergütung an Bedeutung verliert, gewinnt die sog. „Work-Life-Balance" an Wert.[17]

Es überrascht daher nicht, dass Fragen nach flexiblen Arbeitszeitmodellen, wie der Vertrauensarbeitszeit, in Betrieben immer häufiger gestellt werden.[18] Große Konzerne wie Microsoft oder Google schreiten in diesem Bereich seit Längerem voran. Microsoft Deutschland beispielsweise hat bereits 1998 die Vertrauensarbeitszeit eingeführt.[19] Die dort tätigen Mitarbeiter arbeiten seit 2014 auch an einem sog. „Vertrauensarbeitsort".[20] Sie dürfen darüber entscheiden, wann und an welchem Ort sie arbeiten möchten.[21] Dabei soll die Vertrauensarbeitszeit

---

12 Vgl. *Krause*, NZA-Beilage 2017, 53 (54); *Haußmann*, RdA 2019, 131 (132); *Däubler*, Digitalisierung und Arbeitsrecht § 5 Rn. 1.

13 Vgl. *Krause*, NZA-Beilage 2017, 53 (54); *Haußmann*, RdA 2019, 131 (132); *Däubler*, Digitalisierung und Arbeitsrecht § 5 Rn. 1.

14 Vgl. *Eyler*, NZA-Beilage 2017, 95 (95); *Haußmann*, RdA 2019, 131 (132).

15 Vgl. *Eyler*, NZA-Beilage 2017, 95 (95); *Haußmann*, RdA 2019, 131 (132).

16 Vgl. *Eyler*, NZA-Beilage 2017, 95 (95); *Haußmann*, RdA 2019, 131 (132).

17 Vgl. *Eyler*, NZA-Beilage 2017, 95 (95); *Haußmann*, RdA 2019, 131 (132).

18 Vgl. *Jacobs*, NZA 2016, 733 (733 f.).

19 Rechtshandbuch Flexible Arbeit, 1. Auflage 2017, Dimensionen der Flexibilisierung Rn. 1024; Richter, Isabel, Microsoft Deutschland führt ‚Vertrauensarbeitsort' ein, abrufbar unter: https://news.microsoft.com/de-de/microsoft-deutschland-fhrt-vertrauensarbeitsort-ein/ (02/2019).

20 Vgl. Richter, Isabel, „Microsoft Deutschland führt ‚Vertrauensarbeitsort' ein", abrufbar unter: https://news.microsoft.com/de-de/microsoft-deutschland-fhrt-vertrauensarbeitsort-ein/ (02/2019).

21 Vgl. Richter, Isabel, „Microsoft Deutschland führt ‚Vertrauensarbeitsort' ein", abrufbar unter: https://news.microsoft.com/de-de/microsoft-deutschland-fhrt-vertrauensarbeitsort-ein/ (02/2019).

Bestandteil einer aufgeschlossenen Unternehmenskultur sein, die sich dadurch kennzeichnet, dass sie auf die individuellen Interessen und Stärken der Arbeitnehmer eingeht und ein gutes Betriebsklima erzeugt.[22] Hierdurch versprechen sich Unternehmen, wie Microsoft, ein kreativeres und innovativeres Arbeiten.[23] Allerdings verschwimmen mit zunehmender Flexibilität in der arbeitszeitrechtlichen Gestaltung zunehmend auch die Grenzen von Arbeitszeit und Freizeit.[24] Kritiker warnen daher vor einer Arbeitsverdichtung aufgrund eines konturenlosen Arbeitstages und vor der Selbstausbeutung der Arbeitnehmer.[25]

Um den Herausforderungen der neuen Arbeitsformen gewachsen zu sein, fordern immer mehr Stimmen in Literatur und Politik die Anpassung des Arbeitszeitrechts an die Industrie 4.0.[26] Richtig ist jedenfalls, dass das Arbeitszeitgesetz vor dem Hintergrund eines „nine-to-five-jobs" konzipiert ist.[27] Mit den engen Grenzen des deutschen Arbeitszeitgesetzes (ArbZG) geraten flexible Arbeitszeitgestaltungen, wie die Vertrauensarbeitszeit, zweifellos in einen Konflikt.[28] Die Frage nach einer Notwendigkeit von Anpassungen des Arbeitszeitgesetzes hat mit der Entscheidung des Europäischen Gerichtshofes (EuGH) in der Rechtssache CCOO vom 14.05.2019[29] zusätzlich an Bedeutung gewonnen. Danach müssen die Mitgliedstaaten eine Regelung treffen, die Arbeitgeber verpflichtet, ein System einzurichten, mit dem die von jedem Arbeitnehmer geleistete tägliche Arbeitszeit gemessen werden kann.

Die zunehmende Bedeutung der Arbeit in einer digitalisierten Arbeitswelt verdeutlicht, dass die Vertrauensarbeitszeit eine der zentralen Herausforderungen für die Arbeitszeitgestaltung der Zukunft darstellt.[30] Daher stellt sich die

---

22 Vgl. Richter, Isabel, „Microsoft Deutschland führt ‚Vertrauensarbeitsort' ein", abrufbar unter: https://news.microsoft.com/de-de/microsoft-deutschland-fhrt-vertrauensarbeitsort-ein/ (02/2019).

23 Vgl. Richter, Isabel, „Microsoft Deutschland führt ‚Vertrauensarbeitsort' ein", unter: https://news.microsoft.com/de-de/microsoft-deutschland-fhrt-vertrauensarbeitsort-ein/ (02/2019).

24 Vgl. Küttner/*Poeche*, Personalbuch, 27. Aufl. 2020, Arbeitszeitmodelle, Rn. 16.

25 Vgl. Küttner/*Poeche*, Personalbuch, 27. Aufl. 2020, Arbeitszeitmodelle, Rn. 16.

26 Vgl. *Steffan*, NZA 2015, 1409 (1409).

27 Vgl. *Steffan*, NZA 2015, 1409 (1409).

28 Vgl. *Wiebauer*, NZA 2016, 1430 (1432).

29 Vgl. EuGH, Urteil v. 14.05.2019 – C-55/18, NZA 2019, 683.

30 Vgl. Bundesministerium für Arbeit und Soziales (BMAS), Weißbuch Arbeiten 4.0: Arbeit weiter denken, Berlin 2017, S. 18 ff., abrufbar unter: https://www.bmas.de/SharedDocs/Downloads/DE/PDF-Publikationen/a883-weissbuch.pdf?__blob=publicationFile (12/2019); Rechtshandbuch Flexible Arbeit 1. Auflage 2017, Rn. 2 ff.

Frage, ob Vertrauensarbeitszeit trotz der engen gesetzlichen Grenzen und der dazu entwickelten Rechtsprechung in der heutigen Arbeitswelt, in der sie gerade gefordert wird, überhaupt noch möglich ist.

Dazu soll in der nachfolgenden Arbeit[31] zunächst untersucht und dargestellt werden, was tatsächlich unter Vertrauensarbeitszeit zu verstehen ist (unter B. I.) und welche Interessen des Arbeitgebers und der Arbeitnehmer bei der Einführung von Vertrauensarbeitszeit eine Rolle spielen (unter B. II.). Anschließend werden die europarechtlichen Grundlagen des Arbeitszeitrechts zur systematischen Einordnung dargestellt. Auf dieser Grundlage wird im Weiteren, unter Berücksichtigung des Unionsrechts, auf ausgewählte und besonders praxisrelevante Fragen bzw. gesetzliche Grenzen der Vertrauensarbeitszeit vor dem Hintergrund eingegangen, ob Vertrauensarbeitszeit auch in Zukunft noch möglich sein wird (unter C. II). Im Besonderen wird der Frage nachgegangen, welche Auswirkungen die bereits angesprochene EuGH-Entscheidung CCOO[32] auf das deutsche Arbeitszeitrecht hat und ob damit das oftmals befürchtete Ende der Vertrauensarbeitszeit einhergehen wird (unter C. II. 6.). Zusätzlich werden praxisrelevante arbeitsvertragliche Grenzen bei der Gestaltung von Vertrauensarbeitszeit erörtert (unter D.).

---

31 In diese Arbeit sind auch Inhalte und Ergebnisse der im Jahr 2018 der juristischen Fakultät der Universität zu Köln vorgelegten Seminararbeit des Verfassers eingegangen.

32 EuGH, Urteil v. 14.05.2019 – – C-55/18, NZA 2019, 683.

B. Grundlagen der Vertrauensarbeitszeit

Generell wird unter Vertrauensarbeitszeit ein Arbeitszeitmodell verstanden, wonach Arbeitnehmer ihre vertraglich geschuldete Arbeitszeit selbstständig organisieren können.[33] Der Begriff Vertrauensarbeitszeit entstand Ende der 1990er-Jahre im Kontext betrieblicher Strategien zur Arbeitszeitflexibilisierung.[34] Das Gesetz kennt den Begriff der Vertrauensarbeitszeit allerdings nicht.[35] Wie bei allen Arbeitszeitmodellen unterliegt auch die Vertrauensarbeitszeit den arbeitszeitrechtlichen und den europarechtlichen Vorgaben der Arbeitszeitrichtlinie 2003/88/EG.[36]

I. Was bedeutet Vertrauensarbeitszeit?

Trotz dieses generellen Verständnisses herrscht immer noch Uneinigkeit darüber, was im Einzelnen unter Vertrauensarbeitszeit zu verstehen ist und wie das Arbeitszeitmodell der Vertrauensarbeitszeit rechtlich ausgestaltet ist.[37] Daher verwundert es nicht, dass auch Arbeitgeber und Arbeitnehmer oft eine falsche Vorstellung davon haben, was tatsächlich unter dem Arbeitszeitmodell der Vertrauensarbeitszeit zu verstehen ist.[38] Um feststellen zu können, wo die Grenzen bei der Gestaltung der Vertrauensarbeitszeit liegen und ob sie auch in Zukunft weiterhin möglich bleibt, muss geklärt werden, was unter Vertrauensarbeitszeit tatsächlich zu verstehen ist. Diese Frage soll im Folgenden genauer erörtert werden.

---

33 Vgl. *Jerchel*/HK-ArbZR, 3 Rn. 72; Küttner/*Poeche*, Personalbuch, 27. Aufl. 2020, Arbeitszeitmodelle, Rn. 16.; Hahn, Flexible Arbeitszeit, Rn. 655.

34 Vgl. *Jerchel*/HK-ArbZR, § 3 Rn. 72.

35 Vgl. Buschmann/Ulber, § 3 Rn. 39.

36 Vgl. *Jerchel*/HK-ArbZR, 3 Rn. 73.

37 Vgl. *Kalb*, RdA 2004, 188 (189).

38 Hierzu auch die Bundesregierung in der BT-Drucksache 19/506, S. 11, wonach der Begriff „Vertrauensarbeitszeit" in der Praxis sehr unterschiedlich verstanden wird, sodass Beschäftigtenbefragungen keine validen Daten zum Umfang der Vertrauensarbeitszeit liefern können.

1. Verständnis der Literatur

a) Wegfall von personenbezogenen Arbeitszeit- und Anwesenheitsvorgaben

Nach überwiegender Auffassung in der Literatur ist für eine Vertrauensarbeitszeit zunächst charakteristisch, dass die Arbeitszeiten, zu denen der Arbeitnehmer seine Dienste zu erbringen hat, nicht durch den Arbeitgeber vorgegeben werden.[39] Der jeweilige Arbeitnehmer kann die Lage und Verteilung seiner Arbeitszeit selbst bestimmen.[40] Er kann darüber entscheiden, wann und wie lange und mit welchen Unterbrechungen er arbeitet und ob er an einem bestimmten Tag überhaupt arbeitet.[41] Dabei erfüllt er die arbeitsvertragliche Arbeitszeit selbstständig und eigenverantwortlich.[42] Ihm wird nur ein Arbeitsauftrag mit festgelegtem Erledigungstermin übertragen.[43]

Von anderen Stimmen in der Literatur wird die Entscheidungsbefugnis des Arbeitnehmers über die Lage seiner Arbeitszeit teilweise dahin gehend verstanden, dass er nur dann arbeiten muss, wenn Arbeit vorhanden ist.[44] Werde er nicht benötigt, arbeitet er auch nicht.[45] Dadurch minimiere er das Betriebs- und Annahmeverzugsrisiko des Arbeitgebers, obwohl es nicht dieser, sondern der Arbeitnehmer selbst in der Hand habe, zu entscheiden, wann er die erforderliche Arbeitsleistung erbringt.[46] *Schüren*[47] geht noch einen Schritt weiter und vertritt die Auffassung, dass die Arbeitszeitplanung durch den Arbeitnehmer im Rahmen der Vertrauensarbeitszeit „billig" im Sinne von § 315 Abs. 3 S. 1 des Bürgerlichen Gesetzbuches (BGB) sein muss. Die Arbeitszeitplanung sei Teil der geschuldeten Arbeitsleistung und trete an die Stelle der Arbeitszeitplanung durch den Arbeitgeber.[48] Dabei unterliege der Arbeitnehmer anderen Schranken als der Arbeitgeber, wenn dieser gem. § 106 Gewerbeordnung (GewO) die

39 Vgl. Küttner/*Poeche*, Personalbuch, 27. Aufl. 2020, Arbeitszeitmodelle, Rn. 16.
40 Vgl. Rechtshandbuch Flexible Arbeit, 1. Auflage 2017, Dimensionen der Flexibilisierung Rn. 762.
41 Vgl. Hahn, Flexible Arbeitszeit, Rn. 655.
42 Rechtshandbuch Flexible Arbeit, 1. Auflage 2017, Dimensionen der Flexibilisierung Rn. 762.
43 Vgl. *Compensis,* NJW 2007, 3089 (3089).
44 Vgl. Hahn, Flexible Arbeitszeit, Rn. 837 f.
45 Hahn, Flexible Arbeitszeit, Rn. 837 f.
46 Hahn, Flexible Arbeitszeit, Rn. 837 f.
47 MünchArbR/*Schüren*, Band 1: Individualarbeitsrecht I, 4. Aufl. 2018, § 47 Rn. 26.
48 MünchArbR/*Schüren*, Band 1: Individualarbeitsrecht I, 4. Aufl. 2018, § 47 Rn. 26.

Arbeitszeitlage bestimmt.[49] Der Arbeitgeber handle nämlich erst dann unbillig, wenn er die Interessen des Arbeitnehmers nicht angemessen berücksichtigt.[50] Dagegen bleibe seine Planung billig und verbindlich, wenn er betriebliche Interessen objektiv zu wenig berücksichtigt und sich damit selbst schadet – die Billigkeit schützt.[51] Erfolgt hingegen die Leistungsbestimmung durch den Arbeitnehmer, müsse sie die betrieblichen Interessen angemessen berücksichtigen, um billig zu sein.[52] Der Arbeitnehmer wiederum, der seine eigenen Interessen hintanstellt, plane nicht unbillig und ist an seine eigene Planung gebunden.[53]

b) Verzicht auf formale Arbeitszeiterfassung und -kontrolle

Als weiteres Charakteristikum für die Vertrauensarbeitszeit gilt der Verzicht des Arbeitgebers auf Arbeitszeiterfassung und Arbeitszeitkontrolle.[54] Der Arbeitnehmer ist demnach selbst für die Arbeitszeitkontrolle verantwortlich.[55] Der Arbeitgeber ist zwar nicht in der Lage festzustellen, ob der Arbeitnehmer die geschuldete Arbeitszeit tatsächlich einhält.[56] Das wird allerdings auch nicht als notwendig erachtet.[57] Denn die Interessen des Arbeitgebers werden in diesem Fall als bereits hinreichend gewahrt gesehen, weil er durch das erbrachte Arbeitsergebnis die Leistung der Arbeitnehmer einschätzen kann.[58] Demnach entfallen bei der Vereinbarung von Vertrauensarbeitszeit auch die Arbeitszeitkonten.[59]

---

49 MünchArbR/*Schüren*, Band 1: Individualarbeitsrecht I, 4. Aufl. 2018, § 47 Rn. 26.

50 MünchArbR/*Schüren*, Band 1: Individualarbeitsrecht I, 4. Aufl. 2018, § 47 Rn. 26.

51 MünchArbR/*Schüren*, Band 1: Individualarbeitsrecht I, 4. Aufl. 2018, § 47 Rn. 26.

52 MünchArbR/*Schüren*, Band 1: Individualarbeitsrecht I, 4. Aufl. 2018, § 47 Rn. 26.

53 MünchArbR/*Schüren*, Band 1: Individualarbeitsrecht I, 4. Aufl. 2018, § 47 Rn. 26.

54 Vgl. Rechtshandbuch Flexible Arbeit, 1. Auflage 2017, Dimensionen der Flexibilisierung Rn. 762; Hahn, Flexible Arbeitszeit, Rn. 838; Küttner/*Poeche*, Personalbuch, 27. Aufl. 2020, Arbeitszeitmodelle, Rn. 16.

55 Vgl. Preis/Necati, Innovative Arbeitsformen, S. 333 f.

56 Vgl. Küttner/*Poeche*, Personalbuch, 27. Aufl. 2020, Arbeitszeitmodelle, Rn. 16.

57 Vgl. Küttner/*Poeche*, Personalbuch, 27. Aufl. 2020, Arbeitszeitmodelle, Rn. 16.

58 Vgl. Küttner/*Poeche*, Personalbuch, 27. Aufl. 2020, Arbeitszeitmodelle, Rn. 16.

59 Vgl. Küttner/*Poeche*, Personalbuch, 27. Aufl. 2020, Arbeitszeitmodelle, Rn. 16.

c) Einhaltung der vertraglich vereinbarten Arbeitszeit

Nach einigen Stimmen in der Literatur[60] soll jedoch die Pflicht des Arbeitnehmers, die Arbeitszeit in einem nach Stunden bemessenen Umfang abzuleisten, bestehen bleiben. Trotz der eigenverantwortlichen Arbeitszeitverteilung schuldet er dennoch die Ableistung eines bestimmen Arbeitszeitrahmens, der sich aus dem Arbeitsvertrag und ggf. geltenden tarifvertraglichen Regelungen ergibt.[61] Ob er diese tatsächlich erfüllt hat, wird jedoch nicht kontrolliert.[62] Andere Stimmen in der Literatur[63] vertreten hingegen die Auffassung, dass sich der Schwerpunkt der Leistungsbeurteilung bei der Vertrauensarbeitszeit komplett auf die Arbeitsergebnisse verschiebe und deshalb die vom jeweiligen Arbeitnehmer tatsächlich geleistete Arbeitszeit unerheblich sei, solange das Projekt innerhalb der vorgegebenen Parameter bearbeitet werde.

d) Entstehung von Überstunden

Da die Arbeitnehmer eigenverantwortlich die Verteilung ihrer Arbeitszeit übernehmen und demnach auch selbst für den zeitlichen Ausgleich von geleisteten Überstunden verantwortlich sind, wird im Schrifttum teilweise vertreten, dass der Arbeitgeber keine Überstunden anordnen kann und dementsprechend keine Überstunden entstehen können, die zu vergüten sind.[64] Das Konzept der Vertrauensarbeitszeit sieht demnach die Schaffung einer Arbeitszeitsouveränität vor, sodass Überstunden nicht mehr angeordnet werden müssen.[65] Andere wiederum sind der Auffassung, dass auch im Rahmen von Vertrauensarbeitszeit

60 Vgl. Küttner/*Poeche,* Personalbuch, 27. Aufl. 2020, Arbeitszeitmodelle, Rn. 16; Rechtshandbuch Flexible Arbeit, 1. Auflage 2017, Dimensionen der Flexibilisierung Rn. 762; Hahn, Flexible Arbeitszeit, Rn. 840.

61 Vgl. Maschmann/Sieg/Göpfert/*Bodem*, Vertragsgestaltung im Arbeitsrecht, 2. Auflage 2016, 120 Arbeitszeit, Rn. 78; Küttner/*Poeche,* Personalbuch, 27. Aufl. 2020, Arbeitszeitmodelle, Rn. 16.

62 Vgl. Maschmann/Sieg/Göpfert/*Bodem*, Vertragsgestaltung im Arbeitsrecht, 2. Auflage 2016, 120 Arbeitszeit, Rn. 78; Küttner/*Poeche,* Personalbuch, 27. Aufl. 2020, Arbeitszeitmodelle, Rn. 16.

63 Vgl. *Compensis,* NJW 2007, 3089 (3089); *Stefan Sträßer* in: Besgen/Prinz, Arbeiten 4.0 – Arbeitsrecht und Datenschutz in der digitalisierten Arbeitswelt, 4. Aufl. 2018, § 3 Herausforderungen der Digitalisierung für das Arbeitszeitrecht, Rn. 95; Hahn, Flexible Arbeitszeit, Rn. 838.

64 Vgl. Hahn, Flexible Arbeitszeit, Rn. 840.

65 Vgl. Hahn, Flexible Arbeitszeit, Rn. 840.

Überstunden entstehen können.[66] Es gelten dieselben Grundsätze der Vergütung wie in jedem anderen Fall der Arbeitsleistung.[67]

2. Definition nach der Rechtsprechung

Die Rechtsprechung hat eine eigene Definition zur Vertrauensarbeitszeit entwickelt. Das Bundesarbeitsgericht (BAG) definierte erstmalig in seinem Beschluss vom 06.05.2003[68] Vertrauensarbeitszeit als ein Arbeitszeitmodell, bei dem auf die Festlegung von Beginn und Ende der täglichen Arbeitszeit verzichtet wird. Später erweiterte das BAG seine Definition.[69] Nunmehr wird Vertrauensarbeitszeit in einschlägigen Entscheidungen des BAG regelmäßig wie folgt beschrieben:

> „Vertrauensarbeitszeit bedeutet grundsätzlich nur, dass der Arbeitgeber auf die Festlegung von Beginn und Ende der täglichen Arbeitszeit verzichtet und darauf vertraut, der betreffende Arbeitnehmer werde seine Arbeitsverpflichtung in zeitlicher Hinsicht auch ohne Kontrolle erfüllen."[70]

Daraus ergeben sich für die Kennzeichnung von Vertrauensarbeitszeit zwei kumulative Charakteristika. Zunächst folgt aus der Definition des BAG, dass die Vertrauensarbeitszeit durch den Verzicht des Arbeitgebers auf die Festlegung von Beginn und Ende der täglichen Arbeitszeit gekennzeichnet ist. Das heißt, der Arbeitnehmer kann darüber entscheiden, wann er die Arbeit aufnimmt und wann er sie beendet. Eine Einschränkung dahin gehend, dass er nur arbeiten muss, wenn Arbeit besteht, ergibt sich daraus nicht. Zudem hat sich das BAG, soweit ersichtlich, bislang noch nicht dazu geäußert, ob die Arbeitszeiteinteilung billigem Ermessen entsprechen muss.

---

66 Vgl. Maschmann/Sieg/Göpfert/*Bodem*, Vertragsgestaltung im Arbeitsrecht, 2. Auflage 2016, 120 Arbeitszeit, Rn. 79; *Richter*, ArbRAktuell 2018, 241 (243).

67 Vgl. Maschmann/Sieg/Göpfert/*Bodem*, Vertragsgestaltung im Arbeitsrecht, 2. Auflage 2016, 120 Arbeitszeit, Rn. 79.

68 BAG, Beschluss v. 06.05.2003 – 1 ABR 13/02, NZA 2003, 1348 (1352).

69 BAG, Urteil v. 23.09.2015 – 5 AZR 767/13, NZA 2016, 295 (298); BAG, Urteil v. 29.08.2013 – 2 AZR 273/12, NZA 2014, 533 (535); BAG, Urteil v. 24.05.2012 – 2 AZR 124/11, NZA 2012, 1223 (126 f.); BAG, Urteil v. 26.06.2019 – 5 AZR 452/18, NZA 2019, 1361 (1363).

70 BAG, Urteil v. 23.09.2015 – 5 AZR 767/13, NZA 2016, 295 (298); BAG, Urteil v. 29.08.2013 – 2 AZR 273/12, NZA 2014, 533 (535); BAG, Urteil v. 24.05.2012 – 2 AZR 124/11, NZA 2012, 1223 (1226 f.); BAG, Beschluss v. 06.05.2003 – 1 ABR 13/02, NZA 2003, 1348 (1352); BAG, Urteil v. 26.06.2019 – 5 AZR 452/18, NZA 2019, 1361 (1363).

Des Weiteren liegt Vertrauensarbeitszeit laut der Definition des BAG vor, wenn der Arbeitgeber darauf verzichtet zu kontrollieren, ob der Arbeitnehmer seine Arbeitsverpflichtungen in zeitlicher Hinsicht erfüllt. Das heißt, er vertraut darauf, dass der Arbeitnehmer die geschuldete Arbeitszeit tatsächlich ordnungsgemäß ableistet. Im Übrigen beschränkt sich die Rechtsprechung darauf, negativ festzustellen, was Vertrauensarbeitszeit gerade nicht bedeutet.

Das BAG wies hier in seiner Entscheidung vom 29.08.2013[71] darauf hin, dass aus dem Verzicht auf die Festlegung von Beginn und Ende der täglichen Arbeitszeit nicht folge, dass der Arbeitnehmer von einer Bindung an ein bestimmtes Zeitmaß enthoben ist. Aus der Vereinbarung von Vertrauensarbeitszeit folge insbesondere nicht, dass es an arbeits- oder tarifvertraglichen Vorgaben zur wöchentlichen Arbeitszeit fehlt.[72] Die Einhaltung dieser Verpflichtung werde lediglich nicht kontrolliert.[73] Das heißt, im Falle einer Vertrauensarbeitszeit ist die Annahme verfehlt, dass ein Arbeitnehmer weniger Stunden leisten könne, als arbeitsvertraglich vereinbart wurde, sofern nur das Ergebnis stimmt. Umgekehrt kann der Arbeitgeber nach der Rechtsprechung des BAG nicht über die täglich erbrachte Arbeitszeit hinaus Arbeitsleistungen im Umfang von „bis zu einer Stunde täglich" verlangen.[74]

Zur Arbeitszeiterfassung im Rahmen von Vertrauensarbeitszeit hat sich das BAG bislang jedenfalls noch nicht explizit geäußert. Allerdings hat es in seiner Entscheidung vom 06.05.2003[75] einen Auskunftsanspruch des Betriebsrates bzgl. der täglichen Arbeitszeit der im Betrieb tätigen Arbeitnehmer bejaht, obwohl Vertrauensarbeitszeit im Betrieb bestand. Das BAG wies darauf hin, dass ein Verzicht auf die Erhebung von Arbeitszeitdaten der Arbeitnehmer keine zu respektierende Ausübung der betrieblichen Organisations- und Leitungsmacht des Arbeitgebers sei.[76] Diese bestehe nur im Rahmen der den Arbeitgeber bindenden normativen Vorgaben.[77] Auch wenn der Betriebsrat einem Arbeitszeitmodell zugestimmt habe, bei dem auf die Festlegung von Beginn und Ende der täglichen Arbeitszeit verzichtet werde (Vertrauensarbeitszeit), habe der Arbeitgeber seinen Betrieb so zu organisieren, dass die gesetzlichen und tariflichen

---

71 BAG, Urteil v. 29.08.2013 – 2 AZR 273/12, NZA 2014, 533 (535).

72 BAG, Urteil v. 29.08.2013 – 2 AZR 273/12, NZA 2014, 533 (535); BAG, Urteil v. 24.05.2012 – 2 AZR 124/11, NZA 2012, 1223 (126 f.).

73 BAG, Urteil v. 29.08.2013 – 2 AZR 273/12, NZA 2014, 533 (535).

74 BAG, Urteil v. 24.05.2012 – 2 AZR 124/11, NZA 2012, 1223 (126 f.).

75 BAG, Beschluss v. 06.05.2003 – 1 ABR 13/02, NZA 2003, 1348 (1352).

76 BAG, Beschluss v. 06.05.2003 – 1 ABR 13/02, NZA 2003, 1348 (1352).

77 BAG, Beschluss v. 06.05.2003 – 1 ABR 13/02, NZA 2003, 1348 (1352).

Höchstarbeitszeitgrenzen – und im Streitfall der mit dem Betriebsrat vereinbarte Höchstumfang von Mehrarbeitsstunden – eingehalten werden.[78] Denn zu einer Wahrnehmung der anfallenden Arbeitszeit sei der Arbeitgeber ohnehin verpflichtet.[79] Damit hat das BAG jedenfalls festgestellt, dass auch im Rahmen von Vertrauensarbeitszeit der Arbeitgeber die tägliche Arbeitszeit der Arbeitnehmer zur Kenntnis nehmen muss, um überprüfen zu können, ob die arbeitsschutzrechtlichen Vorschriften eingehalten werden.[80] Auf eine Kenntnisnahme der täglich erbrachten Arbeitszeit kann er demnach nicht verzichten.

Betreffend das zweite Charakteristikum – den arbeitgeberseitigen Verzicht auf die Kontrolle der Einhaltung der arbeitsvertraglichen Verpflichtung in zeitlicher Hinsicht – hat das BAG auch in seiner Entscheidung vom 23.09.2015 klargestellt, dass die Vereinbarung von Vertrauensarbeitszeit weder der Führung eines Arbeitszeitkontos entgegensteht, noch die Abgeltung eines aus Mehrarbeit des Arbeitnehmers resultierenden Zeitguthabens ausschließt.[81] In dem dieser Entscheidung zugrunde liegenden Sachverhalt vertrat der Arbeitgeber die Auffassung, dass ein Arbeitszeitkonto nicht mehr zu führen gewesen sei, weil die Parteien bereits kurz nach Beginn des Arbeitsverhältnisses Vertrauensarbeitszeit vereinbart hatten.[82] Überstunden seien von ihm daher nicht angeordnet, gebilligt oder geduldet worden.[83] Sie seien auch nicht zur Erledigung der Arbeit notwendig gewesen.[84] Das BAG hat dazu klargestellt, dass die bloße Ersetzung von fester Arbeitszeit mit Arbeitszeitkonten durch Vertrauensarbeitszeit nicht ausreicht, um Einfluss auf den Bestand und die Fortführung der Arbeitszeitkonten zu nehmen.[85] Soweit der Arbeitgeber die Weiterführung eines Arbeitszeitkontos durch den Arbeitnehmer verhindern möchte, bedürfe es einer ausdrücklichen Vereinbarung.[86] Alleine die Vereinbarung einer Vertrauensarbeitszeit mit dem Arbeitnehmer reiche hingegen nicht aus.[87]

---

78 BAG, Beschluss v. 06.05.2003 – 1 ABR 13/02, NZA 2003, 1348 (1352).
79 BAG, Beschluss v. 06.05.2003 – 1 ABR 13/02, NZA 2003, 1348 (1352).
80 Hierzu ausführlicher unter C. II.
81 BAG, Urteil v. 23.09.2015 – 5 AZR 767/13, NZA 2016, 295 (298).
82 BAG, Urteil v. 23.09.2015 – 5 AZR 767/13, NZA 2016, 295 (295 f).
83 BAG, Urteil v. 23.09.2015 – 5 AZR 767/13, NZA 2016, 295 (295 f.).
84 BAG, Urteil v. 23.09.2015 – 5 AZR 767/13, NZA 2016, 295 (295 f.).
85 BAG, Urteil v. 23.09.2015 – 5 AZR 767/13, NZA 2016, 295 (298).
86 Vgl. BAG, Urteil v. 23.09.2015 – 5 AZR 767/13, NZA 2016, 295 (298); *Richter*, ArbRAktuell 2018, 241(243).
87 BAG, Urteil v. 23.09.2015 – 5 AZR 767/13, NZA 2016, 295 (298).

In seiner jüngsten Entscheidung vom 26.06.2019[88] hat sich das BAG schließlich erneut mit der Abgeltung von Überstunden im Rahmen von Vertrauensarbeitszeit befasst. Klarstellend hat das BAG ausgeführt, dass der Arbeitgeber sich der Vergütungspflicht von angefallenen Überstunden nicht dadurch entledigen könne, indem er sich auf die Vereinbarung von Vertrauensarbeitszeit stützt.[89] Danach bedeutete Vertrauensarbeitszeit nicht, dass ein Anspruch auf Vergütung von Überstunden generell nicht besteht.[90] Habe der Arbeitnehmer es durch den Umfang der vom Arbeitgeber zugewiesenen Arbeit schlichtweg nicht mehr in der Hand, „Überstunden" durch die Selbstbestimmung von Beginn und Ende der täglichen Arbeitszeit „auszugleichen", seien diese – soweit sie nicht auf einem Arbeitszeitkonto gutgeschrieben würden – nach § 611a Abs. 2 BGB oder – fehle es an einer ausdrücklichen Vergütungsvereinbarung – nach § 612 Abs. 1 BGB zu vergüten.[91]

Neben den Feststellungen des BAG zur Überstundenvergütung im Rahmen von Vertrauensarbeitszeit lassen sich aus der Entscheidung auch Erkenntnisse zum Umfang der Arbeitszeitsouveränität entnehmen. So stellte das BAG fest, dass der Arbeitnehmer aufgrund der eigenverantwortlichen Bestimmung über den Beginn und das Ende seiner Arbeitszeit auch dafür zu sorgen hat, dass er nicht mehr und nicht weniger als die geschuldete Arbeitszeit erbringt.[92] Durch den Umfang der zugewiesenen Arbeit kann es jedoch geschehen, dass er trotz der Selbstbestimmung über Beginn und Ende der täglichen Arbeitszeit einen Ausgleich für Überstunden nicht schaffen kann.[93] Das heißt, grundsätzlich ist der Arbeitnehmer dafür verantwortlich, seine Arbeitszeit auszugleichen. Ist ihm dies aufgrund des zugewiesenen Umfangs an Arbeit nicht mehr möglich, so muss der Arbeitgeber regelnd eingreifen. Nach Auffassung des BAG käme in diesem Fall eine Rechtfertigung des Arbeitgebers allenfalls dann in Betracht, wenn der Arbeitnehmer es durch die Vertrauensarbeitszeit in der Hand hätte, einen „übermäßigen" Überstundenanfall zu verhindern.[94] Hierzu müsse der Arbeitgeber aufzeigen, dass und in welcher Weise – gerade in Phasen übermäßiger

88 BAG, Urteil v. 26.06.2019 – 5 AZR 452/18, NZA 2019, 1361 (1363).
89 Vgl. BAG, Urteil v. 23.09.2015 – 5 AZR 767/13, NZA 2016, 295 (298).
90 BAG, Urteil v. 26.06.2019 – 5 AZR 452/18, NZA 2019, 1361 (1363).
91 BAG, Urteil v. 26.06.2019 – 5 AZR 452/18, NZA 2019, 1361 (1363).
92 Vgl. BAG, Urteil v. 26.06.2019 – 5 AZR 452/18, NZA 2019, 1361 (1363).
93 Vgl. BAG, Urteil v. 26.06.2019 – 5 AZR 452/18, NZA 2019, 1361 (1363).
94 Vgl. BAG, Urteil v. 26.06.2019 – 5 AZR 452/18, NZA 2019, 1361 (1363).

Belastung – Arbeitnehmer Überstunden in nennenswertem Umfang durch bezahlte Freizeit „vermeiden“ können und welche Regelungen dazu bestehen.[95]

3. Zusammenfassung und Fazit

Zusammenfassend kann festgehalten werden, dass in der Literatur unter dem Begriff der Vertrauensarbeitszeit unterschiedliche flexible Arbeitszeitmodelle in unterschiedlichen Varianten zusammengefasst und verstanden werden. Eine klare Definition, was unter Vertrauensarbeitszeit zu verstehen ist, hat sich mittlerweile jedoch in der Rechtsprechung entwickelt. Danach bedeutet Vertrauensarbeitszeit nur, dass „der Arbeitgeber auf die Festlegung von Beginn und Ende der täglichen Arbeitszeit verzichtet und darauf vertraut, dass der betreffende Arbeitnehmer seine Arbeitspflicht in zeitlicher Hinsicht auch ohne Kontrolle erfüllen wird“.[96] Grundlage der Einführung und der rechtlichen Ausgestaltung von Vertrauensarbeitszeit sollte in der Praxis daher stets die Definition des BAG zur Vertrauensarbeitszeit sein, denn nur hierauf kommt es im Streitfall an.

Wichtig ist zudem, dass Vertrauensarbeitszeit den Arbeitnehmer nicht von der Erfüllung seiner arbeitsvertraglichen Verpflichtung in zeitlicher Hinsicht entbindet.[97] Ist er mit seiner Aufgabe z. B. innerhalb von fünf Stunden, anstelle von geschuldeten acht Stunden fertig, so schuldet er dem Arbeitgeber dennoch die Ableistung von weiteren drei Stunden. Hat der Arbeitnehmer bereits die täglich oder wöchentlich geschuldete Arbeitszeit erbracht, so hat er seine arbeitsvertragliche Verpflichtung erfüllt. Er muss nicht mehr leisten, als er schuldet, um ein vom Arbeitgeber gewünschtes Ergebnis zu erzielen.

Sofern Überstunden entstanden sind, hat zunächst der Arbeitnehmer aufgrund der Selbstbestimmung über den Beginn und das Ende der Arbeitszeit dafür zu sorgen, dass sie ausgeglichen werden. Dies führt jedoch nicht dazu, dass im Rahmen von Vertrauensarbeitszeit keine Überstunden entstehen können und ggf. abzugelten sind.[98] Sie können auch dann entstehen, wenn die angefallenen

95 BAG, Urteil v. 26.06.2019 – 5 AZR 452/18, NZA 2019, 1361 (1363).

96 BAG, Urteil v. 23.09.2015 – 5 AZR 767/13, NZA 2016, 295 (298); BAG, Urteil v. 29.08.2013 – 2 AZR 273/12, NZA 2014, 533 (535); BAG, Urteil v. 24.05.2012 – 2 AZR 124/11, NZA 2012, 1223 (126 f.); BAG, Beschluss v. 06.05.2003 – 1 ABR 13/02, NZA 2003, 1348 (1352); BAG, Urteil v. 26.06.2019 – 5 AZR 452/18, NZA 2019, 1361 (1363).

97 Vgl. BAG, Urteil v. 29.08.2013 – 2 AZR 273/12, NZA 2014, 533 (535); Rechtshandbuch Flexible Arbeit 1. Auflage 2017, Dimensionen der Flexibilisierung Rn. 762; Hahn, Flexible Arbeitszeit, Rn. 840.

98 Zur Rechtfertigung und Beweislast im Streitfall, siehe D. IV.

Überstunden zwar nicht angeordnet waren, jedoch als nicht aufschiebbare Tätigkeiten zur Erledigung der geschuldeten Arbeit notwendig waren.[99] Der Arbeitnehmer soll Mehrarbeit jedoch in erster Linie durch Freizeit ausgleichen, sodass eine Abgeltung von Überstunden gar nicht erst entsteht. Ist dies nicht möglich, so soll er – anders als bei reiner Ergebnisorientierung – dieses Missverhältnis geltend machen und auf Entlastung drängen können.[100] Das nachträgliche Einfordern von Überstunden soll deshalb nur dann Erfolg haben, wenn eine Entlastung nicht möglich ist.[101] Das Konzept beabsichtigt jedoch nicht, dass der Arbeitnehmer ohne Ende zu seiner eigenen Last arbeitet.[102]

Entgegen der überwiegenden Meinung in der Literatur[103] bedeutet Vertrauensarbeitszeit auch nicht, dass eine Arbeitszeiterfassung nicht stattfindet. Der Definition des BAG zur Vertrauensarbeitszeit lässt sich dies jedenfalls nicht entnehmen. Der Arbeitgeber verzichtet dem BAG zufolge lediglich auf die Festlegung von Beginn und Ende der täglichen Arbeitszeit.[104] Dies beinhaltet dem Wortlaut des Urteils nach jedoch nicht, dass er auch auf die Erfassung der täglichen Arbeitszeit verzichtet. Auch aus der Formulierung, dass der Arbeitgeber auf die Kontrolle der Einhaltung der arbeitsvertraglichen Verpflichtung verzichtet, ergibt sich nichts anderes. Vielmehr ist die Definition nur so zu verstehen, dass er darauf verzichtet, zu kontrollieren, ob der Arbeitnehmer seine vertraglich geschuldete Arbeitszeit abgeleistet hat. Er kontrolliert nur nicht, ob der Arbeitnehmer die versprochenen Dienste im Rahmen der geschuldeten individualrechtlichen Arbeitszeit abgeleistet hat.[105] Eine Zeiterfassung als Abrechnungsgrundlage kann bei der Vereinbarung von Vertrauensarbeitszeit dennoch bestehen.[106] Ebenso kann diese auch als Nachweis für die erbrachte Arbeitsleitung dienen.[107] Daher ist eine Zeiterfassung auch bei der Vertrauensarbeitszeit nicht hinfällig.[108]

---

99 Vgl. BAG, Urteil v. 10.04. 2013 – 5 AZR 122/12, NZA 2013, 1100 (1101), Rn. 17.

100 Vgl. Beck'sches Formularbuch Arbeitsrecht/*Ubber*, C.II.7.

101 Vgl. BAG, Urteil v. 26.06.2019 – 5 AZR 452/18, NZA 2019, 1361 (1363).

102 Vgl. MünchArbR/*Schüren*, Band 1: Individualarbeitsrecht I, 4. Aufl. 2018, § 47 Rn. 26.

103 Vgl. Rechtshandbuch Flexible Arbeit, 1. Auflage 2017, Dimensionen der Flexibilisierung Rn. 762; Hahn, Flexible Arbeitszeit, Rn. 838; Küttner/*Poeche*, Personalbuch, 27. Aufl. 2020, Arbeitszeitmodelle, Rn. 16; Kohte/Faber/Feldhoff/*Reim*, Gesamtes Arbeitsschutzrecht, § 4 ArbZG Rn. 12.

104 Vgl. BAG, Urteil v. 23.09.2015 – 5 AZR 767/13, NZA 2016, 295 (298).

105 Vgl. BAG, Urteil v. 23.09.2015 – 5 AZR 767/13, NZA 2016, 295 (298).

106 Vgl. BAG, Urteil v. 23.09.2015 – 5 AZR 767/13, NZA 2016, 295 (298).

107 Vgl. BAG, Urteil v. 23.09.2015 – 5 AZR 767/13, NZA 2016, 295 (298).

108 A.A. Preis/*Necati*, Innovative Arbeitsformen, S. 333 f.

II. Chancen und Herausforderungen der Vertrauensarbeitszeit

Wird in einem Betrieb Vertrauensarbeitszeit vereinbart, spielen verschiedene Erwartungen und Bedenken sowohl des Arbeitgebers als auch der Arbeitnehmer eine entscheidende Rolle. Dabei wird das Konzept der Vertrauensarbeitszeit hinsichtlich der Chancen und Herausforderungen für Arbeitgeber und Arbeitnehmer kontrovers diskutiert.[109] Im Folgenden soll daher kurz dargestellt werden, weshalb für viele Arbeitnehmer und Arbeitgeber eine Vertrauensarbeitszeit von großer Bedeutung ist und worin ihre Herausforderungen liegen.

1. Chancen

a) Steigerung der Wettbewerbsfähigkeit, Effizienz und Produktivität

Aus Arbeitgebersicht spielt bei der Einführung von Vertrauensarbeitszeit oftmals die Erwartung, die Wettbewerbsfähigkeit des Unternehmens zu steigern, eine große Rolle.[110]. Denn durch eine variable Arbeitszeitorganisation, wie bei der Vertrauensarbeitszeit, kann die zur Verfügung stehende Arbeitszeit insgesamt viel intensiver genutzt werden.[111] Vertrauensarbeitszeit fördert das strategische Zeitbewusstsein der Arbeitnehmer[112] und bewirkt dadurch eine höhere Zeiteffizienz und Produktivität.[113] Zudem bewirkt sie eine Reduzierung minder ausgelasteter Arbeitszeit, sodass der Arbeitgeber insgesamt kostengünstiger

---

109 Vgl. Bundesanstalt für Arbeitsschutz und Arbeitsmedizin (BAuA), Flexible Arbeitszeitmodelle Überblick und Umsetzung, S. 40 f. abrufbar unter: https://www.baua.de/DE/Angebote/Publikationen/Praxis/A49.pdf (01/2019); Bundesministerium für Arbeit und Soziales (BMAS), Weißbuch Arbeiten 4.0: Arbeit weiter denken, Berlin 2017, S. 73 ff., abrufbar unter: https://www.bmas.de/SharedDocs/Downloads/DE/PDF-Publikationen/a883-weissbuch.pdf?__blob=publicationFile (01/2019); Lukas/Dahl in: Lukas/Dahl, Mitbestimmung in sozialen Angelegenheiten, 1. Aufl. 2016, VII. Vertrauensarbeitszeit aus Sicht des Arbeitgebers, Rn. 2 ff.

110 Vgl. *Compensis*, NJW 2007, 3089 (3089).

111 Vgl. Lukas/Dahl in: Lukas/Dahl, Mitbestimmung in sozialen Angelegenheiten, 1. Aufl. 2016, VII. Vertrauensarbeitszeit aus Sicht des Arbeitgebers, Rn. 2

112 Vgl. Lukas/Dahl in: Lukas/Dahl, Mitbestimmung in sozialen Angelegenheiten, 1. Aufl. 2016, VII. Vertrauensarbeitszeit aus Sicht des Arbeitgebers, Rn. 2

113 Vgl. *Günther/Böglmüller*, NZA 2015, 1025 (1029); Lukas/Dahl in: Lukas/Dahl, Mitbestimmung in sozialen Angelegenheiten, 1. Aufl. 2016, VII. Vertrauensarbeitszeit aus Sicht des Arbeitgebers, Rn. 2

produzieren kann.[114] Eine Studie des Kieler Instituts für Weltwirtschaft bestätigte dies und konnte nachweisen, dass Veränderungen der Arbeitsorganisation ein verändertes Verständnis der Motive und Antriebskräfte der Menschen widerspiegeln.[115] Die Ergebnisse der Studie zeigen, dass es tatsächlich eine Innovationsrendite bei der Vertrauensarbeitszeit gibt.[116] Rund 12 bis 15 % der Firmen, die an der Untersuchung beteiligt waren, haben Vertrauensarbeitszeit eingeführt und anschließend mit größerer Wahrscheinlichkeit Produkt- oder Prozessinnovationen umgesetzt.[117] Von den Unternehmen mit Vertrauensarbeitszeit brachten 11 bis 14 % mehr neue oder verbesserte Produkte auf den Markt, als Unternehmen mit herkömmlichen Arbeitszeitregelungen.[118] Dieses Ergebnis soll sogar gelten, wenn man zusätzlich noch ein anderes Instrument flexibler Arbeitszeit berücksichtigt, die sogenannten Arbeitszeitkonten.[119] Nach der Studie sollen die Modelle zudem die Motivation von Arbeitnehmerinnen und Arbeitnehmern und damit die Innovationsfreudigkeit einer Firma steigern und gleichzeitig zu größerer Lebenszufriedenheit der Arbeitnehmerinnen und Arbeitnehmer beitragen.[120] Eine Einschränkung flexibler Arbeitszeitmodelle

---

114 Vgl. Lukas/Dahl in: Lukas/Dahl, Mitbestimmung in sozialen Angelegenheiten, 1. Aufl. 2016, VII. Vertrauensarbeitszeit aus Sicht des Arbeitgebers, Rn. 2.

115 Hanley, Aoife, „Vertrauensarbeitszeit stärkt die Innovationskraft von Unternehmen“ abrufbar unter: https://www.ifw-kiel.de/fileadmin/Dateiverwaltung/Images_IfW/Communication_Center/Zentral_gepflegte_Publikationen/Highlights/Highlights_2014/HL14.pdf (01/2019).

116 Hanley, Aoife, „Vertrauensarbeitszeit stärkt die Innovationskraft von Unternehmen“ abrufbar unter: https://www.ifw-kiel.de/fileadmin/Dateiverwaltung/Images_IfW/Communication_Center/Zentral_gepflegte_Publikationen/Highlights/Highlights_2014/HL14.pdf (01/2019).

117 Hanley, Aoife, „Vertrauensarbeitszeit stärkt die Innovationskraft von Unternehmen“ abrufbar unter: https://www.ifw-kiel.de/fileadmin/Dateiverwaltung/Media/Communication_Center/Publications/Highlights/Highlights_2014/HL14.pdf (01/2019).

118 Vgl. Rechtshandbuch Flexible Arbeit 1. Auflage 2017, Rn. 768; Hanley, Aoife, „Vertrauensarbeitszeit stärkt die Innovationskraft von Unternehmen“ abrufbar unter: https://www.ifw-kiel.de/fileadmin/Dateiverwaltung/Media/Communication_Center/Publications/Highlights/Highlights_2014/HL14.pdf (01/2019).

119 Hanley, Aoife, „Vertrauensarbeitszeit stärkt die Innovationskraft von Unternehmen“ abrufbar unter: https://www.ifw-kiel.de/fileadmin/Dateiverwaltung/Media/Communication_Center/Publications/Highlights/Highlights_2014/HL14.pdf (01/2019).

120 Hanley, Aoife, „Vertrauensarbeitszeit stärkt die Innovationskraft von Unternehmen“ abrufbar unter: https://www.ifw-kiel.de/fileadmin/Dateiverwaltung/Media/Communication_Center/Publications/Highlights/Highlights_2014/HL14.pdf (01/2019).

durch eine Regulierung wäre laut dieser Studie kontraproduktiv.[121] Die positive Beziehung zwischen der Einführung von Vertrauensarbeitszeit und der Innovationshäufigkeit scheint daher tatsächlich durch die Übertragung der Eigenverantwortung der Arbeitnehmer für ihre eigene Arbeitszeit und nicht einfach durch die Erhöhung der Arbeitszeitflexibilität getragen zu werden. Unter dem Strich zeige diese Studie, dass flexible Vertrauensarbeitszeitmodelle eine Firma leistungsstärker machen.[122]

b) Kostensenkung

Auch wird in der Einführung von Vertrauensarbeitszeit die Möglichkeit gesehen, Kosten zu senken, indem nicht nur, wie oben aufgezeigt, minderausgelastete Arbeitszeit reduziert, sondern auch auf die Arbeitszeitkontrolle verzichtet wird.[123] Hierdurch sollen Personal- und Verwaltungskosten minimiert werden.[124] Darüber hinaus soll die Vertrauensarbeitszeit, sofern sie einwandfrei funktioniert, aufgrund der selbstständigen Einteilung des Zeitausgleiches durch die Arbeitnehmer zu einer Senkung von Personalkosten über den Wegfall von Überstunden und Mehrarbeitszuschlägen führen.[125]

c) Verbesserung des Betriebsklimas

Neben Kosteneinsparungen soll eine Vertrauensarbeitszeit zusätzlich eine Verbesserung des Betriebsklimas bewirken.[126] Denn anstelle einer Kontroll- und Präsenzkultur wird eine Vertrauenskultur geschaffen.[127] Die zahlreichen

121 Hanley, Aoife, „Vertrauensarbeitszeit stärkt die Innovationskraft von Unternehmen" abrufbar unter: https://www.ifw-kiel.de/fileadmin/Dateiverwaltung/Media/Communication_Center/Publications/Highlights/Highlights_2014/HL14.pdf (01/2019).

122 Hanley, Aoife, „Vertrauensarbeitszeit stärkt die Innovationskraft von Unternehmen" abrufbar unter: https://www.ifw-kiel.de/fileadmin/Dateiverwaltung/Media/Communication_Center/Publications/Highlights/Highlights_2014/HL14.pdf (01/2019).

123 Vgl. *Klein-Schneider*, Flexible Arbeitszeit –Vertrauensarbeitszeit, S. 11; *Compensis*, NJW 2007, 3089 (3090).

124 Vgl. *Compensis*, NJW 2007, 3089 (3090).

125 Vgl. *Klein-Schneider*, Flexible Arbeitszeit –Vertrauensarbeitszeit, S. 11.

126 Vgl. Bundesministerium für Wirtschaft und Energie, Fachkräfte sichern, Flexible Arbeitszeitmodelle, abrufbar unter: https://www.bmwi.de/Redaktion/DE/Publikationen/Ausbildung-und-Beruf/fachkraefte-sichern-flexible-arbeitszeitmodelle.pdf?__blob=publicationFile&v=3 (01/2019).

127 Vgl. Bundesministerium für Wirtschaft und Energie, Fachkräfte sichern, Flexible Arbeitszeitmodelle abrufbar unter: https://www.bmwi.de/Redaktion/DE/Publikat-

Freiheiten der Arbeitnehmer bei einer Vertrauensarbeitszeit sollen zur Steigerung der Arbeitszufriedenheit und Motivation beitragen.[128] Dies wird auch durch den Arbeitszeitreport Deutschland 2016 der Bundesanstalt für Arbeitsschutz und Arbeitsmedizin (BAuA) bekräftigt, wonach Beschäftigte mit hohen Einflussmöglichkeiten auch deutlich zufriedener mit ihrer Arbeit sind.[129]

d) Work-Life-Balance

Aus Arbeitnehmersicht spielt bei der Einführung von Vertrauensarbeitszeit grundsätzlich die Erwartung, Beruf und Privatleben besser miteinander vereinbaren zu können und dadurch eine gute sog. Work-Life-Balance herbeizuführen, die wohl größte Rolle.[130] Freizeitaktivitäten oder Termine, die bei starrer Arbeitszeit sonst nicht realisierbar sind, können bei der Vertrauensarbeitszeit wahrgenommen werden.[131] So ist es im Rahmen einer Vertrauensarbeitszeit möglich, bereits nachmittags das Büro zu verlassen, um Freizeitaktivitäten nachzugehen und sich dann abends wieder der Arbeit zu widmen.[132] Zudem ermöglicht sie Vätern und Müttern, Beruf und Familie besser miteinander vereinbaren zu können.[133] So auch der bereits zuvor genannte Arbeitszeitreport Deutschland 2016 der BAuA, wonach mit zunehmenden Handlungsspielräumen in Bezug auf die Arbeitszeit auch die Zufriedenheit mit der Work-Life-Balance steige.[134] Dies treffe auf voll- und teilzeitbeschäftigte Frauen ebenso zu wie auf voll- und teilzeitbeschäftigte Männer. Von allen Gruppen sei die Zufriedenheit mit der Work-Life-Balance bei teilzeitbeschäftigten Frauen am höchsten, die einen hohen

---

ionen/Ausbildung-und-Beruf/fachkraefte-sichern-flexible-arbeitszeitmodelle.pdf?__blob=publicationFile&v=3 (01/2019).

128 Vgl. Küttner/*Poeche*, Personalbuch, 27. Aufl. 2020, Arbeitszeitmodelle, Rn. 16; *Compensis*, NJW 2007, 3089 (3090).

129 Vgl. Bundesanstalt für Arbeitsschutz und Arbeitsmedizin (BAuA), Arbeitszeitreport Deutschland 2016, S. 58 ff., abrufbar unter: www.baua.de/DE/Angebote/Publikationen/Berichte/F2398.pdf ?__blob=publicationFile (12/2019).

130 Vgl. Küttner/*Poeche*, Personalbuch, 27. Aufl. 2020, Arbeitszeitmodelle, Rn. 16.; *Compensis*, NJW 2007, 3089 (3090); *Günther/Böglmüller*, NZA 2015, 1025 (1029); ähnlich *Bissels/Meyer-Michaelis*, DB 2015, 2331 (2332) zum sog. „entgrenzten Arbeiten".

131 Vgl. Küttner/*Poeche*, Personalbuch, 27. Aufl. 2020, Arbeitszeitmodelle, Rn. 16.

132 Vgl. *Jacobs*, NZA 2016, 733 (734).

133 Vgl. *Steffan*, NZA 2015, 1409 (1411.)

134 Bundesanstalt für Arbeitsschutz und Arbeitsmedizin (BAuA), Arbeitszeitreport Deutschland 2016, S. 59 ff., unter: www.baua.de/DE/Angebote/Publikationen/Berichte/F2398.pdf ?__blob=publicationFile (12/2019).

Einfluss auf Arbeitsbeginn und -ende haben (94 %).[135] Auch bei Vollzeitbeschäftigten mache sich die Beeinflussbarkeit der Arbeitszeit positiv bemerkbar: 81 % der Frauen und 82 % der Männer seien zufrieden damit, wie gut ihr Arbeits- und Privatleben zusammenpassen.[136]

Da Vertrauensarbeitszeit oft mit „Home Office" oder „mobilem Arbeiten" kombiniert wird, ist es den Arbeitnehmern grundsätzlich auch möglich, von Zuhause oder unterwegs zu arbeiten.[137] Dies ist insbesondere heute mit ansteigendem Trend zu längeren Pendeldistanzen zum Arbeitsplatz bedeutend.[138] Denn laut einer Studie des Instituts für Arbeitsmarkt- und Berufsforschung (IAB) wird der Weg zur Arbeit immer länger.[139] Zwischen 2000 und 2014 soll die mittlere Pendeldistanz sozialversicherungspflichtiger Beschäftigter um ca. 21 % gestiegen sein.[140]

e) *Positive Wirkung auf die Gesundheit der Arbeitnehmer*

Aus Arbeitgebersicht wird in der Einführung von Vertrauensarbeitszeit teilweise die Möglichkeit gesehen, durch eine hinreichende Arbeitszeitsouveränität des einzelnen Arbeitnehmers den Stress, der sich aufgrund der Digitalisierung intensiviert hat, durch immer längere und variablere Arbeitszeiten auszugleichen.[141] So reagiert beispielsweise auch eines der führenden Softwareunternehmen, die SAP Deutschland SE & Co. KG, auf die Herausforderungen der digitalen Arbeitswelt mit einer eigenen umfassenden „Global Health Strategy", die auch

135 Bundesanstalt für Arbeitsschutz und Arbeitsmedizin (BAuA), Arbeitszeitreport Deutschland 2016, S. 59 ff., unter: www.baua.de/DE/Angebote/Publikationen/Berichte/F2398.pdf?__blob=publicationFile (12/2019).

136 Bundesanstalt für Arbeitsschutz und Arbeitsmedizin (BAuA), Arbeitszeitreport Deutschland 2016, S. 59 ff., unter: www.baua.de/DE/Angebote/Publikationen/Berichte/F2398.pdf?__blob=publicationFile (12/2019).

137 Bundesanstalt für Arbeitsschutz und Arbeitsmedizin (BAuA), Arbeitszeitreport Deutschland 2016, S. 59 ff., unter: www.baua.de/DE/Angebote/Publikationen/Berichte/F2398.pdf?__blob=publicationFile (12/2019).

138 Vgl. Wolfgang Dauth/Peter Halle, Klarer Trend zu längeren Pendeldistanzen S. 3 f., abrufbar unter: http://doku.iab.de/kurzber/2018/kb1018.pdf (01/2019).

139 Vgl. Wolfgang Dauth/Peter Halle, Klarer Trend zu längeren Pendeldistanzen S. 3 f., abrufbar unter: http://doku.iab.de/kurzber/2018/kb1018.pdf (01/2019).

140 Vgl. Wolfgang Dauth/Peter Halle, Klarer Trend zu längeren Pendeldistanzen S. 3 f., abrufbar unter: http://doku.iab.de/kurzber/2018/kb1018.pdf (01/2019).

141 Vgl. *Eylert*, NZA-Beilage 2017, 95 (96); *Sasse/Schönfeld*, RdA 2016, 346 (347).

Vertrauensarbeitszeit vorsieht.[142] Auch laut dem Arbeitszeitreport Deutschland 2016 der BAuA sollen körperliche und geistige Erschöpfung und Müdigkeit bei Beschäftigten mit wenig Einfluss auf ihre Arbeitszeiten deutlich häufiger auftreten als bei Personen mit viel Einfluss auf Arbeitsbeginn und -ende.[143]

f) Rekrutierung und Bindung von Arbeitnehmern

Schließlich spielt Vertrauensarbeitszeit auch bei der Arbeitsplatzwahl eine bedeutende Rolle. Die Arbeit hat in der heutigen Zeit für viele Arbeitnehmer einen anderen Stellenwert als noch vor einigen Jahren.[144] Während früher Arbeitnehmer vorrangig an Verdienst- und Karrieremöglichkeiten interessiert waren, ist eine gute „Work-Life-Balance“ im Zeitalter der Digitalisierung für viele Bewerber ein fester unerlässlicher Wert, der bei der Arbeitsplatzwahl ein wichtiges Kriterium sein kann.[145] Nach außen gelten Unternehmen mit Vertrauensarbeitszeit als „innovativ, flexibel und offen“.[146] Vertrauensarbeitszeit verbessert demnach die Möglichkeit, qualifiziertes Personal und geeignete Nachwuchskräfte zu finden.[147] Insofern beeinflussen Arbeitszeitmodelle, wie bereits oben dargestellt, auch in dieser Hinsicht die Wettbewerbsfähigkeit eines Unternehmens. „Die fähigsten Fachkräfte sammeln sich dort, wo die Arbeitsbedingungen am attraktivsten sind.“[148]

---

142 FD-ArbR 2012, 335884; AOK-Fehlzeitenreport: Anzahl der psychischen Erkrankungen nimmt kontinuierlich zu. Demzufolge hat auch SAP auch bislang Erfolge erzielt, denn sie wies einer Fehlzeitenquote von 2,4 Prozent im Jahr 2011 und lag damit deutlich unter dem Bundesdurchschnitt von 4,7 Prozent.

143 Vgl. *Eylert*, NZA-Beilage 2017, 95 (96); *Sasse/Schönfeld*, RdA 2016, 346 (347).

144 Vgl. *Steffan*, NZA 2015, 1409 (1411).

145 Vgl. *Steffan*, NZA 2015, 1409 (1411) mit Verweis auf die Kienbaum-Studie aus dem Jahre 2010, wonach derzeit herausfordernde Arbeit, Kollegialität und „Work-Life-Balance“ bei der Wahl des richtigen Arbeitgebers entscheidend sind, während etwa Vergütung und Karrieremöglichkeiten als weniger wichtig angesehen wurden.

146 Vgl. Bundesanstalt für Arbeitsschutz und Arbeitsmedizin (BAuA), Flexible Arbeitszeitmodelle Überblick und Umsetzung, S. 41, abrufbar unter: https://www.baua.de/DE/Angebote/Publikationen/Praxis/A49.pdf (01/2019).

147 Vgl. Bundesanstalt für Arbeitsschutz und Arbeitsmedizin (BAuA), Flexible Arbeitszeitmodelle Überblick und Umsetzung, S. 41, abrufbar unter: https://www.baua.de/DE/Angebote/Publikationen/Praxis/A49.pdf (01/2019).

148 Vgl. Bundesanstalt für Arbeitsschutz und Arbeitsmedizin (BAuA), Flexible Arbeitszeitmodelle Überblick und Umsetzung, S. 41, abrufbar unter: https://www.baua.de/DE/Angebote/Publikationen/Praxis/A49.pdf (01/2019).

2. Herausforderungen

Vertrauensarbeitszeit birgt jedoch für Arbeitgeber und Arbeitnehmer auch einige Herausforderungen. Insbesondere folgende Risiken bzw. Herausforderungen werden diskutiert:

a) Arbeitszeitbetrug und Selbstausbeutung

Während auf Arbeitgeberseite die Befürchtung herrscht, dass Arbeitnehmer die ihnen übertragenen Aufgaben zwar in der ihnen vorgegebenen Zeit erfüllen, aber dauerhaft weniger arbeiten als vertraglich vereinbart,[149] wird auf Arbeitnehmerseite vor einer Selbstausbeutung aufgrund des Verzichts auf jegliche Arbeitszeitkontrolle sowie der vorherrschenden Ergebnisorientierung gewarnt.[150] Wenn der Arbeitgeber nicht mehr kontrolliere, ob die vertraglich geschuldete Arbeitsleistung auch in zeitlicher Hinsicht erbracht werde und nur noch Arbeitsaufgaben – ggfs. mit Abgabetermin – zuweise, werde der Arbeitnehmer im Zweifel oft mehr arbeiten, als arbeitsvertraglich geboten oder auch arbeitszeitrechtlich zulässig ist, um nicht in den Verdacht zu geraten, er enttäusche das vom Arbeitgeber in ihn gesetzte Vertrauen.[151] Je häufiger das geschehe, umso mehr verfestige sich beim Arbeitgeber der Eindruck, dass er mehr Arbeit und/oder kürzere Fristen setzen könne.[152] Somit entsteht ein sich verschärfender Selbstausbeutungskreislauf.[153] Laut einer Studie der BAuA können zeitflexible Arbeitsformen das Auftreten von sog. „interessierter Selbstgefährdung“[154] bzw. Selbstausbeutung begünstigen, da die räumlichen und zeitlichen Spielräume

---

149 Vgl. Lukas/Dahl in: Lukas/Dahl, Mitbestimmung in sozialen Angelegenheiten, 1. Aufl. 2016, VIII. Vertrauensarbeitszeit in der Betriebsräteberatung, Rn. 15

150 Lukas/Dahl in: Lukas/Dahl, Mitbestimmung in sozialen Angelegenheiten, 1. Aufl. 2016, VIII. Vertrauensarbeitszeit in der Betriebsräteberatung, Rn. 8

151 Lukas/Dahl in: Lukas/Dahl, Mitbestimmung in sozialen Angelegenheiten, 1. Aufl. 2016, VIII. Vertrauensarbeitszeit in der Betriebsräteberatung, Rn. 8

152 Lukas/Dahl in: Lukas/Dahl, Mitbestimmung in sozialen Angelegenheiten, 1. Aufl. 2016, VIII. Vertrauensarbeitszeit in der Betriebsräteberatung, Rn. 8.

153 Lukas/Dahl in: Lukas/Dahl, Mitbestimmung in sozialen Angelegenheiten, 1. Aufl. 2016, VIII. Vertrauensarbeitszeit in der Betriebsräteberatung, Rn. 8.

154 „Interessierte Selbstgefährdung“ beschreibt das Phänomen, dass Regelungen und Vereinbarungen zum Arbeits- und Gesundheitsschutz ignoriert werden und Arbeitshandeln zum selbstgefährdeten Verhalten wird“ (BAuA, Orts- und zeitflexibles Arbeiten: Gesundheitliche Chancen und Risiken S. 27 abrufbar unter: https://www.baua.de/DE/Angebote/Publikationen/Berichte/Gd92.pdf?__blob=publicationFile&v=9 (02/2019)).

hohe Anforderungen an die Selbstregulation und das Selbstmanagement der Beschäftigten stellen.[155] Insbesondere die Kombination mit weiteren persönlichen (z. B. starke Identifikation mit der Arbeit, hohe Eigeninitiative, Interesse am eigenen beruflichen Erfolg) und organisatorischen Merkmalen (z. B. Verantwortungsverlagerung auf Beschäftigte durch ergebnisorientierte Vergütungssysteme oder indirekte Steuerungsmethoden, starke Leistungskultur) könne dazu führen, dass Arbeitnehmer in Ruhepausen und Ruhezeiten trotz nachteiliger Folgen für die Gesundheit weiterarbeiten.[156]

b) Entgrenzung von Arbeit und Freizeit

Eine weitere Herausforderung der Vertrauensarbeitszeit besteht im zunehmenden Verschwimmen der Grenze zwischen Arbeit und Freizeit, wodurch es zu einer enormen Arbeitsverdichtung aufgrund eines konturenlosen Arbeitstages kommen kann (sog. Work-Life-Blending).[157] So wird befürchtet, dass der Arbeitgeber bei einer Vertrauensarbeitszeit jederzeit die Arbeitnehmer kontaktieren und die sofortige bzw. zeitnahe Erledigung von Aufgaben verlangen kann.[158] Damit könne Vertrauensarbeitszeit gerade für Arbeitnehmer mit familiären Verpflichtungen einen Nachteil gegenüber einer festen Arbeitszeit oder Gleitzeit mit Kernarbeitszeit darstellen, wenn sie z. B. ihre Planung zur Kinderbetreuung wegen eines eiligen Arbeitsauftrags kurzfristig anpassen müssten.[159] In einem solchen Fall müsste der Arbeitnehmer gegenüber seinem Arbeitgeber auf seine Arbeitszeitsouveränität bestehen.[160] Ungeachtet dessen besteht jedoch auch das Risiko, dass Arbeitnehmer sich verpflichtet fühlen, jederzeit für den

---

155 Vgl. BAuA, Orts- und zeitflexibles Arbeiten: Gesundheitliche Chancen und Risiken S. 27, abrufbar unter: https://www.baua.de/DE/Angebote/Publikationen/Berichte/Gd92.pdf?__blob=publicationFile&v=9 (02/2019).

156 BT- Drucksache 19/11469 S. 22.

157 Vgl. Küttner/*Poeche*, Personalbuch, 27. Aufl. 2020, Arbeitszeitmodelle, Rn. 16.

158 Lukas/Dahl in: Lukas/Dahl, Mitbestimmung in sozialen Angelegenheiten, 1. Aufl. 2016, VIII. Vertrauensarbeitszeit in der Betriebsräteberatung, Rn. 8.
Vgl. Lukas/Dahl in: Lukas/Dahl, Mitbestimmung in sozialen Angelegenheiten, 1. Aufl. 2016, VIII. Vertrauensarbeitszeit in der Betriebsräteberatung, Rn. 10; *Jacobs*, NZA 2016, 733 (734).

159 Lukas/Dahl in: Lukas/Dahl, Mitbestimmung in sozialen Angelegenheiten, 1. Aufl. 2016, VIII. Vertrauensarbeitszeit in der Betriebsräteberatung, Rn. 10.

160 Vgl. Lukas/Dahl in: Lukas/Dahl, Mitbestimmung in sozialen Angelegenheiten, 1. Aufl. 2016, VIII. Vertrauensarbeitszeit in der Betriebsräteberatung, Rn. 10.

Arbeitgeber erreichbar zu sein, wie beispielsweise im Urlaub sowie an Wochenenden und Feiertagen.[161]

c) Verlängerung der Arbeitszeit

Des Weiteren wird seitens der Arbeitnehmer befürchtet, dass Vertrauensarbeitszeit zu einer Verlängerung der tatsächlichen Arbeitszeit führen könnte.[162] Dies wird damit begründet, dass Arbeitszeitautonomie zugleich auch enorm hohe Anforderungen an die zeitliche Selbstorganisation stellt, die nicht jeder Arbeitnehmer erfüllen kann.[163]

d) Führungs- und Koordinationsprobleme

Vertrauensarbeitszeit stellt zudem erhöhten Koordinierungsaufwand bzw. Anforderungen an die Führungskräfte bei Absprachen und Abstimmungen dar, da sie in der Regel mit einer Führung auf Distanz verbunden ist.[164] Zusätzlich müssen die Führungskräfte bzw. der Arbeitgeber den Arbeitnehmern das nötige Vertrauen entgegenbringen können und in der Lage sein, klare und realistische Arbeitsaufgaben zu verteilen.[165] Da, wie bereits oben aufgezeigt, Vertrauensarbeitszeit in besonderer Weise die Gefahr der Selbstausbeutung und Überlastung in sich birgt, ist eine vertrauensvolle und regelmäßige Kommunikation zwischen Arbeitnehmer und Vorgesetzten von wesentlicher Bedeutung und stellt für den Arbeitgeber eine erhebliche Herausforderung dar.[166]

3. Fazit

Es kann festgehalten werden, dass bei einer Vertrauensarbeitszeit, abhängig vom Blickwinkel der jeweiligen Akteure, sowohl Vor- als auch Nachteile eintreten können. Eine erfolgreiche Umsetzung von Vertrauensarbeitszeit hängt davon ab, wie das Modell konkret ausgestaltet wird und wie die betrieblichen Rahmenbedingungen bei der Umsetzung mitberücksichtigt und gegebenenfalls

---

161 Näher hierzu *Maier/Ossoinig*, DB 2015, 2391 (2391 f.).

162 Vgl. *Jacobs*, NZA 2016, 733 (734).

163 Vgl. *Jacobs*, NZA 2016, 733 (734); *Steffan*, NZA 2015, 1409 (1414); *Kamann*, ArbRAktuell 2016, 75 (76).

164 Vgl. *Steffan*, NZA 2015, 1409 (1413).

165 Vgl. *Steffan*, NZA 2015, 1409 (1413).

166 Vgl. *Steffan*, NZA 2015, 1409 (1413).

durch flankierende Maßnahmen angepasst werden.[167] Dabei sind die aufgezeigten Flexibilitätsinteressen von Arbeitgeber und Arbeitnehmern nicht deckungsgleich und müssen daher entsprechend ausbalanciert werden.[168] Während für den Arbeitgeber, neben der Arbeitnehmerzufriedenheit und der Positionierung als attraktiver Arbeitgeber, auch die Arbeits- und Kosteneffizienz, der Koordinierungsaufwand sowie die Wettbewerbsfähigkeit eine große Rolle spielen, sind aufseiten der Arbeitnehmer die Vereinbarkeit von Beruf und Familie bzw. eine gute Work-Life-Balance und mehr Zeitsouveränität von großer Bedeutung. Vor allem aber ist auf die Gefahren für die Gesundheit und Sicherheit der Arbeitnehmer zu achten, die von dem jeweiligen Vertrauensarbeitszeitmodell ausgehen können.[169] Hierzu ist es wichtig, dass unter Berücksichtigung der konkreten, betrieblichen Verhältnisse eine geeignete Trennung von Arbeit und Freizeit definiert wird. Deutlich wird zudem, dass Vertrauensarbeitszeit gerade im heutigen digitalen Zeitalter eine herausragende Bedeutung hat und ihre Ausgestaltung nicht durch übermäßige Bürokratie begrenzt werden darf.

---

167 So auch Bundesanstalt für Arbeitsschutz und Arbeitsmedizin, Vertrauensarbeitszeit – Neue Entwicklung gesellschaftlicher Arbeitszeitstrukturen, – – Forschung – Fb 1027, S. 78, Dortmund/Berlin/Dresden 2004, abrufbar unter: http://www.morgenkommichspaeterrein.de/ressources/download/Fb1027,xv=vt.pdf (01/2019).

168 So auch Bundesanstalt für Arbeitsschutz und Arbeitsmedizin, Vertrauensarbeitszeit – Neue Entwicklung gesellschaftlicher Arbeitszeitstrukturen, – Forschung – Fb 1027, S. 78, Dortmund/Berlin/Dresden 2004, abrufbar unter: http://www.morgenkommichspaeterrein.de/ressources/download/Fb1027,xv=vt.pdf (01/2019).

169 So auch Hanley, Aoife, „Vertrauensarbeitszeit stärkt die Innovationskraft von Unternehmen" abrufbar unter: https://www.ifw-kiel.de/fileadmin/Dateiverwaltung/Media/Communication_Center/Publications/Highlights/Highlights_2014/HL14.pdf (01/2019).

C. Rahmenbedingungen und gesetzliche Grenzen der Vertrauensarbeitszeit

I. Europarechtliche Grundlagen

Für das nationale Arbeitszeitrecht und mithin für die Gestaltung von Vertrauensarbeitszeit ist zunächst einmal der europäische Rechtsrahmen von wesentlicher Bedeutung. Dabei wird auf primärrechtlicher Ebene das Arbeitszeitrecht durch Art. 31 Abs. 2 der Charta der Europäischen Union (GRC) geregelt.[170] Auf sekundärrechtlicher Ebene konkretisiert die Richtlinie 2003/88/EG des Europäischen Parlaments und des Rates vom 04.11.2003 über bestimmte Aspekte der Arbeitszeitgestaltung (ArbZRL) das europäische Arbeitszeitrecht, welches wiederum durch das ArbZG von 1994 konkretisiert wird. Das ArbZG setzt die ArbZRL und die dazu ergangene EuGH-Rechtsprechung in deutsches Recht um. Verstößt daher eine Regelung des ArbZG gegen Unionsrecht, so muss – ungeachtet der Frage, ob das nationale Recht geändert werden muss – die nationale unionswidrige Norm zunächst richtlinienkonform ausgelegt werden. Daher unterliegt die Vertrauensarbeitszeit auch den europarechtlichen Vorgaben der RL 2003/88/EG sowie dem Art. 31 Abs. 2 GRC. Vor diesem Hintergrund und um ein besseres Verständnis für die ArbZG zu erlangen, werden daher zunächst die europarechtlichen Grundlagen des Arbeitszeitgesetzes dargestellt.

1. Art. 31 Abs. 2 GRC

In den vergangenen Jahren hat Art. 31 Abs. 2 GRC für das nationale Arbeitszeitrecht und insbesondere für das Urlaubsrecht erheblich an Bedeutung gewonnen, nicht zuletzt wegen der jüngsten Entscheidung des EuGH,[171] welche zu einem späteren Zeitpunkt noch eingehender behandelt wird.[172] Im Rahmen der Gestaltung der Vertrauensarbeitszeit spielte die Frage der Begrenzung der Höchstarbeitszeit sowie der täglichen und wöchentlichen Ruhezeiten eine große Rolle. Daher stellt sich zunächst die Frage, über welchen Gewährleistungsgehalt Art. 31 Abs. 2 GRC verfügt und insbesondere, inwiefern die Mitgliedstaaten

170 Vgl. Oetker/Preis/*Balze*, Europäisches Arbeits- und Sozialrecht, B 3100 Arbeitszeit, Urlaub und Teilzeitarbeit, Rn. 16.

171 Vgl. EuGH, Urteil. v. 06.11.2018 – C-569/16, NZA 2018, 1467 (1470 f.).

172 Vgl. Ausführungen unter C. II. 6.

sowie der Arbeitgeber und die Arbeitnehmer an Art. 31 Abs. 2 GRC gebunden sind, wenn es um Vertrauensarbeitszeit geht.

a) Gewährleistungsgehalt

Art. 31 Abs. 2 GRC beinhaltet als Unterfall der Arbeitsbedingungen das Recht eines jeden Arbeitnehmers auf eine Begrenzung der Höchstarbeitszeit, eine tägliche und wöchentliche Ruhezeit und den bezahlten Jahresurlaub als allgemein geltendes soziales Minimum.[173] Sinn und Zweck der Regelung sind demnach der Schutz der Gesundheit, Sicherheit und Würde des Arbeitnehmers und der damit zusammenhängenden Arbeitsfaktoren.[174] Die Erläuterungen des Sekretariates des Konventspräsidiums zu Art. 31 Abs. 2 GRC, die gem. Art. 6 Abs. 1, Abs. 3 des Vertrages über die Europäische Union (EUV) und Art. 52 Abs. 7 GRC bei deren Auslegung zu berücksichtigen sind, verweisen auf die Charta der Richtlinie 93/104/EG (nunmehr: RL 2003/88/EG), auf Art. 2 der am 18.10.1961 in Turin unterzeichneten und am 03.05.1996 in Straßburg revidierten Europäischen Sozialcharta sowie auf Nr. 8 der auf der Tagung des Europäischen Rates in Straßburg am 9.12.1989 verabschiedeten Gemeinschaftscharta der sozialen Grundrechte der Arbeitnehmer.[175] Diese konkretisieren Art. 31 Abs. 2 GRC.[176]

Bei Art. 31 Abs. 2 GRC handelt es sich nicht nur um einen Grundsatz im Sinne von Art. 52 Abs. 5 GRC, sondern um ein echtes Grundrecht.[177] Hierzu hat der EuGH in der Rechtssache CCOO[178] ausdrücklich darauf hingewiesen, dass das Recht eines jeden Arbeitnehmers auf eine Begrenzung der Höchstarbeitszeit und auf tägliche und wöchentliche Ruhezeiten nicht nur eine Regel des Sozialrechts der Union ist, die besondere Bedeutung hat, sondern auch in Art. 31 Abs. 2 GRC, dem nach Art. 6 Abs. 1 EUV der gleiche rechtliche Rang wie den Verträgen zukommt, ausdrücklich verbürgt ist.[179] Zudem betonte der EuGH,

---

173 Vgl. EuArbR/*Schubert*, 3. Aufl. 2020, GRCh Art. 31 Rn. 16.

174 Vgl. EuArbR/*Schubert*, 3. Aufl. 2020, GRCh Art. 31 Rn. 11.

175 Vgl. Bergmann/Dienelt/*Bergmann*, EU-Grundrechte-Charta Art. 31 Rn. 1.

176 Vgl. Bergmann/Dienelt/*Bergmann*, EU-Grundrechte-Charta Art. 31 Rn. 1.

177 Vgl. Meyer/*Rudolf*, Art. 31 GRC Rn. 12; Bergmann/Dienelt/*Bergmann*, EU-Grundrechte-Charta Art. 31 Rn. 1; Preis/Sagan/*Ulber*, EuArbR, 2. Aufl. 2019, Rn. 7.38; EuArbR/*Gallner*, 3. Aufl. 2020, RL 2003/88/EG Art. 1 Rn. 26; HK-ArbZR/*Schubert*, Einleitung, Rn. 33; a.A. Calliess/Ruffert/*Krebber*, 5. Aufl. 2016, EU-GRCharta Art. 31 Rn. 3; *Baeck/Winzer*, NZA 2020, 96 (99); *Rudkowski*, NJW 2019, 476 (480).

178 Vgl. EuGH, Urteil v. 14.05.2019 – C-55/18, NZA 2019, 683 (684), Rn. 30 f.

179 Vgl. EuGH, Urteil v. 14.05.2019 – C-55/18, NZA 2019, 683 (684), Rn. 30 f.

dass insbesondere die Art. 3, 5 und 6 ArbZRL das in Art. 31 Abs. 2 GRC verankerte Grundrecht konkretisieren und daher in dessen Licht auszulegen seien, womit dem Art. 31 Abs. 2 GRC eine äußerst wichtige Bedeutung zukommt.[180] Ferner machte der EuGH deutlich, dass zur Sicherzustellung, dass diese Grundrechte beachtet werden, die Bestimmungen der RL 2003/88/EG nicht auf Kosten der Rechte, die dem Arbeitnehmer nach dieser Richtlinie zustehen, restriktiv ausgelegt werden.[181] Weitergehende Individualrechte ergeben sich aus Art. 31 Abs. 2 GRC jedoch nicht.[182]

b) Zulässigkeit von Einschränkungen

Die in Art. 31 Abs. 2 GRC gewährten Grundrechte dürften nach Maßgabe des Art. 52 Abs. 1 GRC unter bestimmten Voraussetzungen eingeschränkt werden. Danach ist es erforderlich, dass die Einschränkung gesetzlich vorgesehen ist und der Wesensgehalt der Rechte und Freiheiten des Art. 31 Abs. 2 GRC geachtet wird. Zudem muss der Grundsatz der Verhältnismäßigkeit gewahrt werden, die Einschränkung muss erforderlich sein und den von der Union anerkannten, dem Gemeinwohl dienenden Zielsetzungen oder den Erfordernissen des Schutzes der Rechte und Freiheiten anderer tatsächlich entsprechen (legitimes Ziel).[183] Als mögliche Einschränkung der in Art. 31 Abs. 2 GRC verankerten Grundrechte hat der EuGH bislang lediglich Art. 17 Abs. 1 ArbZRL und Art. 22 Abs. 1 ArbZRL ausdrücklich genannt.[184] Diese beiden Möglichkeiten der Abweichung von Art. 3, 5 und 6 ArbZRL, die Art. 31 Abs. 2 GRC konkretisieren, setzen jedoch voraus, dass der jeweilige Mitgliedstaat von den Ausnahmevorschriften des Art. 17 Abs. 1 ArbZRL und Art. 22 Abs. 1 ArbZRL Gebrauch macht.[185] Fehlt es an der Entscheidung des jeweiligen Mitgliedstaates zur Zulassung einer Abweichung oder Nichtanwendung, verbleibt es bei der uneingeschränkten Geltung der sich aus den Art. 3, 5, 6 ArbZRL ergebenden Vorgaben.[186]

Eine Einschränkung des Grundrechtes aus Art. 31 Abs. 2 GRC durch die in Art. 16 GRC garantierte unternehmerische Freiheit hat der EuGH bislang nicht in Betracht gezogen. Auch in der Rechtssache CCOO, in der eine

---

180 Vgl. EuGH, Urteil v. 14.05.2019 – C-55/18, NZA 2019, 683 (684), Rn. 30 f.
181 Vgl. EuGH, Urteil v. 14.05.2019 – C-55/18, NZA 2019, 683 (684), Rn. 32.
182 Vgl. EuArbR/*Schubert*, 3. Aufl. 2020, GRCh Art. 31 Rn. 16.
183 Jarass GrCh, 3. Aufl. 2016, EU-Grundrechte-Charta, Art. 52 Rn. 19 f.
184 Vgl. EuGH, Urteil v. 14.05.2019 – C-55/18, NZA 2019, 683 (687), Rn. 63.
185 Vgl. *von Roetteken*, jurisPR-ArbR 23/2019 Anm. 1.
186 Vgl. *von Roetteken*, jurisPR-ArbR 23/2019 Anm. 1.

solche Einschränkung zugunsten des Arbeitgebers zu berücksichtigen gewesen wäre, hat der EuGH dies nicht in Betracht gezogen und auch nicht unter dem Gesichtspunkt der Verhältnismäßigkeit berücksichtigt.[187] Dies lässt den Schluss zu, dass Art. 16 GRC nach Ansicht des EuGH offensichtlich nicht geeignet ist, um die in Art. 31 Abs. 2 GRC garantierten Grundrechte der Arbeitnehmer einzuschränken. Eine Einschränkung wäre demnach nur nach den Vorschriften der RL 2003/88/EG möglich.

c) Wirkung des Art. 31 Abs. 2 GRC

aa) Bindung der Union und der Mitgliedstaaten

Grundsätzlich verpflichtet Art. 31 Abs. 2 GRC nur die Union. So bestimmt Art. 51 Abs. 1 S. 1 1. Halbs. GRC, dass die Charta uneingeschränkt für die Organe und Einrichtungen der Europäischen Union gilt.[188] Ziel der Charta ist es, Grundrechte festzulegen, an denen die Handlungen der Union selbst zu messen sind.[189] Daher werden Erlass oder Änderungen von arbeitszeitrechtlichen Reglungen der Union vom EuGH auf ihre Vereinbarkeit mit Art. 31 Abs. 2 GRC geprüft.[190] Unstreitig ist die GRC daher auch bei der Anwendung und Auslegung arbeitszeitrechtlicher Vorschriften der Union zu betrachten.[191] Dies solle auch dann gelten, wenn die Mitgliedstaaten von Ausnahmevorschriften Gebrauch machen.[192] Von den Mitgliedstaaten ist Art. 31 Abs. 2 GRC hingegen gemäß Art. 51 Abs. 1 S. 1 2. Halbs. GRC ausschließlich bei der Durchführung des Rechts der Europäischen Union zu beachten.[193] D. h., die Mitgliedstaaten werden gem. Art. 51 Abs. 1 S. 1 1. Halbs. GRC gebunden, soweit sie Unionsrecht durchführen.[194]

---

187 Vgl. EuGH, Urteil v. 14.05.2019 – C-55/18, NZA 2019, 683 (687), Rn. 63.

188 Vgl. Preis/Sagan/*Ulber*, EuArbR, 2. Aufl. 2019, Rn. 7.39.

189 Vgl. Preis/Sagan/*Ulber*, EuArbR, 2. Aufl. 2019, Rn. 7.39.

190 Vgl. Preis/Sagan/*Ulber*, EuArbR, 2. Aufl. 2019, Rn. 7.39; EuArbR/*Schubert*, 3. Aufl. 2020, GRCh Art. 51 Rn. 29.

191 Vgl. Preis/Sagan/*Ulber*, EuArbR, 2. Aufl. 2019, Rn. 7.39; EuArbR/*Schubert*, 3. Aufl. 2020, GRCh Art. 51 Rn. 29; EuGH, Urteil v. 18.7.2013 – C-426/11, EuZW 2013, 747 (748), Rn. 32; EuGH, Urteil v. 06.11.2018 – C-684/16, NZA 2018, 1474 (1477), Rn. 52.

192 Vgl. Preis/Sagan/*Ulber*, EuArbR, 2. Aufl. 2019, Rn. 7.39.

193 Vgl. Preis/Sagan/*Ulber*, EuArbR, 2. Aufl. 2019, Rn. 7.39; EuArbR/*Schubert*, 3. Aufl. 2020, GRCh Art. 51 Rn. 22.

194 Vgl. Preis/Sagan/*Ulber*, EuArbR, 2. Aufl. 2019, Rn. 7.39

bb) Unmittelbare Wirkung unter Privaten

Ob auch Arbeitgeber durch Art. 31 Abs. 2 GRC verpflichtet werden, ist gesetzlich nicht geregelt, obwohl das Grundrecht materiell auch für die Beziehungen von Arbeitgeber und Arbeitnehmer von Relevanz ist.[195] Art. 51 Abs. 1 GRC trifft keine Regelung darüber, ob Privatpersonen gegebenenfalls unmittelbar zur Einhaltung einzelner Bestimmungen der Charta verpflichtet sein können. In der Literatur ist die Frage heftig umstritten[196] und von der Rechtsprechung wurde dies bislang nur bzgl. des Jahresurlaubs ausdrücklich entschieden.[197]

(i) Rechtsprechung

Der EuGH hat bislang eine unmittelbare Geltung der GRC in Einzelfällen angenommen. So etwa im Fall des in Art. 21 Abs. 1 GRC niedergelegten Diskriminierungsverbots.[198] Dies verleihe nach Auffassung des EuGH dem Einzelnen schon für sich allein ein Recht, das er in einem Rechtsstreit gegen eine andere Privatperson als solches geltend machen könne, ohne dass dem deshalb Art. 51 Abs. 1 GRC entgegenstehe.[199]

Mit seinem Urteil in der Rechtssache „Association de médiation sociale"[200] hat der EuGH allerdings klargestellt, dass nicht alle Bestimmungen der GRC im Rahmen eines Rechtsstreits zwischen Privatpersonen unmittelbar geltend gemacht werden können. So verneinte er eine unmittelbare Wirkung der GRC unter Privatpersonen im Falle von Art. 27 GRC.[201] Offensichtlich ist für den EuGH für die Annahme einer unmittelbaren Geltung von Bedeutung, ob die jeweilige Regelung für sich genommen oder in Verbindung mit den Bestimmungen der Richtlinie in einem Rechtsstreit zwischen Privatpersonen geltend gemacht werden könnte, um gegebenenfalls die Anwendung der nicht richtlinienkonformen nationalen Rechtsvorschrift auszuschließen.[202]

---

195 Sie dazu auch, *Kainer*, NZA 2018, 894.

196 Vgl. dazu *Heuschmid*, NJW 2019, 1853 (1853 f.); *Ulber*, NZA 2019, 677 (680); *Höpfner/Daum*, RdA 2019, 270 (275); *Fuhlrott/Garden*, ArbRAktuell 2019, 263 (264); *Reinhard*, NZA 2019, 1313 (1314).

197 Vgl. EuGH, Urteil. v. 06.11.2018 – C-569/16, NZA 2018, 1467.

198 Vgl. EuGH, Urteil v. 19.01.2010 – C-555/07, NZA 2010, 85 (88).

199 Vgl. EuGH, Urteil v. 19.01.2010 – C-555/07, NZA 2010, 85 (88).

200 Vgl. EuGH, Urteil v. 15.1.2014 – C-176/12, NZA 2014, 193.

201 Vgl. EuGH, Urteil v. 15.1.2014 – C-176/12, NZA 2014, 193 (195), Rn. 41 ff.

202 Vgl. EuGH, Urteil v. 15.1.2014 – C-176/12, NZA 2014, 193 (195), Rn. 41 ff.

Bei Art. 27 GRC hat es nach Auffassung des EuGH an diesem Kriterium gefehlt, da der Artikel, wie aus seinem Wortlaut klar hervorgehe, durch Bestimmungen des Unionsrechts oder des nationalen Rechts konkretisiert werden müsse, um seine volle Wirksamkeit entfalten zu können.[203] Der EuGH führt dazu aus: „Das in Art. 3 Abs. 1 der ArbZRL enthaltene und an die Mitgliedstaaten gerichtete Verbot, bei der Berechnung der Beschäftigtenzahl des Unternehmens eine bestimmte Gruppe von Arbeitnehmern, die ursprünglich zu dem Kreis der bei dieser Berechnung zu berücksichtigenden Personen gehörte, auszuschließen, lässt sich als unmittelbar anwendbare Rechtsnorm weder aus dem Wortlaut des Art. 27 GRC noch aus den Erläuterungen zu diesem Artikel herleiten".[204] Dies kann nach Auffassung des EuGH auch nicht dadurch entkräftet werden, dass Art. 27 GRC im Zusammenhang mit den Bestimmungen der Richtlinie 2002/14 betrachtet wird.[205] Da dieser Artikel nämlich für sich allein nicht ausreiche, um dem Einzelnen ein Recht zu verleihen, das dieser als solches geltend machen kann, könne bei einer solchen Zusammenschau nichts anderes gelten.[206]

Zur unmittelbaren Geltung von Art. 31 Abs. 2 GRC hat sich der EuGH erstmals in seinen Entscheidungen vom 06.11.2018[207] geäußert. Allerdings ging es in diesem Fall nicht um die Ruhezeit und die Höchstarbeitszeit, sondern um den Jahresurlaub.[208] Das BAG hatte dem EuGH die Frage vorgelegt, ob § 7 Abs. 3 Bundesurlaubsgesetz (BUrlG) gegen Art. 7 ArbZRL oder Art. 31 Abs. 2 GRC verstoße und – bejahendenfalls – welche Folgen sich daraus für ein Arbeitsverhältnis zwischen Privatpersonen ergeben, zur Vorabentscheidung vor.[209]

Aus Sicht des EuGH sind Art. 7 ArbZRL und Art. 31 Abs. 2 GRC dahin gehend auszulegen, dass sie einer nationalen Regelung, wie § 7 Abs. 3 BurlG, entgegenstehen.[210] Es sei insoweit Sache des BAG, unter Berücksichtigung des gesamten innerstaatlichen Rechts und unter Anwendung der darin anerkannten Auslegungsmethoden zu prüfen, ob es in der Lage sei, zu einer Auslegung dieses Rechts zu gelangen, mit der die volle Wirksamkeit des Unionsrechts gewährleistet werden kann.[211] Für den Fall, dass eine unionsrechtskonforme Auslegung

203 Vgl. EuGH, Urteil v. 15.1.2014 – C-176/12, NZA 2014, 193 (195), Rn. 41 ff.
204 EuGH, Urteil v. 15.01.2014 – C-176/12, NZA 2014, 193 (195), Rn. 46.
205 EuGH, Urteil v. 15.01.2014 – C-176/12, NZA 2014, 193 (195), Rn. 46.
206 Vgl. EuGH, Urteil v. 15.01.2014 – C-176/12, NZA 2014, 193 (194).
207 EuGH, Urteil. v. 06.11.2018 – C-569/16, NZA 2018, 1467 (1470 f.).
208 Vgl. EuGH, Urteil. v. 06.11.2018 – C-569/16, NZA 2018, 1467 (1470 f.).
209 Vgl. BAG, Vorlagebeschluss v. 13.12.2016 – 9 AZR 541/15, FD-ArbR 2016, 384549.
210 Vgl. EuGH, Urteil. v. 06.11.2018 – C-569/16, NZA 2018, 1467 (1470 f.).
211 Vgl. EuGH, Urteil. v. 06.11.2018 – C-569/16, NZA 2018, 1467 (1470 f.).

nicht möglich sei, ergebe sich aus Art. 31 Abs. 2 GRC, dass das mit einem Rechtsstreit zwischen einem Arbeitnehmer und seinem früheren privaten Arbeitgeber befasste nationale Gericht diese nationale Regelung unangewendet zu lassen und dafür Sorge zu tragen habe, dass der Arbeitnehmer weder seine erworbenen Ansprüche auf bezahlten Jahresurlaub noch entsprechend die finanzielle Vergütung für nicht genommenen Urlaub verlieren könne.[212]

Damit hat der EuGH für den Jahresurlaub aus Art. 31 Abs. 2 GRC eine unmittelbare Geltung zwischen Privatpersonen angenommen. Zur Begründung führt er an, dass Art. 31 Abs. 2 GRC – anders als Art. 27 GRC, bei dem er, wie schon aufgezeigt, eine unmittelbare Geltung unter Privatpersonen ablehnte – mit der zwingenden Formulierung, dass „jede Arbeitnehmerin und jeder Arbeitnehmer" das „Recht" „auf bezahlten Jahresurlaub" hat, den wesentlichen Grundsatz des Sozialrechts der Union widerspiegele.[213] Von diesem dürfe nur unter den in Art. 52 Abs. 1 GRC vorgesehenen strengen Bedingungen und insbesondere nur unter Achtung des Wesensgehalts des Grundrechts auf bezahlten Jahresurlaub abgewichen werden.[214] Infolgedessen sei Art. 31 Abs. 2 GRC, was sein Bestehen selbst anbelange, zwingend und nicht von Bedingungen abhängig, da die Charta nicht durch unionsrechtliche oder nationalrechtliche Bestimmungen konkretisiert werden müsse.[215] In diesen seien nur die genaue Dauer des Jahresurlaubs und gegebenenfalls bestimmte Voraussetzungen für die Wahrnehmung des Rechts festzulegen.[216] Folglich verleihe Art. 31 Abs. 2 GRC schon für sich allein den Arbeitnehmern ein Recht, das sie in einem Rechtsstreit gegen ihren Arbeitgeber in einem vom Unionsrecht erfassten und daher in den Anwendungsbereich der GRC fallenden Sachverhalt als solches geltend machen können.[217]

Zudem spreche der Wortlaut des Art. 51 Abs. 1 GRC nicht gegen eine unmittelbare Geltung zwischen Privatpersonen, da dieser keine Regelung darüber treffe, ob Privatpersonen gegebenenfalls unmittelbar zur Einhaltung einzelner Bestimmungen der Charta verpflichtet sein können.[218] Daher könne dieser dahin gehend ausgelegt werden, dass dies nicht kategorisch ausgeschlossen sei.[219] Der Umstand, dass manche Bestimmungen des Primärrechts in erster

212 EuGH, Urteil. v. 06.11.2018 – C-569/16, NZA 2018, 1467 (1470 f.).
213 EuGH, Urteil. v. 06.11.2018 – C-569/16, NZA 2018, 1467 (1473), 84.
214 EuGH, Urteil. v. 06.11.2018 – C-569/16, NZA 2018, 1467 (1470), 84.
215 EuGH, Urteil. v. 06.11.2018 – C-569/16, NZA 2018, 1467 (1473), 85.
216 EuGH, Urteil. v. 06.11.2018 – C-569/16, NZA 2018, 1467 (1473), 85.
217 EuGH, Urteil. v. 06.11.2018 – C-569/16, NZA 2018, 1467 (1473), 86.
218 EuGH, Urteil. v. 06.11.2018 – C-569/16, NZA 2018, 1467 (1473), 87.
219 EuGH, Urteil. v. 06.11.2018 – C-569/16, NZA 2018, 1467 (1473), 87.

Linie an die Mitgliedstaaten gerichtet seien, schließe nicht aus, dass sie auch für Rechtsbeziehungen zwischen Privatpersonen gelten können.[220]

Ferner wies er darauf hin, dass er bereits im Falle von dem in Art. 21 Abs. 1 GRC niedergelegten Verbot anerkannt habe, dass dieses schon für sich allein dem Einzelnen ein Recht verleihe, das er in einem Rechtsstreit gegen eine andere Privatperson als solches geltend machen könne.[221] Speziell in Bezug auf Art. 31 Abs. 2 GRC sei hervorzuheben, dass das Recht jeder Arbeitnehmerin und jedes Arbeitnehmers auf bezahlten Jahresurlaub schon seinem Wesen nach mit einer entsprechenden Pflicht des Arbeitgebers einhergehe, nämlich der Pflicht zur Gewährung bezahlten Jahresurlaubs oder einer Vergütung für den bei Beendigung des Arbeitsverhältnisses nicht genommenen bezahlten Jahresurlaub.[222]

In der Entscheidung CCOO,[223] in der es um die Frage ging, ob die Art. 3, 5, 6, 16 und 22 ArbZRL i. V. m. Art. 4 Abs. 1, Art. 11 Abs. 3 und Art. 16 Abs. 3 der RL 89/391 sowie Art. 31 Abs. 2 GRC dahin gehend auszulegen sind, dass sie der Regelung eines Mitgliedstaates entgegenstehen, die nach ihrer Auslegung durch die nationalen Gerichte die Arbeitgeber nicht verpflichtet, ein System einzurichten, mit dem die von einem jeden Arbeitnehmer geleistete tägliche Arbeitszeit gemessen werden kann, hat sich der EuGH ebenfalls mit Art. 31 Abs. 2 GRC befasst. Insoweit ging es hier auch um die Höchstarbeitszeit und die Ruhezeit.[224]

Der EuGH entschied, dass die Mitgliedstaaten die Arbeitgeber verpflichten müssen, ein objektives, verlässliches und zugängliches System einzuführen, mit dem die von einem jeden Arbeitnehmer geleistete tägliche Arbeitszeit gemessen werden könne.[225] Ob die nationalen Gerichte allerdings in dem Fall, dass eine nationale Regelung nicht im Einklang mit Art. 31 Abs. 2 GRC i. V. m. der RL 2003/88/EG und RL 89/391/EWG ausgelegt werden kann, die nationale Regelung unangewendet zu lassen und dafür Sorge zu tragen haben, dass der Arbeitnehmer seine Ansprüche auf Schaffung eines Systems zur Arbeitszeiterfassung durchsetzen kann, hat der EuGH offengelassen.[226] Denn die Vorlagefrage des spanischen Gerichts gab zur Klärung dieser Frage keinen Anlass, da lediglich nach der Auslegung gefragt wurde.[227]

220 EuGH, Urteil. v. 06.11.2018 – C-569/16, NZA 2018, 1467 (1473), 88.
221 Vgl. EuGH, Urteil. v. 06.11.2018 – C-569/16, NZA 2018, 1467 (1473), 89.
222 EuGH, Urteil. v. 06.11.2018 – C-569/16, NZA 2018, 1467 (1473) 90.
223 Vgl. EuGH, Urteil v. 14.05.2019 – C-55/18, NZA 2019, 683.
224 Vgl. EuGH, Urteil v. 14.05.2019 – C-55/18, NZA 2019, 683.
225 Vgl. EuGH, Urteil v. 14.05.2019 – C-55/18, NZA 2019, 683 (685), Rn. 50.
226 Vgl. EuGH, Urteil v. 14.05.2019 – C-55/18, NZA 2019, 683.
227 Vgl. EuGH, Urteil v. 14.05.2019 – C-55/18, NZA 2019, 683.

(ii) Meinungsstand in der Literatur

In der Literatur wurde bislang die Wirkung der GRC als unklar oder jedenfalls an der Grenze richterlicher Rechtsfortbildung liegend bezeichnet.[228] Seit der CCOO-Entscheidung[229] wird auch über die unmittelbare Wirkung des Art. 31 Abs. 2 GRC in Bezug auf die Verpflichtung zur Aufzeichnung der täglichen Arbeitszeit eingehend diskutiert.[230] Teilweise wird jedoch nicht klar zwischen der Frage, ob sich aus Art. 31 Abs. 2 GRC ein unmittelbarer Anspruch auf eine Begrenzung der Höchstarbeitszeit sowie auf eine tägliche und wöchentliche Ruhezeit ergibt, und ob sich aus Art. 31 Abs. 2 GRC ein unmittelbarer Anspruch des Arbeitnehmers auf Errichtung eines Arbeitszeiterfassungssystems ergibt, differenziert.[231] Im Folgenden gilt es jedoch vorab zu klären, ob Art. 31 Abs. 2 GRC dem Arbeitnehmer im Allgemeinen einen unmittelbaren Anspruch auf eine Begrenzung der Höchstarbeitszeit und auf tägliche und wöchentliche Ruhezeiten gewährt, den er gegenüber seinem Arbeitgeber geltend machen kann und der dazu führt, dass ein nationales Gericht entgegenstehende Rechtsvorschriften unangewendet zu lassen hat.

Gallner,[232] *Vorsitzende Richterin am BAG,* weist in diesem Zusammenhang darauf hin, dass der EuGH den Grundrechtscharakter der von Art. 31 Abs. 2 GRC verbürgten Rechte unmissverständlich benannt hat. Damit habe er die unmittelbare Wirkung der Grundrechte auf Begrenzung der Höchstarbeitszeit und auf Mindestruhezeiten – nicht nur auf bezahlten Jahresurlaub – auch gegenüber privaten Arbeitgebern anerkannt.[233] Die unbedingten und hinreichend genauen Bestimmungen der RL 2003/88/EG über das Recht auf Begrenzung der Höchstarbeitszeit (Art. 6 lit. b ArbZRL) sowie die Rechte auf tägliche und wöchentliche Ruhezeiten (Art. 3 und Art. 5 ArbZRL) seien seit Inkrafttreten des Vertrags von Lissabon am 01.12.2009 nicht länger bloße Vorgaben, die die Mitgliedstaaten umzusetzen haben und die nach Art. 288 Abs. 3 des Vertrags über die Arbeitsweise der Europäischen Union (AEUV) nur ihnen gegenüber wirken.[234]

---

228 Vgl. *Brors*, NZA 2019, 1176; *Bayreuther*, EuZW 2019, 446 (447).

229 EuGH, Urteil v. 14.05.2019 – C-55/18, NZA 2019, 683.

230 Vgl. dazu *Heuschmid*, NJW 2019, 1853 (1853 f.); *Ulber*, NZA 2019, 677 (680); *Höpfner/Daum*, RdA 2019, 270 (275); *Fuhlrott/Garden*, ArbRAktuell 2019, 263 (264); *Reinhard*, NZA 2019, 1313 (1314).

231 Einzig Gallner nimmt eine Differenzierung vor, vgl: EuArbR/*Gallner*, 3. Aufl. 2020, RL 2003/88/EG Art. 1 Rn. 1

232 Vgl. EuArbR/*Gallner*, 3. Aufl. 2020, RL 2003/88/EG Art. 1 Rn. 1.

233 EuArbR/*Gallner*, 3. Aufl. 2020, RL 2003/88/EG Art. 1 Rn. 1d.

234 EuArbR/*Gallner*, 3. Aufl. 2020, RL 2003/88/EG Art. 1 Rn. 1d.

Der einzelne Unionsbürger sei deshalb nicht nur durch einen Schadensersatzanspruch gegen den Mitgliedstaat geschützt, wenn dieser die Arbeitszeitrichtlinie nicht ordnungsgemäß umsetze.[235] Die von Art. 31 Abs. 2 GRC geschützten Rechte seien die „Wurzel" der in Art. 6 lit. b, Art. 3 und Art. 5 ArbZRL näher ausgeformten Rechte.[236] Sie wirken auch in der Beziehung Privater unmittelbar.[237] Entgegenstehendes nationales Recht müsse auch im Privatrechtsverhältnis unangewendet bleiben.[238]

Nach Auffassung von *Wank*[239] enthält Art. 31 GRC nur eine Verpflichtung für den Staat, ohne unmittelbare Wirkung unter Privaten.[240] Zur Begründung führt er aus, dass Art. 31 Abs. 2 GRC viel zu abstrakt sei.[241] Die Vorschrift verschaffe nicht dem Einzelnen ein Recht, das er als solches geltend machen könne.[242] So sei das Recht auf bezahlten Jahresurlaub durch die ArbZRL konkretisiert worden.[243]

cc) Stellungnahme

Die besseren Argumente sprechen dafür, dass der EuGH zukünftig eine unmittelbare Wirkung des Art. 31 Abs. 2 GRC auf Begrenzung der Höchstarbeitszeit und auf Mindestruhezeiten unter Privaten anerkennen wird.[244] Sofern daher eine nationale Regelung nicht richtlinienkonform ausgelegt werden kann, werden die nationalen Gerichte gehalten sein, diese nicht anzuwenden und dafür Sorge zu tragen, dass der Arbeitnehmer seine Ansprüche auf die Begrenzung der Höchstarbeitszeit und auf tägliche und wöchentliche Ruhezeiten nicht verliert.

Dies ergibt sich aus einer konsequenten Anwendung der vom EuGH für die Annahme einer unmittelbaren Wirkung der Regelungen der GRC aufgestellten Voraussetzungen. Dabei hat der EuGH zusammengefasst folgende Voraussetzungen für die Annahme einer unmittelbaren Wirkung der Regelung aufgestellt:

---

235 EuArbR/*Gallner*, 3. Aufl. 2020, RL 2003/88/EG Art. 1 Rn. 1d.
236 EuArbR/*Gallner*, 3. Aufl. 2020, RL 2003/88/EG Art. 1 Rn. 1d.
237 EuArbR/*Gallner*, 3. Aufl. 2020, RL 2003/88/EG Art. 1 Rn. 1d.
238 EuArbR/*Gallner*, 3. Aufl. 2020, RL 2003/88/EG Art. 1 Rn. 1d.
239 *Wank*, RdA 2020, 1 (7 f.).
240 *Wank*, RdA 2020, 1 (7 f.).
241 *Wank*, RdA 2020, 1 (7 f.).
242 *Wank*, RdA 2020, 1 (7 f.).
243 *Wank*, RdA 2020, 1 (7 f.).
244 So auch EuArbR/*Gallner*, 3. Aufl. 2020, RL 2003/88/EG Art. 1 Rn. 1. Hiermit ist noch nicht geklärt, ob der Arbeitgeber gem. Art. 31 Abs. 2 GRC unmittelbar verpflichtet ist, die Arbeitszeit seiner Arbeitnehmer aufzuzeichnen.

- Es muss sich bei der Regelung um ein echtes Grundrecht handeln, welches sich aus dem Wortlaut selbst oder jedenfalls aus den Erläuterungen zu der Regelung ergibt.
- Sie muss zwingend sein und nicht von Bedingungen abhängen. Dies ist nicht der Fall, wenn sie durch unionsrechtliche oder nationalrechtliche Bestimmungen konkretisiert werden muss.
- Die jeweilige Regelung muss für sich genommen oder in Verbindung mit den Bestimmungen der Richtlinie in einem Rechtsstreit zwischen Privatpersonen geltend gemacht werden können, um gegebenenfalls die Anwendung der nicht richtlinienkonformen nationalen Rechtsvorschrift auszuschließen.
- Eine Betrachtung im Zusammenhang mit der Richtlinie reicht nicht aus, wenn die Regelung selbst nicht ausreicht, um dem Einzelnen ein Recht zu verleihen.

Diese dürften jedenfalls in Bezug auf die in Art. 31 Abs. 2 GRC normierten Rechte auf eine Begrenzung der Höchstarbeitszeit und auf Mindestruhezeiten erfüllt sein. Hierfür spricht zunächst, dass es sich bei Art. 31 Abs. 2 GRC um ein Grundrecht handelt.[245] Dies ergibt sich bereits aus dem Wortlaut der Norm selbst, der ausdrücklich von dem „Recht auf eine Begrenzung der Höchstarbeitszeit, auf tägliche und wöchentliche Ruhezeiten" spricht. Dies hat der EuGH ebenfalls in der Einleitung zur Entscheidung CCOO bestätigt.[246] So heißt es dort: „Einleitend ist darauf hinzuweisen, dass das Recht eines jeden Arbeitnehmers auf eine Begrenzung der Höchstarbeitszeit und auf tägliche und wöchentliche Ruhezeiten nicht nur eine Regel des Sozialrechts der Union ist, die besondere Bedeutung hat, sondern auch in Art. 31 Abs. 2 der Charta, der nach Art. 6 Abs. 1 EUV der gleiche rechtliche Rang wie den Verträgen zukommt, ausdrücklich verbürgt ist".[247]

Ferner wird der EuGH Art. 31 Abs. 2 GRC auch als zwingend und nicht von Bedingungen abhängig ansehen. Obwohl das Recht auf eine Begrenzung der Höchstarbeitszeit, auf tägliche und wöchentliche Ruhezeiten durch unionsrechtliche und nationalrechtliche Bestimmungen konkretisiert wird. So wird in der RL 2003/88/EG festgelegt, wie viele Stunden die Höchstarbeitszeit beträgt und wie lange dem Arbeitnehmer eine wöchentliche Ruhezeit zu gewähren ist.

245 Vgl. so auch EuGH, Urteil v. 06.11.2018 – C-684/16, NZA 2018, 1474; EuArbR/*Gallner*, 3. Aufl. 2020, RL 2003/88/EG Art. 1 Rn. 1.
246 Vgl. EuGH, Urteil v. 14.05.2019 – C-55/18, NZA 2019, 683 (684), Rn. 30.
247 EuGH, Urteil v. 14.05.2019 – C-55/18, NZA 2019, 683 (684), Rn. 30.

Ähnlich wie im Fall des Jahresurlaubs wird der EuGH auch hier voraussichtlich das Bestehen eines Rechts auf eine Begrenzung der Höchstarbeitszeit und auf Ruhezeit in Art. 31 Abs. 2 GRC selbst verankert sehen. Insoweit weist Art. 31 Abs. 2 GRC in Bezug auf die Begrenzung der Höchstarbeitszeit und das Recht auf eine Mindestruhezeit eine identische Struktur wie das Recht auf einen Jahresurlaub auf, sodass davon ausgegangen werden kann, dass der EuGH auch diesbezüglich eine unmittelbare Wirkung annehmen wird. Es wäre andernfalls nicht nachvollziehbar, dass eine unmittelbare Wirkung der Norm für den Jahresurlaub, aber nicht im Hinblick auf die Begrenzung der Höchstarbeitszeit und die täglichen und wöchentlichen Ruhezeiten gelten soll.

Die Anerkennung einer unmittelbaren Wirkung von Art. 31 Abs. 2 GRC in Bezug auf die Begrenzung der Höchstarbeitszeit der täglichen und wöchentlichen Ruhezeiten würde allerdings gegen Art. 51 GRC verstoßen.[248] Art. 51 GRC legt den Anwendungsbereich der GRC hinsichtlich der Grundrechtsverpflichteten fest. Sein Hauptziel ist die Abgrenzung der europäischen Grundrechte von den entsprechenden Rechtsordnungen der Mitgliedstaaten.[249] Seinem ausdrücklichen Wortlaut nach verpflichtet die GRC nur die Organe, Einrichtungen und sonstigen Stellen der Union unter Wahrung des Subsidiaritätsprinzips. Von den Mitgliedstaaten ist Art. 31 Abs. 2 GRC hingegen gemäß Art. 51 Abs. 1 S. 1 2. Halbs. GRC ausschließlich bei der Durchführung des Rechts der Europäischen Union zu beachten. Nach dem ausdrücklichen Wortlaut des Art. 51 Abs. 1 GRC dürfte daher eine unmittelbare Wirkung von Art. 31 Abs. 2 RC bereits erst gar nicht angenommen werden.

Vielmehr spricht der Wortlaut der Norm gerade dafür, dass Art. 51 Abs. 1 GRC abschließend den Anwendungsbereich der GRC hinsichtlich der Grundrechtsverpflichteten festlegt. Die Norm legt nicht nur fest, wer verpflichtet sein soll, sondern konkret auch in welchem Umfang. So sind die Mitgliedsstaaten ausschließlich bei der Durchführung des Rechts der Europäischen Union an die GRC gebunden, während die Organe uneingeschränkt an die GRC gebunden sind.

Des Weiteren sprechen auch die in Art 51 Abs. 1 S. 2 GRC enthalten Pflichten zur Achtung und Wahrung der Rechte sowie die darin enthaltene Förderungspflicht gegen eine unmittelbare Wirkung des Art. 31 Abs. 2 GRC unter Privaten. Die dort benannten Pflichten sind nicht auf Privatpersonen zugeschnitten.

---

248 So auch *Wank*, RdA 2020, 1 (4); *Rudkowski*, NJW 2019, 476 (480)

249 Vgl. Meyer/*Angela Schwerdtfeger*, § 51 Rn. 1.

Ferner spricht auch Art. 51 Abs. 2 GRC gegen eine unmittelbare Wirkung des Art. 31 Abs. 2 GRC unter Privaten. Diese regelt, dass die Charta den Geltungsbereich des Unionsrechts nicht über die Zuständigkeiten der Union hinaus ausdehnt und weder neue Zuständigkeiten noch neue Aufgaben für die Union begründet, noch ändert sie die in den Verträgen festgelegten Zuständigkeiten und Aufgaben. Eine Verpflichtung Privater würde aber gerade eine derartige Änderung der Zuständigkeit ermöglichen. Durch die Annahme einer unmittelbaren Wirkung des Rechts auf eine Begrenzung der Höchstarbeitszeit und der Ruhezeit würde der EuGH gegen den Willen des europäischen Gesetzgebers verstoßen. Denn im Falle von Art. 31 Abs. 2 GRC, werden die dort enthaltenen Rechte durch die ArbZRL konkretisiert. Die Richtlinie enthält selbst nur Mindestvorschriften für die Sicherheit und Gesundheitsschutz bei der Arbeitszeitgestaltung. Sie spricht zudem den Mitgliedsstaaten einen gewissen Gestaltungsspielraum zu und enthält Bestimmungen, die den Mitgliedstaaten die Möglichkeit einräumen, von den Vorschriften in den jeweils (nicht abschließend) benannten Fällen abzuweichen. Die Annahme einer unmittelbaren Wirkung des Art. 31 Abs. 2 GRC würde aber gerade den Mitgliedsstaaten den ihnen zustehenden Gestaltungsspielraum entziehen. Zudem würde eine unmittelbar Wirkung des Art. 31 Abs. 2 GRC eine Konkretisierung der Norm durch Gesetze überflüssig machen.[250]

Schließlich spricht der in Art. 52 Abs. 1 GRC vorgesehenen Gesetzesvorbehalt, wonach „Jede Einschränkung der Ausübung der in dieser Charta anerkannten Rechte und Freiheiten gesetzlich vorgesehen sein muss" gegen die Annahme einer unmittelbaren Wirkung des Art. 31 Abs. 2 GRC unter Privaten. Die dort vorgesehene Einschränkung für Eingriffe in Grundrechte ist ebenfalls nicht auf Privatpersonen zugeschnitten und kann sich nur an die Europäische Union und den Mitgliedstaaten richten.

Gegen eine unmittelbare Wirkung unter Privaten spricht zudem, dass nur Art. 288 Abs. 2 AEUV eine unmittelbare Wirkung für Verordnungen vorsieht. Für die GRC existiert eine entsprechende Regelung gerade nicht.[251]

Des Weiteren bedarf es auch keiner unmittelbaren Wirkung des Art. 31 Abs. 2 GRC unter Privaten, denn Korrektive der fehlenden unmittelbaren Wirkung zwischen Rechtspersönlichkeiten des Privatrechts ergeben sich bereits durch die unionsrechtskonforme Auslegung oder Rechtsfortbildung und

---

250 So auch Wank, RdA 2020, 1 (10).
251 So auch Wank, RdA 2020, 1 (10).

Schadenersatzansprüche gegen den Mitgliedstaat, wenn dieser die Arbeitszeitrichtlinie nicht umsetzt.[252]

Die Auffassung des EuGH, dass der Wortlaut des Art. 51 Abs. 1 GRC nicht gegen eine unmittelbare Geltung zwischen Privatpersonen spricht, da dieser keine Regelung darüber treffe, ob Privatpersonen gegebenenfalls unmittelbar zur Einhaltung einzelner Bestimmungen der Charta verpflichtet sein können,[253] entbehrt jeder Grundlage. Weshalb die Regelung dahin gehend ausgelegt werden kann, dass dies nicht kategorisch eine Verpflichtung Privater ausschließt, wird vom EuGH nicht näher erläutert und bleibt sein Geheimnis. Der EuGH beschränkt seiner Erklärung darauf, dass der Umstand, dass manche Bestimmungen des Primärrechts in erster Linie an die Mitgliedstaaten gerichtet seien, nicht ausschließen, dass sie auch für Rechtsbeziehungen zwischen Privatpersonen gelten können. Hierbei handelt es sich allerdings nicht um ein tragbares Argument. Insbesondere nicht vor dem Hintergrund der Tragweite der Annahme einer solchen unmittelbaren Wirkung des Art. 31 Abs. 2 GRC.

So würde eine unmittelbare Wirkung des Art. 31 Abs. 2 GRC zu einer gravierenden Rechtsunsicherheit führen. Exemplarisch hierfür ist die Debatte zur CCOO-Entscheidung des EuGH. Insoweit besteht derzeit für Arbeitgeber bis zur Entscheidung des Gesetzgebers, ob er eine den Anforderungen des EuGH genügende gesetzliche Regelung für erforderlich hält und diese in Kraft tritt, eine erhebliche Rechtsunsicherheit. Es ist ungewiss, ob der Arbeitgeber bereits jetzt aufgrund einer unmittelbaren Wirkung des Art. 31 Abs. 2 GRC verpflichtet ist, die Arbeitszeit aller Arbeitnehmer aufzuzeichnen und wie diese zu erfolgen hat.

Dies führte kürzlich dazu, dass beispielsweise das Arbeitsgericht Emden eine Verpflichtung des Arbeitgebers zur Einrichtung eines Systems zur Arbeitszeiterfassung aus einer unmittelbaren Anwendung von Art. 31 Abs. 2 GRC angenommen hat, obwohl dies weder in der Arbeitszeitrichtlinie noch im Arbeitszeitgesetz ausdrücklich normiert ist.[254] Nach Auffassung des Arbeitsgerichts Emden, seien die Art. 3, 5 und 6 der RL 2003/88/EG nach der Rechtsprechung des EuGH im Lichte des Art. 31 Abs. 2 GRC dahin gehend auszulegen, dass sich aus ihnen die Pflicht des Arbeitgebers zur Einrichtung eines Systems zur Arbeitszeiterfassung entnehmen lässt.[255] Gerade anhand dieser Entscheidung wird deutlich, dass die Annahme einer unmittelbaren Wirkung des Art. 31 Abs. 2 GRC erhebliche

252 Vgl. BAG, Urteil v. 23.06.2010 – 10 AZR 543/09, NZA 2010, 1081 (1085).
253 Vgl. EuGH, Urteil. v. 06.11.2018 – C-569/16, NZA 2018, 1467 (1470 f.).
254 ArbG Emden, Urteil v. 20.02.2020 – 2 Ca 94/19 –, juris, Rn. 25.
255 ArbG Emden, Urteil v. 20.02.2020 – 2 Ca 94/19 –, juris, Rn. 25.

Rechtsunsicherheiten herbeiführt, da eine Aufzeichnungspflicht für Arbeitgeber normiert wird, die weder vom europäischen Gesetzgeber noch vom nationalen Gesetzgeber ausdrücklich normiert worden ist.

2. Arbeitszeitrichtlinie (RL 2003/88/EG)

Europarechtliche Grundlage des Arbeitszeitgesetzes ist die RL 2003/88/EG. Sie ist bei der Auslegung und Anwendung des ArbZG und mithin auch bei der Gestaltung von Vertrauensarbeitszeitmodellen zu beachten.[256] Bei der gegenwärtigen Richtlinie handelt es sich um eine konsolidierte Richtlinienfassung der Richtlinien 92/104/EG und 2000/34/EG.[257] Dabei wurden die Artikel der RL 2003/88/EG neu durchnummeriert und die Texte sowie die Erwägungsgründe der Richtlinien modifiziert.[258] Ungeachtet dessen ist sie nach der Rechtsprechung des EuGH als unverändert anzusehen[259], sodass ältere Entscheidungen des EuGH auf sie anwendbar bleiben.[260]

Die RL 2003/88/EG bezweckt eine Verbesserung des Schutzes, der Sicherheit und der Gesundheit der Arbeitnehmer.[261] Laut Art. 1 Abs. 1 und 2 ArbZRL enthält sie lediglich Mindestvorschriften für die Sicherheit und den Gesundheitsschutz bei der Arbeitszeitgestaltung im Hinblick auf die tägliche Ruhezeit, Ruhepausen, wöchentliche Ruhezeit, wöchentliche Höchstarbeitszeit, Jahresurlaub sowie Aspekte der Nacht- und der Schichtarbeit und des Arbeitsrhythmus. Daher ist es den Mitgliedstaaten und den Sozialpartnern gestattet, günstigere Vorschriften für die Sicherheit und den Gesundheitsschutz der Arbeitnehmer zu erlassen.[262] Das Schutzniveau darf jedoch nicht unter das der Richtlinie sinken.[263]

a) Inhalt der RL 2003/88/EG

Da unter C. II. genauer auf die einzelnen für die Gestaltung der Vertrauensarbeitszeit relevanten Vorschriften der RL 2003/88/EG eingegangen wird, soll hier zum Verständnis und zur Einordnung der Richtlinie (als bedeutende

---

256 Vgl. Preis/Sagan/*Ulber*, EuArbR, 2. Aufl. 2019, Rn. 7.25.
257 Vgl. Preis/Sagan/*Ulber*, EuArbR, 2. Aufl. 2019, Rn. 7.25.
258 Vgl. Preis/Sagan/*Ulber*, EuArbR, 2. Aufl. 2019, Rn. 7.25.
259 Vgl. EuGH, Urteil v. 25.11.2010 – C-429/09, NZA 2011, 53 (54), Rn. 32.
260 Vgl. Preis/Sagan/*Ulber*, EuArbR, 2. Aufl. 2019, Rn. 7.25.
261 Vgl. Erwägungsgründe 2 und 4 der RL 2003/88/EG.
262 Vgl. Preis/Sagan/*Ulber*, EuArbR, 2. Aufl. 2019, Rn. 7.25.
263 Vgl. Preis/Sagan/*Ulber*, EuArbR, 2. Aufl. 2019, Rn. 7.25.

europarechtliche Vorgabe für das Arbeitszeitgesetz und mithin für die Vertrauensarbeitszeit) zunächst nur ein grober Überblick über ihren Inhalt gegeben werden.

Die RL 2003/88/EG sieht gem. Art. 6 ArbZRL eine Begrenzung der wöchentlichen Arbeitszeit (bei einer 7-Tage-Woche) auf durchschnittlich 48 Stunden vor. Dabei sind Überstunden eingeschlossen. Nach Art. 3 ArbZRL muss die tägliche Ruhezeit bei einem 24-Stunden-Zeitraum mindestens elf zusammenhängende Stunden betragen. Darüber hinaus ist pro 7-Tage-Zeitraum eine kontinuierliche Mindestruhezeit von 24 Stunden zuzüglich der täglichen Ruhezeit von elf Stunden zu gewähren (Art. 3 ArbZRL). Art. 5 ArbZRL sieht eine kontinuierliche wöchentliche Ruhezeit von 24 zusammenhängenden Stunden pro Sieben-Tages-Zeitraum vor, die sich im Regelfall mit der täglichen Ruhezeit des Art. 3 ArbZRL verbindet. Zudem beinhaltet Art. 4 ArbZRL eine Ruhepause während der Arbeitszeit, wenn die tägliche Arbeitszeit mehr als sechs Stunden umfasst. Schließlich soll gem. Art. 7 ArbZRL jedem Arbeitnehmer ein bezahlter Mindestjahresurlaub von insgesamt vier Wochen gewährt werden.

Des Weiteren enthält die RL 2003/88/EG Bestimmungen, die den Mitgliedstaaten die Möglichkeit einräumen, von den Vorschriften in den jeweils (nicht abschließend) benannten Fällen abzuweichen. Insoweit bestimmt z.B. Art. 17 Abs. 1 ArbZRL, dass die Mitgliedstaaten unter Beachtung der allgemeinen Grundsätze des Schutzes der Sicherheit und der Gesundheit der Arbeitnehmer von den Art. 3 bis 6, 8 und 16 ArbZRL abweichen können, wenn die Arbeitszeit wegen der besonderen Merkmale der ausgeübten Tätigkeit nicht gemessen und/oder nicht im Voraus festgelegt wird oder von den Arbeitnehmern selbst festgelegt werden kann, und zwar insbesondere in Bezug auf z.B. leitende Angestellte oder sonstige Personen mit selbstständiger Entscheidungsbefugnis sowie Arbeitskräfte, die Familienangehörige sind („sog. autonome Arbeitnehmer"). Abweichungsmöglichkeiten sieht auch der Art. 18 ArbZRL im Wege von Tarifverträgen oder Vereinbarungen zwischen den Sozialpartnern auf nationaler oder regionaler Ebene oder, bei zwischen den Sozialpartnern getroffenen Abmachungen, im Wege von Tarifverträgen oder Vereinbarungen zwischen Sozialpartnern auf niedrigerer Ebene.

Eine weitere und sehr umfassende Ausnahmevorschrift ist der Art. 22 Abs. 1 ArbZRL. Danach steht es den Mitgliedstaaten frei, Art. 6 Buchst. b) ArbZRL, in dem die zulässige Höchstarbeitszeit von 48 Wochenstunden pro Sieben-Tage-Zeitraum normiert wird, unter bestimmten Voraussetzungen nicht anzuwenden. Ein solches sog. „Opt-out" ist nach Art. 22 Abs. 1 ArbZRL jedoch nur möglich, wenn die allgemeinen Grundsätze der Sicherheit und des Gesundheitsschutzes der Arbeitnehmer eingehalten werden und mit den erforderlichen Maßnahmen dafür gesorgt wird, dass kein Arbeitgeber vom Arbeitnehmer verlangt, im Durchschnitt des in Art. 16 Buchst. b) ArbZRL genannten Bezugszeitraums von bis zu vier Monaten mehr als 48 Stunden innerhalb eines Sieben-Tages-Zeitraums zu arbeiten, es sei denn, der Arbeitnehmer ist freiwillig dazu bereit, und es entstehen ihm im Weigerungsfall keine Nachteile.[264]

Das geltende deutsche Arbeitszeitrecht entspricht dem zwar überwiegend, aber nicht vollständig.[265] So ist die Höchstarbeitszeit im deutschen Recht nicht auf die Woche bezogen. Gemäß § 3 ArbZG wurde sie als werktägliche Arbeitszeit (acht Stunden) ausgestaltet. Rechnerisch ergibt sich daraus jedoch die gleiche Summe einer wöchentlichen Höchstarbeitszeit von 48 Stunden.[266] Die Verteilung auf die Wochentage kann im Rahmen der Arbeitszeitrichtlinie, bei Wahrung der Ruhezeit, jedoch variabler erfolgen.[267] Nach § 3 S. 2 ArbZG kommt bislang allenfalls eine vorübergehende, innerhalb eines halben Jahres wieder auszugleichende Erhöhung auf zehn Stunden in Betracht.[268] § 5 Abs. 1 ArbZG entspricht der Richtlinie vollständig, indem er eine elfstündige ununterbrochene Ruhezeit vorsieht. Allerdings wird der 24-Stunden-Bezugszeitraum nicht ausdrücklich benannt, sondern wird so unionsrechtskonform ausgelegt.[269] Dagegen wurde Art. 5 der ArbZRL im deutschen Arbeitszeitrecht nicht unmittelbar umgesetzt.[270] Die 24-stündige wöchentliche Ruhezeit wurde jedoch durch das Verbot der Sonntagsarbeit in § 9 ArbZG gewährleistet.[271] Allerdings ist die deutsche Regelung unflexibler als die europäische, denn nach der aktuellen Entscheidung des EuGH ist Art. 5 Abs. 1 der Richtlinie 2003/88/EG dahin gehend auszulegen, dass dieser nicht verlangt, dass die kontinuierliche wöchentliche Mindestruhezeit von 24 Stunden, auf die ein Arbeitnehmer Anspruch hat, spätestens an dem Tag gewährt wird, der auf einen Zeitraum von sechs aufeinanderfolgenden Arbeitstagen folgt, sondern nur, dass sie innerhalb jedes Sieben-Tage-Zeitraums gewährt wird.[272] Im Übrigen setzt § 4 ArbZG die Richtlinienvorgaben aus Art. 4

---

264 Vgl. BVerwG Urteil v. 20.07.2017 2 C 39.16, BeckRS 2017, 135169, Rn. 12.
265 Vgl. *Hanau*, EuZA 2019, 423 (425).
266 Vgl. *Hanau*, EuZA 2019, 423 (425).
267 Vgl. *Hanau*, EuZA 2019, 423 (425); Oetker/Preis/*Balze*,Europäisches Arbeits- und Sozialrecht, B 3100 Arbeitszeit, Urlaub und Teilzeitarbeit, Rn. 180; *Kössel*, DB 2019, 1958 (1959).
268 Vgl. *Hanau*, EuZA 2019, 423 (425).
269 Vgl. *Hanau*, EuZA 2019, 423 (425).
270 Vgl. *Hanau*, EuZA 2019, 423 (425).
271 Vgl. *Hanau*, EuZA 2019, 423 (425).
272 EuGH, Urteil vom 09.11.2017 – C-306/16, NZA 2017, 1521.

ArbZRL um, indem er im Voraus feststehende Ruhepausen von mindestens 30 Minuten bei einer Arbeitszeit von mehr als sechs bis zu neun Stunden und 45 Minuten bei einer Arbeitszeit von mehr als neun Stunden insgesamt vorsieht, die spätestens nach sechs Arbeitsstunden zu nehmen sind.

Im Gegensatz zu vielen anderen Mitgliedsstaaten hat Deutschland von der Opt-out-Regelung in Art. 22 ArbZRL nicht vollumfänglich Gebrauch gemacht.[273] Die Umsetzung der Opt-out-Regelung in § 7 Abs. 2a ArbZG lässt lediglich eine Verlängerung der werktäglichen Arbeitszeit über acht Stunden hinaus durch Kollektivvertragsparteien zu, wenn in die Arbeitszeit regelmäßig und in erheblichem Umfang Arbeitsbereitschaft oder Bereitschaftsdienst fällt und durch besondere Regelungen sichergestellt wird, dass die Gesundheit der Arbeitnehmer nicht gefährdet wird.

Art. 22 Abs. 1 ArbZRL bietet hingegen noch Umsetzungsspielraum. So könnte der deutsche Gesetzgeber die Verlängerung der Arbeitszeit auch der Disposition der Arbeitsvertragsparteien überlassen und darauf verzichten, dass diese nur gilt, wenn in erheblichem Umfang Arbeitsbereitschaft oder Bereitschaftsdienst anfällt.[274] Die deutsche Umsetzung des Art. 22 Abs. 1 ArbZRL in § 7 Abs. 2a und 7 ArbZG wird vielmehr von einigen Stimmen als richtlinienwidrig kritisiert.[275] So wird montiert, dass die Vorschrift ohne nähere Vorgaben, die dem Mitgliedstaat obliegende Verpflichtung zur Einhaltung der allgemeinen Grundsätze der Sicherheit und des Gesundheitsschutzes der Arbeitnehmer, den Kollektivvertragsparteien überlassen wird.[276] Das BAG hat die Frage, ob § 7 Abs. 2a ArbZG unionsrechtskonform ist, bisher offengelassen.[277]

b) Geltung der RL 2003/88/EG

Die RL 2003/88/EG gilt unmittelbar zwischen dem Einzelnen und dem Mitgliedstaat.[278] Nach ständiger Rechtsprechung des EuGH gilt sie nicht zwischen Privatpersonen.[279] Denn eine Richtlinie könne nicht selbst Verpflichtungen für

---

273 Vgl. *Hüpers/Reese*, RdA 2020, 53 (57).

274 Vgl. *Hanau*, EuZA 2019, 423 (436).

275 EuArbR/*Gallner*, 3. Aufl. 2020, RL 2003/88/EG Art. 22 Rn. 3; Preis/Sagan/*Ulber*, EuArbR, 2. Aufl. 2019, § 7 Rn. 291 ff.; a.A. Baeck/Deutsch/Winzer/*Baeck/Deutsch/Winzer*, 4. Aufl. 2020, ArbZG § 7 Rn. 109.

276 Vgl. BAG, Urteil v. 23.06.2010 – 10 AZR 543/09, NZA 2010, 1081 (1085).

277 Vgl. BAG, Urteil v. 23.06.2010 – 10 AZR 543/09, NZA 2010, 1081 (1085).

278 Vgl. EuGH, Urteil v. 06.11.2018 – C-684/16, NZA 2018, 1474 (1478).

279 Vgl. EuGH, Urteil v. 06.11.2018 – C-684/16, NZA 2018, 1474 (1478), Rn. 68; EuGH , Urteil v. 26.3.2015 – C 316/13, NZA 2015, 1444 (1446), Rn. 48.

einen Einzelnen begründen, sodass ihm gegenüber eine Berufung auf die Richtlinie als solche nicht möglich sei.[280] Dies gilt selbst dann, wenn die Richtlinie inhaltlich unbedingt und hinreichend genau gefasst ist.[281] Allerdings kann sich der Einzelne nach ständiger Rechtsprechung des EuGH „in all den Fällen, in denen die Bestimmungen einer Richtlinie inhaltlich unbedingt und hinreichend genau sind, vor nationalen Gerichten gegenüber dem Staat auf diese Bestimmungen berufen, wenn dieser die Richtlinie nicht fristgemäß oder nur unzulänglich in das nationale Recht umgesetzt hat".[282] Dabei sei es irrelevant, ob der Staat in seiner Eigenschaft als Arbeitgeber oder als Hoheitsträger handelt.[283] Im einen wie im anderen Fall müsse nämlich verhindert werden, dass der Staat aus der Nichtbeachtung des Unionsrechts Nutzen ziehen kann.[284]

3. Fazit

Zusammenfassend kann festgehalten werden, dass Art. 31 Abs. 2 GRC dem Arbeitnehmer ein Recht auf Begrenzung der Höchstarbeitszeit und auf Mindestruhezeit gewährt. Der Umfang sowie die Modalitäten dieser Rechte werden durch die ArbZRL konkretisiert. Es ist mit hoher Wahrscheinlichkeit zu erwarten, dass der EuGH zukünftig auch eine unmittelbare Wirkung des Art. 31 Abs. 2 GRC auf Begrenzung der Höchstarbeitszeit und auf Mindestruhezeiten unter Privaten anerkennen wird. Sofern daher eine nationale Regelung nicht richtlinienkonform ausgelegt werden kann, werden die nationalen Gerichte gehalten sein, diese nicht anzuwenden und dafür Sorge zu tragen, dass der Arbeitnehmer seine Ansprüche auf die Begrenzung der Höchstarbeitszeit und auf tägliche und wöchentliche Ruhezeiten nicht verliert. Damit kann die ArbZRL unmittelbar zwischen Privaten wirken, obwohl Art. 51 Abs. 1 S. 1 GRC nur die Union und die Mitgliedstaaten auf die Grundrechte verpflichtet. Dies führt dazu, dass es dann auf das deutsche ArbZG nur insoweit ankommt, als es Verfahrensmodalitäten regeln und über das unionsrechtliche Mindestschutzniveau hinausgehen kann, obgleich die Art. 3 bis Art. 7 ArbZRL jeweils mit den Worten: „Die Mitgliedstaaten treffen die erforderlichen Maßnahmen, damit […]" beginnen und somit einen Gestaltungsspielraum für die Mitgliedstaaten vorsehen.

---

280 Vgl. EuGH, Urteil v. 06.11.2018 – C-684/16, NZA 2018, 1474 (1478), Rn. 68.
281 Vgl. EuGH, Urteil v. 06.11.2018 – C-684/16, NZA 2018, 1474 (1478), Rn. 68.
282 EuGH, Urteil v. 06.11.2018 – C-684/16, NZA 2018, 1474 (1478), Rn. 63.
283 Vgl. EuGH, Urteil v. 06.11.2018 – C-684/16, NZA 2018, 1474 (1478), Rn. 63.
284 Vgl. EuGH, Urteil v. 06.11.2018 – C-684/16, NZA 2018, 1474 (1478), Rn. 63

Die ArbZRL weist im Vergleich zum ArbZG für die Vereinbarung von Vertrauensarbeitszeit noch erhebliches Flexibilisierungspotenzial auf. Dieses wurde durch den deutschen Gesetzgeber noch nicht ausgeschöpft. So könnte anstelle einer täglichen Höchstarbeitszeit auch eine wöchentliche Höchstarbeitszeit gesetzlich geregelt werden oder jedenfalls die tägliche Höchstarbeitszeit bis zu 13 Stunden verlängert werden.[285] Des Weiteren könnte der deutsche Gesetzgeber auch von Art. 22 Abs. 1 ArbZRL vollumfänglich Gebrauch machen, was bislang noch nicht geschehen ist.[286] Es wäre zudem möglich die Höchstarbeits- und Ruhezeitvorgaben entsprechend Art. 17 Abs. 1 ArbZRL für „autonome Arbeitnehmer", zu dispensieren.[287]

II. Arbeitszeitrechtlicher Rahmen nach nationalem Recht

Vereinbarungen zur Einführung von Vertrauensarbeitszeit über die Grenzen des ArbZG hinaus sind unzulässig.[288] Bislang wurden zur Einführung nur die europäischen Grundlagen und deren Bedeutung für das nationale Arbeitszeitrecht aufgezeigt. Im Folgenden werden nunmehr – unter Berücksichtigung des Unionsrechts – ausgewählte und besonders praxisrelevante gesetzliche Grenzen der Vertrauensarbeitszeit vor dem Hintergrund, ob Vertrauensarbeitszeit auch in Zukunft noch möglich sein wird, behandelt. Die gesetzlichen Grenzen sollen jeweils zunächst de lege lata, anschließend dann soweit erforderlich de lege ferenda betrachtet werden. Insbesondere wird der Frage nachgegangen, welche Auswirkungen die EuGH-Entscheidung CCOO auf das deutsche Arbeitszeitrecht hat und ob damit das oftmals befürchtete Ende der Vertrauensarbeitszeit eintreten wird.

1. Das ArbZG und sein Verhältnis zu europäischen Arbeitszeitregelungen

Das ArbZG ist als Arbeitszeitschutzrecht Teil des öffentlich-rechtlichen Arbeitsschutzes.[289] Es trat am 01.07.1994 in Kraft.[290]Es fasst das in mehreren Gesetzen und Verordnungen verstreute Arbeitszeitschutzrecht für beinah alle Arbeitnehmergruppen

285 Näheres zu § 3 ArbZG und 6 ArbZRL unter C. II. 3.

286 So auch *Hanau*, EuZA 2019, 423 (436).

287 Zu § 18 ArbZG und 17 ArbZRL siehe auch unter C. II. 6. d) aa).

288 Vgl. BAG, Beschluss v. 06.05.2003 – 1 ABR 13/02, NZA 2003, 1348 (1352).

289 Vgl. StichwortKommentar Arbeitsrecht, Grobys/Panzer-Heemeier/*Ünsal*, 3. Auflage, Edition 11 2020 Arbeitszeit, Rn. 2; NK-ArbR/*Joachim Wichert*, 1. Aufl. 2016, ArbZG § 1 Rn. 1.

290 Vgl. StichwortKommentar Arbeitsrecht, Grobys/Panzer-Heemeier/*Ünsal*, 3. Auflage, Edition 11 2020 Arbeitszeit, Rn. 2; NK-ArbR/*Joachim Wichert*, 1. Aufl. 2016, ArbZG § 1 Rn. 1.

in einem zentralen Gesetz zusammen und setzt gleichzeitig die europäische RL 2003/88/EG und die dazu ergangene EuGH-Rechtsprechung in deutsches Recht um.[291] Der Gesetzgeber bezweckt mit dem ArbZG, seinen Schutzpflichten bzgl. der Sicherheit und Gesundheit der Arbeitnehmer bei der Arbeit nachzukommen.[292] Die Regelungen des ArbZG sind einseitig zwingend.[293] Sie sind nicht abdingbar, insbesondere kann der Arbeitnehmer auf seine Rechte aus dem Arbeitszeitgesetz nicht verzichten.[294]

Verstößt eine Regelung des ArbZG gegen Unionsrecht, so muss – ungeachtet der Frage, ob das nationale Recht geändert werden muss – die nationale unionswidrige Norm zunächst richtlinienkonform ausgelegt werden.[295] Bei der richtlinienkonformen Auslegung der Regelungen des ArbZG muss stets im Wege der europarechtskonformen Auslegung geprüft werden, ob diese mit der RL 2003/88/EG vereinbar sind oder ob sie bei mehreren Auslegungsmöglichkeiten, um nicht gegen die RL 2002/88/EG zu verstoßen, nur in einem bestimmten Sinne ausgelegt werden können.[296] Ist die vom Unionsrecht geforderte Lösung durch Auslegung des ArbZG nicht erreichbar, kommt eine unionsrechtskonforme Rechtsfortbildung in Betracht, wenn diese zulässig ist.[297] Voraussetzung für eine richtlinienkonforme Auslegung oder Rechtsfortbildung ist – auch nach der Rechtsprechung des EuGH – grundsätzlich, dass sich die nationale Auslegung im Rahmen des nationalen Verfassungsrechts und der nationalen Methodenlehre hält.[298]

2. Persönlicher Anwendungsbereich

Das Arbeitszeitgesetz gilt nur für Arbeitnehmer.[299] Nach § 2 Abs. 2 ArbZG sind Arbeitnehmer im Sinne des ArbZG Arbeiter, Angestellte sowie die zu ihrer Berufsausbildung Beschäftigten. Ähnlich lautet § 5 Abs. 1 S. 1 BetrVG der jedoch den dort verwendeten Begriff der „Berufsausbildung" durch „Berufsbildung"

---

291 Vgl. StichwortKommentar Arbeitsrecht, Grobys/Panzer-Heemeier/*Ünsal*, 3. Auflage, Edition 11 2020 Arbeitszeit, Rn. 2
Vgl. NK-ArbR/*Joachim Wichert*, 1. Aufl. 2016, ArbZG § 1 Rn. 1.

292 Vgl. ErfK/*Wank*, 20. Aufl. 2020, ArbZG § 1 Rn. 5

293 Vgl. *Jacobs*, NZA 2016, 733 (734).

294 Vgl. *Jacobs*, NZA 2016, 733 (734).

295 Näher dazu *Wank*, RdA 2020, 1 (3); ErfK/*Wank*, 20. Aufl. 2020, ArbZG § 1 Rn. 2

296 Vgl. *Wank*, RdA 2020, 1 (3); ErfK/*Wank*, 20. Aufl. 2020, ArbZG § 1 Rn. 2

297 Vgl. *Wank*, RdA 2020, 1 (3).

298 Vgl. *Wank*, RdA 2020, 1 (3).

299 Vgl. HK-ArbZR/*Spengler*, § 2 ArbZG, Rn. 30.

ersetzt, um die Berufsbildungsverhältnisse zu erfassen, die weder Ausbildungsverhältnisse noch Arbeitsverhältnisse sind.[300] Auch entspricht der Arbeitnehmerbegriff ausweislich der Gesetzesbegründung dem des § 5 Abs. 1 BetrVG, die auf diesen Bezug nimmt.[301] Allerdings nimmt die Gesetzesbegründung nicht auf die in § 5 Abs. 2 BetrVG enthaltenen Beschränkungen des Arbeitnehmerbegriffs Bezug.[302] Daher wird in der Literatur weitgehend vertreten, dass der Arbeitnehmerbegriff des ArbZG weitergehender ist, als der des BetrVG, da die Beschränkungen des § 5 Abs. 2 BetrVG nicht gelten.[303]

Da weder § 2 Abs. 2 ArbZG noch § 5 Abs. 2 BetrVG eine eigene Begriffsbestimmung enthalten, wird der allgemeine arbeitsrechtliche Begriff des Arbeitnehmers für die Bestimmung des Arbeitnehmerbegriffs nach dem ArbZG herangezogen.[304] Seit dem 01.04.2017 wird dieser in § 611a Abs.1 BGB legaldefiniert. Ausweislich der Gesetzesbegründung bezweckte der Gesetzgeber mit der Einführung des § 611a Abs. 1 BGB lediglich die Kodifizierung der bereits bestehende Begriffsbestimmung der Rechtsprechung.[305] Arbeitnehmer ist daher, wer aufgrund eines privatrechtlichen Vertrages im Dienste eines anderen zur Leistung weisungsgebundener, fremdbestimmter Arbeit in persönlicher Abhängigkeit verpflichtet ist.[306]

a) Autonomer Arbeitnehmerbegriff des Unionsrechts

Das Unionsrecht sieht keinen einheitlichen gesetzlich definierten unionsrechtlichen Arbeitnehmerbegriff vor.[307] Der Arbeitnehmerbegriff ist vielmehr durch die Rechtsprechung des EuGH geprägt und nach dieser grundsätzlich bei jeder

---

300 Vgl. NK-ArbR/*Joachim Wichert*, 1. Aufl. 2016, ArbZG § 2 Rn. 34; *Gäntgen* in: Henssler/Willemsen/Kalb, Arbeitsrecht Kommentar, 9. Aufl. 2020, § 2 ArbZG, Rn.10.

301 Vgl. BT-Drucksache 12/5888, S. 23; HK-ArbZR/*Spengler*, § 2 ArbZG, Rn. 30; ErfK/*Wank*, 20. Aufl. 2020, ArbZG § 2 Rn. 3.

302 Vgl. BT-Drucksache 12/5888, S. 23.

303 Vgl. Neumann/Biebl § 2 Rn. 21; vgl. Schliemann, § 2 Rn. 79; ErfK/*Wank*, 20. Aufl. 2020, ArbZG § 2 Rn. 3.

304 Vgl. Neumann/Biebl § 2 Rn. 21; vgl. Schliemann, § 2 Rn. 79; ErfK/Wank, 20. Aufl. 2020, ArbZG § 2 Rn. 3.

305 Vgl. BT-Drs. 18/9232, S. 31.

306 vgl. nur BAG v. 20.01.2010 – 5 AZR 99/09; Anzinger/Koberski, § 2 Rn. 64 ff.; Neumann/Biebl § 2 Rn. 21 f.; Schliemann, § 2 Rn. 81; MHdB ArbR/Schneider, § 18 Rn. 12 ff.; DLW/Dörner, Kap. 1 Rn. 42 ff. m.w.N.).

307 Vgl. *Boemke*, RdA 2018, 1 (6 f.).

unionsrechtlichen Vorschrift, unter Berücksichtigung ihrer teleologischen Ziele und der systematischen Stellung, autonom zu bestimmen.[308]

Dabei sind folgende Grundsätze zu beachten: Wird der Arbeitnehmer in der jeweiligen Unionsvorschrift ausdrücklich autonom definiert, kommt es allein auf die Einordnung des jeweiligen Beschäftigten unter die konkrete Definition an.[309] Verweist die europarechtliche Regelung jedoch auf den jeweiligen nationalen Arbeitnehmerbegriff der Mitgliedstaaten, so kommt es zunächst darauf an, ob ein Beschäftigter im nationalen Recht des jeweiligen Mitgliedstaats als Arbeitnehmer anzusehen und der sachliche Schutz des Unionsrechts in der Folge auf diese Person anzuwenden ist.[310] Ist keine dieser zwei Konstellationen gegeben, ist der Begriff des Arbeitnehmers unionsrechtlich autonom auszulegen.[311] Hierzu zieht der EuGH grundsätzlich die in der Entscheidung *Lawrie-Blum*[312] im Zusammenhang mit der Arbeitnehmerfreizügigkeit nach Art. 45 AEUV entwickelten Merkmale eines Arbeitnehmers heran.[313] Der EuGH hat die sog. „*Lawrie-Blum*-Formel" so gut wie in allen Bereichen des europäischen Rechts zitiert, in denen es auf den (autonomen) Arbeitnehmerbegriff ankommt.[314]

Auch die RL 2003/88/EG enthält selbst keine Legaldefinition des Arbeitnehmerbegriffs und verweist auch nicht auf den Arbeitnehmerbegriff des jeweiligen nationalen Rechts. Lediglich im verfügenden Teil der RL 2003/88/EG wird auf „Arbeitnehmer" bzw. „jeder Arbeitnehmer" Bezug genommen. Daher zieht der EuGH den Arbeitnehmerbegriff des Art. 45 AEUV zur Arbeitnehmerfreizügigkeit für die Bestimmung des Arbeitnehmerbegriffs der RL 2003/88/EG heran.[315]

So etwa in der Entscheidung *Dieter May*[316] vom 07.04.2011, in der er ausdrücklich Nachfolgendes entschieden hat: „Die vorstehenden Ausführungen des Gerichtshofs zum Begriff des Arbeitnehmers im Sinne des Art. 45 AEUV gelten ebenfalls für den Arbeitnehmerbegriff, der in Rechtsakten nach Art. 288 AEUV verwendet wird."[317] Nach ständiger Rechtsprechung des EuGH ist insoweit als

---

308 Vgl. EuGH, Urteil v. 10.09.2014 – C-270/13, NVwZ 2014, 1508 (1509).
309 Vgl. *Boemke*, RdA 2018, 1 (6 f.).
310 *Henssler/Pant*, RdA 2019, 321 (325).
311 Vgl. *Wank*, EuZA 2018, 327 (331 f.); *Henssler/Pant*, RdA 2019, 321 (325).
312 Vgl. EuGH, Urteil v. 07.04.2011 – C-519/09, BeckRS 2013, 87054, Rn. 21;
313 Vgl. EuGH, Urteil v. 07.04.2011 – C-519/09, BeckRS 2013, 87054, Rn. 21; *Boemke*, RdA 2018, 1 (6 f.); *Wank*, EuZA 2018, 327 (332); *Henssler/Pant*, RdA 2019, 321 (325).
314 Vgl. *Wank*, EuZA 2018, 327 (332); *Henssler/Pant*, RdA 2019, 321 (325).
315 Vgl. EuGH, Urteil v. 07.04.2011 – C-519/09, BeckRS 2013, 87054, Rn. 21.
316 Vgl. EuGH, Urteil v. 07.04.2011 – C-519/09, BeckRS 2013, 87054, Rn. 21.
317 Vgl. EuGH, Urteil v. 07.04.2011 – C-519/09, BeckRS 2013, 87054, Rn. 22.

„Arbeitnehmer“ im Sinne der RL 2003/88/EG „jeder anzusehen, der eine tatsächliche und echte Tätigkeit ausübt, wobei Tätigkeiten außer Betracht bleiben, die einen so geringen Umfang haben, dass sie sich als völlig untergeordnet und unwesentlich darstellen“.[318] Das wesentliche Merkmal, das ein Arbeitsverhältnis definiere, ist, dass jemand während einer bestimmten Zeit für einen anderen nach dessen Weisung Leistungen erbringt, für die er als Gegenleistung eine Vergütung erhält.[319]

Des Weiteren hat der EuGH in ständiger Rechtsprechung postuliert, dass es sich bei dem Arbeitnehmerbegriff der RL 2003/88/EG um einen autonomen Begriff des Unionsrechts handelt, der nicht nach Maßgabe der nationalen Rechtsordnungen unterschiedlich ausgelegt werden kann, sondern dem eine eigenständige unionsrechtliche Bedeutung zukommt.[320] Die Rechtsnatur eines Arbeitsverhältnisses nach nationalem Recht könne danach keine Bedeutung für die Arbeitnehmereigenschaft im Sinne des Unionsrechts haben.[321] Im Rahmen der dem nationalen Gericht obliegenden Prüfung, ob der Betreffende unter den Arbeitnehmerbegriff fällt, müsse es sich auf objektive Kriterien stützen und eine Gesamtwürdigung aller Umstände der bei ihm anhängigen Rechtssache vornehmen, die die Art der in Rede stehenden Tätigkeiten und des Verhältnisses zwischen den fraglichen Parteien betreffen.[322]

Demnach ist der Arbeitnehmerbegriff des ArbZG aufgrund der unionsrechtlichen Vorgaben der RL 2003/88/EG – unabhängig von der nationalen Rechtsnatur des Vertragsverhältnisses – autonom auszulegen.[323] Wie der deutsche Arbeitnehmerbegriff, ist aber auch im europäischen Arbeitnehmerbegriff die Weisungsgebundenheit ein wesentliches Kriterium für die Qualifikation als Arbeitnehmer.[324] Anders als in § 611a BGB kommt es bei der europäischen Begriffsbestimmung allerdings nicht auf die persönliche Abhängigkeit und die Rechtsnatur des Beschäftigungsverhältnisses an.[325]

---

318 EuGH, Urteil v. 21.02.2018 – C-518/15, NZA 2018, 293 (294), Rn. 28; EuGH, Urteil v. 26.03.2015 – C-316/13, NZA 2015, 1444 (1445) Rn. 27.

319 EuGH, Urteil v. 21.02.2018 – C-518/15, NZA 2018, 293 (294), Rn. 28; EuGH, Urteil v. 26.03.2015 – C-316/13, NZA 2015, 1444 (1445) Rn. 27.

320 EuGH, Urteil v. 21.02.2018 – C-518/15, NZA 2018, 293 (294), Rn. 28 f.

321 Vgl. EuGH, Urteil v. 21.2.2018 – C-518/15, NZA 2018, 293 (294), Rn. 29.

322 Vgl. EuGH, Urteil v. 14.10.2010 – C-428/09, juris, Rn. 29.

323 Vgk. auch Henssler/Pickenhahn in: Kunz/Henssler/Brand/Nebeling, Praxis des Arbeitsrechts, 6. Aufl. 2018, § 80 Flexibilisierung der Arbeitszeit, Rn. 2.

324 Vgl. *Henssler/Pant*, RdA 2019, 321 (325).

325 Vgl. *Henssler/Pant*, RdA 2019, 321 (325).

b) *Organe juristischer Personen*

Bislang jedenfalls noch nicht explizit höchstrichterlich entschieden ist die Frage, ob auch Organe juristischer Personen, wie beispielsweise Fremdgeschäftsführer einer GmbH, in der Regel Arbeitnehmer im Sinne der RL 2003/88/EG sind. In Bezug auf die Mutterschutzrichtlinie hat der EuGH bereits in der Rechtssache *Danosa,*[326] einer lettischen Fremdgeschäftsführerin einer Kapitalgesellschaft, den Status der Arbeitnehmerin nach der Mutterschutzrichtlinie zugesprochen.[327] Danach erfülle ein Mitglied der Unternehmensleitung einer Kapitalgesellschaft, das gegen Entgelt Leistungen gegenüber der Gesellschaft erbringt, die es bestellt hat und in die es eingegliedert ist, das seine Tätigkeit nach der Weisung oder unter der Aufsicht eines anderen Organs dieser Gesellschaft ausübt und das jederzeit ohne Einschränkung von seinem Amt abberufen werden kann, die Voraussetzungen, um als „Arbeitnehmer" im Sinne des Unionsrechts zu gelten.[328]

In der Rechtssache *Balkaya*[329] bestätigt dies der EuGH erstmals auch für den Fremdgeschäftsführer einer deutschen GmbH und hat die Arbeitnehmereigenschaft von Organen juristischer Personen weiter ausgeformt, indem er ausdrücklich klargestellt hat, dass für das Vorliegen eines Unterordnungsverhältnisses die jederzeit und einschränkungslose Möglichkeit, den Geschäftsführer von seinem Amt abberufen zu können, ein maßgebendes Indiz ist. Zudem ist ein Unterordnungsverhältnis trotz des Ermessensspielraums des Geschäftsführers in der Regel anzunehmen, wenn die Gesellschaft im Einzelnen die Arbeitsaufgaben, die der Geschäftsführer erledigen muss, und die Art und Weise, wie diese zu erledigen sind, vorgeben kann.[330]

Zurecht wird in der Literatur[331] angenommen, dass die Begriffsbildung des EuGH in der Rechtssache *Danosa*[332] und *Balkaya*[333] auf den Arbeitnehmerbegriff der RL 2003/88/EG zu übertragen ist. Denn auch in diesen Entscheidungen

---

326 EuGH, Urteil v. 11.11.2010 – C-232/09, NJW 2011, 2343.

327 Vgl. EuGH, Urteil v. 11.11.2010 – C-232/09, NJW 2011, 2343 (2345).

328 Vgl. EuGH, Urteil v. 11.11.2010 – C-232/09, NJW 2011, 2343 (2345).

329 EuGH, Urteil v. 09.07.2015 – C-229/14, NZA 2015, 861.

330 Vgl. EuGH, Urteil v. 09.07.2015 – C-229/14, NZA 2015, 861 (861), Rn. 39.

331 Vgl. *Henssler/Lunk* NZA 2016, 1425 (1429); *Boemke*, RdA 2018, 1 (6 f.); *Wank*, EuZA 2018, 327 (336); *Lunk*, NZA 2015, 917 (919 f.); EuArbR/*Gallner*, 3. Aufl. 2020, RL 2003/88/EG Art. 1 Rn. 39 c.

332 Vgl. EuGH, Urteil v. 11.11.2010 – C-232/09, NJW 2011, 2343 (2345).

333 EuGH, Urteil v. 09.07.2015 – C-229/14, BB 2015, 2554 (2558), Rn. 41.

legte der Gerichtshof den Arbeitnehmerbegriff nach Maßgabe der *Lawrie-Blum*-Formel anhand objektiver Merkmale und ohne Rücksicht auf die nationale Rechtsordnung autonom aus. Etwas anderes ergibt sich weder aus dem sachlichen Regelungsgegenstand der Arbeitszeitrichtlinie noch aus der Systematik der Reglungen der Arbeitszeitrichtlinie. Insoweit spricht gerade die Ausnahmeregelung[334] des Art. 17 Abs. 1 ArbZRL für die Annahme, dass auch Fremdgeschäftsführer unter den Schutzbereich der Arbeitszeitrichtlinie fallen, für die aber unter den dortigen Voraussetzungen Ausnahmen geschaffen werden dürfen. So werden in Art. 17 Abs. 1 ArbZRL u.a. „leitende Angestellte oder sonstige Personen mit selbstständiger Entscheidungsbefugnis" als nicht abschließende Beispiele genannt.[335] Die Europäische Kommission ist der Auffassung, dass unter die Ausnahmeregelung bestimmte hochrangige Führungskräfte fallen könnten, deren gesamte Arbeitszeit nicht gemessen oder nicht im Voraus festgelegt wird, da sie nicht verpflichtet sind, zu festgesetzten Zeiten am Arbeitsplatz anwesend zu sein, sondern über ihre Arbeitszeiteinteilung selbst entscheiden können.[336] Auch werden Organe und juristische Personen durch eine andere Regelung nicht geschützt. Vielmehr ist Organen juristischer Personen der Schutz nach dem ArbSchG verwehrt, weil diesem Gesetz der nationale Arbeitnehmerbegriff zugrunde liegt.[337] Auch dies spricht dafür, dass es jedenfalls eines Mindestschutzes für Organe über das Arbeitszeitrecht bedarf.[338] Daher ist zu erwarten, dass auch nichts anderes für den Arbeitnehmerbegriff im Rahmen der Arbeitszeitrichtlinie und des ArbZG gelten wird. Es ist damit zu rechnen, dass der EuGH auch Organe juristischer Personen, wie den Fremdgeschäftsführer einer GmbH, als vom personellen Anwendungsbereich der RL 2003/88/EG umfasst sieht.

Da Organe juristischer Personen überwiegend in Vertrauensarbeitszeit arbeiten, ist auch hier darauf zu achten, dass die Grenzen des ArbZG ggf. auch für diese gelten und zu beachten sind.

c) Zusammenfassung

Da die RL 2003/88/EG selbst keine Legaldefinition des Arbeitnehmerbegriffs enthält und auch nicht auf den Arbeitnehmerbegriff des jeweiligen nationalen

---

334 Näher zum Ausschluss bestimmter Arbeitnehmer vom Anwendungsbereich der Arbeitszeitrichtlinie und dem ArbZG nach § 18 Abs. 1 ArbZG unter C. II. 6. f).

335 Vgl. EuGH, Urteil vom 14.10.2010 – C-428/09, BeckRS 2010, 91197, Rn. 48

336 Vgl. Amtsblatt der Europäischen Union, C 165/44.

337 Vgl. *Henssler/Lunk*, NZA 2016, 1425 (1429).

338 So zutreffend *Henssler/Lunk*, NZA 2016, 1425 (1429).

Rechts verweist, ist der Arbeitnehmerbegriff unionsrechtlich autonom zu verstehen, das heißt, im Wege einheitlicher europäischer Auslegung zu gewinnen. Der Ausgangspunkt hierbei ist die *Lawrie-Blum*-Formel, wonach es wesentlich darauf ankommt, ob jemand während einer bestimmten Zeit für einen anderen nach dessen Weisung Leistungen erbringt, für die er eine Gegenleistung erhält. Die *Lawrie-Blum*-Formel entspricht dabei nur zum Teil dem Arbeitnehmerbegriff der deutschen Rechtsprechung, wonach ebenfalls die Weisungsgebundenheit ein wesentliches Kriterium für die Annahme der Arbeitnehmereigenschaft ist. Da jedoch das Vertragsverhältnis und das Merkmal der persönlichen Abhängigkeit einer Person keine wesentliche Rolle bei der Auslegung des Arbeitnehmerbegriffs spielt, können auch Mitglieder der Unternehmensleitung, als Arbeitnehmer i. S. d RL 2003/88/EG zu qualifizieren sein. Dies dürfte der Fall sein, wenn sie Tätigkeiten nach Weisung und Aufsicht eines anderen Organs der Gesellschaft im Unterordnungsverhältnis ausüben, als Gegenleistung Vergütung erhalten und selbst keine Anteile an der Gesellschaft innehaben.[339]

3. Höchstarbeitszeit, § 3 ArbZG

Eine der wichtigsten Grenzen des ArbZG für die Vertrauensarbeitszeit ist die in § 3 Abs. 1 S. 1 ArbZG normierte werktägliche Höchstarbeitszeit von acht Stunden, die grundsätzlich nicht überschritten werden darf. Eine Verlängerung der werktäglichen Höchstarbeitszeit ist gemäß § 3 Abs. 1 S. 2 ArbZG auf bis zu zehn Stunden zulässig, wenn innerhalb von sechs Kalendermonaten oder innerhalb von 24 Wochen im Durchschnitt acht Stunden werktäglich nicht überschritten werden. Daraus ergibt sich, dass die maximal zulässige wöchentliche Höchstarbeitszeit 48 Stunden beträgt und auf bis zu 60 Stunden wöchentlich verlängert werden kann, wenn innerhalb von sechs Monaten oder 24 Wochen ein Ausgleich erfolgt.[340]

Bei § 3 ArbZG handelt es sich um ein Verbotsgesetz i. S. v. § 134 BGB, welches die Arbeitnehmer vor Überforderung durch übermäßige zeitliche Inanspruchnahme schützen soll.[341] Demnach handelt es sich bei § 3 ArbZG um ein gesetzliches Beschäftigungsverbot, das dem Arbeitgeber verbietet, Arbeitsleistungen anzuordnen oder entgegenzunehmen, die die gesetzlichen Höchstgrenzen übersteigen.[342] Beschäftigt er einen Arbeitnehmer über die Grenzen

339 Vgl. EuArbR/*Gallner*, 3. Aufl. 2020, RL 2003/88/EG Art. 1 Rn. 39c.
340 BeckOK ArbR/*Kock*, ArbZG § 3 Rn. 5.
341 Vgl. BAG Urteil v. 24.08.2016 – 5 AZR 129/16, NZA 2017, 58 (61).
342 Vgl. BAG Urteil v. 24.08.2016 – 5 AZR 129/16, NZA 2017, 58 (61).

der Arbeitszeit hinaus, so kann dies, wie bereits oben kurz erwähnt, gemäß § 22 Abs. 1 Nr. 1 ArbZG zumindest als Ordnungswidrigkeit geahndet werden oder ggf. nach § 23 ArbZG sogar strafbar sein.

Auch bei der Vertrauensarbeitszeit ist der Arbeitgeber gehalten, dafür Sorge zu tragen, dass die Höchstarbeitszeiten nicht überschritten werden. Das heißt, die in Vertrauensarbeitszeit tätigen Arbeitnehmer dürfen ebenfalls grundsätzlich die Höchstarbeitszeit von acht bzw. maximal zehn Stunden täglich nicht überschreiten. Daher ist zu klären, was „werktägliche Arbeitszeit" im heutigen digitalen Zeitalter bedeutet und wie sich dies auf das Arbeitszeitmodell der Vertrauensarbeitszeit auswirkt.

a) Begriff „werktäglich" bei flexiblem Arbeitsbeginn

Zunächst einmal stellt sich die Frage, was unter „werktäglich" im Sinne des § 3 ArbZG zu verstehen ist. Das ArbZG knüpft bei der Höchstarbeitszeit und bei der Ruhezeit an den Begriff der werktäglichen Arbeitszeit an. In der Literatur[343] als auch in der Rechtsprechung[344] besteht jedenfalls Einigkeit darüber, dass bei der Bestimmung der täglichen Höchstarbeitszeit nicht auf den Kalendertag, sondern auf den individuellen Arbeitstag des Arbeitnehmers abzustellen ist, der mit Arbeitsantritt beginnt und nach 24 Stunden endet. Der Werktag unterscheide sich vom Kalendertag.[345] Denn ein Kalendertag beginnt um 0 Uhr und endet um 24 Uhr. Der Werktag hingegen ist vom Beginn der Arbeitszeit des Arbeitnehmers ab gezählt und endet 24 Stunden später.[346] Beginne die Arbeitszeit des Arbeitnehmers um 9 Uhr des einen Kalendertages, ende der Werktag dieses Arbeitnehmers 24 Stunden später, also um 9 Uhr des folgenden Kalendertages.[347]

Liegt ein Nine-to-five-Job vor, entstehen keinerlei Probleme. Der Arbeitnehmer arbeitet in diesem Fall stets von 9 Uhr bis 17 Uhr und legt nach Beendigung der täglichen Arbeitszeit eine elfstündige Ruhezeit ein. Am nächsten Tag beginnt seine Arbeitszeit sodann erneut um 9 Uhr. Er hat damit innerhalb von 24 Stunden nicht mehr als acht Stunden gearbeitet und die zulässige Höchstarbeitszeit

---

343 Vgl. ErfK/*Wank*, 20. Aufl. 2020, ArbZG § 3 Rn. 2; Baeck/Deutsch/Winzer/*Baeck/Deutsch/Winzer*, 4. Aufl. 2020, ArbZG § 3 Rn. 16; *Wirtz*, BB 2014 (1398); Baeck/Deutsch/Winzer/*Baeck/Deutsch/Winzer*, 4. Aufl. 2020, ArbZG § 3 Rn. 16; Anzinger/Koberski Rn. 10.

344 Vgl. BAG, Urteil v. 17.04.1958 – 2 AZR 289/57, BeckRS 1958, 103188.

345 Vgl. ErfK/*Wank*, 20. Aufl. 2020, ArbZG § 3 Rn. 2.

346 Vgl. ErfK/*Wank*, 20. Aufl. 2020, ArbZG § 3 Rn. 2.

347 Vgl. ErfK/*Wank*, 20. Aufl. 2020, ArbZG § 3 Rn. 2.

eingehalten. Problematisch können jedoch die Fälle sein, in denen die Einsatzzeiten bzw. der individuelle Arbeitsantritt der Arbeitnehmer variieren, wie beispielsweise bei der Vertrauensarbeitszeit. Anders als beim klassischen Nine-to-five-Job, arbeiten die Arbeitnehmer hier i. d. R. zu unterschiedlichen Zeiten und oft nicht in einem Stück, sondern verteilt auf den Tag. Hier ist es denkbar, dass ein Arbeitnehmer nach Ende der Arbeitszeit zwar eine elfstündige Ruhezeit eingehalten hat, aber innerhalb des 24-stündigen Arbeitstags erneut seine Arbeit aufnimmt und damit die höchstzulässige Arbeitszeit von zehn Stunden überschreitet.

aa) Meinungsstand in der Literatur, Rechtsprechung und Verwaltung

Nach verbreiteter Auffassung in der Literatur dürfte der Arbeitnehmer im obigen Beispiel seine Arbeit am nächsten Tag erst wieder um 9:00 Uhr aufnehmen und nicht bereits um 5:00 Uhr, da er andernfalls innerhalb eines 24-Stunden-Zeitraumes zwölf Stunden gearbeitet hätte.[348] Bei einer Vorverlegung des Beginns des Werktages sei zu beachten, dass die werktägliche Arbeitszeit von maximal zehn Stunden in keinem Fall überschritten werden darf.[349] Bei einem rückwärtsrollierenden Arbeitsbeginn würden die Stunden des Folgetages noch in den Referenzzeitraum des Vortages fallen.[350] So ende dieser bei einem Arbeitsbeginn am Montag um 7:00 Uhr auch dann erst am Dienstag um 7:00 Uhr, wenn der Arbeitnehmer an diesem Tag bereits um 6:00 Uhr mit der Arbeit beginne.[351] Die Stunde zwischen 6:00 Uhr und 7:00 Uhr am Dienstag würde daher zu dem am Montag beginnenden Referenzzeitraum zählen.[352] Auch bei Einhaltung der elfstündigen Ruhezeit nach § 5 Abs. 1 ArbZG sei die Vorverlegung des Arbeitszeitbeginns unzulässig, wenn dadurch insgesamt die werktägliche Höchstarbeitszeit überschritten wird.[353]

Nach anderer Auffassung in der Literatur kann der Arbeitnehmer, sofern er die Mindestruhezeit nach § 5 ArbZG einhält, erneut die Arbeit aufnehmen, selbst wenn seit dem Beginn seiner letzten Arbeitsaufnahme noch keine 24 Stunden

---

348 Vgl. NK-ArbR/*Joachim Wichert*, ArbZG § 3 Rn. 11; Baeck/Deutsch/Winzer/*Baeck/Deutsch/Winzer*, 4. Aufl. 2020, ArbZG § 3 Rn. 17.

349 Baeck/Deutsch/Winzer/*Baeck/Deutsch/Winzer*, 4. Aufl. 2020, ArbZG § 3 Rn. 17.

350 Vgl. Kohte/Faber/Feldhoff/*Reim*, Gesamtes Arbeitsschutzrecht, § 3 ArbZG, Rn. 10.

351 Vgl. Kohte/Faber/Feldhoff/*Reim*, Gesamtes Arbeitsschutzrecht, § 3 ArbZG, Rn. 10.

352 Kohte/Faber/Feldhoff/*Reim*, Gesamtes Arbeitsschutzrecht, § 3 ArbZG, Rn. 10.

353 Vgl. Baeck/Deutsch/Winzer/*Baeck/Deutsch/Winzer*, 4. Aufl. 2020, ArbZG § 3 Rn. 17.

vergangen sind.[354] Das ArbZG enthalte keine entgegenstehende explizite Regelung zur täglichen Arbeitszeit, sodass der Wortlaut des § 3 ArbZG dieser normzweckorientierten Auslegung nicht entgegenstehe.[355] Angesichts zunehmender Arbeitszeitflexibilisierung und weiterer Schutzvorschriften bei Schichtarbeit sei es für den Gesundheitsschutz der Arbeitnehmer nicht geboten, strikt auf den konkreten individuellen Arbeitstag abzustellen, wenn die elfstündige Ruhezeit gem. § 5 ArbZG erfüllt worden ist.[356]

In diesem Zusammenhang weist *Wichert*[357] auf einen nicht veröffentlichten Beschluss des Länderausschusses für Arbeitsschutz und Sicherheitstechnik vom 15./16.02.2000 hin, wonach nach einer zehnstündigen Arbeitszeit und anschließender elfstündiger Ruhezeit eine erneute Arbeitsaufnahme zulässig ist, auch bei Überschreitung der Höchstarbeitszeit innerhalb von 24 Stunden. Auch der Erlass des Ministeriums für Arbeit, Gesundheit und Soziales des Landes Nordrhein-Westfalen vom 30.12.2013 zur Durchführung des Arbeitszeitgesetzes sieht Entsprechendes ausdrücklich vor.[358] Wörtlich heißt es: „Sofern die gesetzliche Mindestruhezeit eingehalten wird, kann eine erneute Arbeitsaufnahme auch dann erfolgen, wenn seit Beginn der letzten Schicht noch keine 24 Stunden vergangen sind."[359] In die gleiche Richtung gehen auch die Ausführungen von *Kock*[360]. Dieser führt in Bezug auf Wechselschichten aus, dass, sofern der Arbeitnehmer in Wechselschicht arbeitet, grundsätzlich jeweils der Zeitraum des individuellen Werktags mit wechselt. Seiner Auffassung nach ergibt sich ebenfalls aus dem Erlass des Ministeriums für Arbeit, Gesundheit und Soziales des Landes Nordrhein-Westfalen vom 30. Dezember 2013, dass, sofern die gesetzliche Mindestruhezeit eingehalten wird, eine erneute Arbeitsaufnahme im Falle der

---

354 Vgl. BeckOK ArbR/*Kock*, ArbZG § 3 Rn. 2; ErfK/*Wank*, 20. Aufl. 2020, ArbZG § 3 Rn. 2

355 BeckOK ArbR/*Kock*, ArbZG § 3 Rn. 2.

356 BeckOK ArbR/*Kock*, ArbZG § 3 Rn. 2.

357 Vgl. NK-ArbR/*Joachim Wichert*, 1. Aufl. 2016, ArbZG § 3 Rn. 12

358 Vgl. Erlass des Ministeriums für Arbeit, Gesundheit und Soziales des Landes Nordrhein-Westfalen vom 30. Dezember 2013 zur Durchführung des Arbeitszeitgesetzes (III 2 – 8312), S. 3.

359 Erlass des Ministeriums für Arbeit, Gesundheit und Soziales des Landes Nordrhein-Westfalen vom 30. Dezember 2013 zur Durchführung des Arbeitszeitgesetzes (III 2 – 8312), S. 3.

360 BeckOK ArbR/*Kock*, ArbZG § 3 Rn. 2.

Vorverlegung der Schicht auch dann erfolgen kann, wenn seit Beginn der letzten Schicht noch keine 24 Stunden vergangen sind.[361]

Die höchstrichterliche Rechtsprechung hat sich bislang mit dieser Frage noch nicht beschäftigt. Einzig das Arbeitsgericht Hannover hat sich in seiner Entscheidung vom 27.10.2000[362] der Auffassung angeschlossen, dass § 3 ArbZG es nicht verbiete, einen Arbeitnehmer innerhalb eines Zeitraumes von 24 Stunden für die Gesamtdauer von mehr als der in § 3 ArbZG definierten Höchstarbeitszeit zu beschäftigen, sofern die Ruhezeit nach § 5 ArbZG eingehalten wurde.

§ 3 ArbZG bewahre seinem Schutzzwecke nach den Arbeitnehmer davor, mehr als eine bestimmte Arbeitszeit im Betrieb zu arbeiten und so gesundheitlichen Schaden zu nehmen, indem er eine werktägliche Höchstarbeitszeit für jeden Arbeitnehmer vorsieht.[363] Der Werktag könne dabei für jeden Arbeitnehmer individuell beginnen und sei losgelöst vom Beginn eines Kalendertages.[364] § 5 ArbZG solle für den Arbeitnehmer weiter gewährleisten, dass dieser eine hinreichende und garantierte Ruhezeit zwischen zwei Arbeitseinsätzen erhält, um sich erholen und seine Arbeitskraft regenerieren zu können.[365] Durch diese Gewährleistung einer hinreichenden Ruhezeit, d. h. durch § 5 Abs. 1 ArbZG, werde er aber bereits davor geschützt, seine Arbeitskraft stärker in Anspruch zu nehmen, als dies nach Auffassung des Gesetzgebers für ihn gesundheitlich vertretbar sei.[366] Denn der Gesetzgeber sei bei der Schaffung des § 5 ArbZG davon ausgegangen, dass der Arbeitnehmer seine Arbeitsfähigkeit wieder einsatzbereit hergestellt hat, wenn eine hinreichende Ruhezeit gewährt wurde.[367] Eines weitergehenden Schutzes durch § 3 S. 1 ArbZG etwa dahin gehend, dass innerhalb eines 24-Stunden-Zeitraumes nur die Höchstarbeitszeit von acht bzw. zehn Stunden im Sinne von § 3 S. 1 ArbZG zu erbringen wäre, sei demgegenüber dem Schutzzwecke nach unnötig.[368]

---

361 Vgl. BeckOK ArbR/*Kock*, ArbZG § 3 Rn. 2; so auch BeckOK ArbSchR/*Höfer* ArbZG § 3 Rn. 8.

362 ArbG Hannover, Urteil v. 27.10.2000 – 1 BV 3/00, juris, Rn. 22.

363 ArbG Hannover, Urteil v. 27.10.2000 – 1 BV 3/00, juris, Rn. 22.

364 ArbG Hannover, Urteil v. 27.10.2000 – 1 BV 3/00, juris, Rn. 22.

365 ArbG Hannover, Urteil v. 27.10.2000 – 1 BV 3/00, juris, Rn. 22.

366 ArbG Hannover, Urteil v. 27.10.2000 – 1 BV 3/00, juris, Rn. 22.

367 ArbG Hannover, Urteil v. 27.10.2000 – 1 BV 3/00, juris, Rn. 22.

368 ArbG Hannover, Urteil v. 27.10.2000 – 1 BV 3/00, juris, Rn. 22.

bb) Stellungnahme

Die Auffassung, wonach trotz Einhaltung einer ununterbrochenen elfstündigen Ruhezeit im Sinne des § 5 Abs. 1 ArbZG ein erneuter Arbeitsbeginn erst nach Ablauf eines Zeitraums von 24 Stunden möglich sein soll, ist nicht überzeugend. Dies ergibt sich aus dem Wortlaut, der Entstehungsgeschichte, der Systematik, dem Sinn und Zweck sowie aus einer europarechtskonformen Auslegung der §§ 3 und 5 ArbZG.

(i) Wortlaut

Für die o. g. Auffassung spricht zunächst einmal der Wortlaut von § 3 S. 1 und § 5 ArbZG. Aus dem Wortlaut des § 3 S. 1 ArbZG folgt nicht, dass es sich bei der „werktäglichen Arbeitszeit" um die Arbeitszeit innerhalb eines 24-Stunden-Zeitraums handeln muss. Eine Legaldefinition der „werktäglichen Arbeitszeit" ist im Arbeitszeitgesetz nicht enthalten. Auch hat der Gesetzgeber bei der letzten Novellierung des Arbeitszeitgesetzes, trotz Kenntnis der unterschiedlichen Auffassungen zur Definition der „werktäglichen Arbeitszeit", keine Beschränkung auf einen 24-Stunden-Zeitraum in § 3 S. 1 ArbZG aufgenommen. Vielmehr spricht der Wortlaut des § 5 ArbZG dafür, dass der Werktag beendet ist, wenn der Arbeitnehmer eine elfstündige Ruhezeit hatte. Der Wortlaut des § 5 ArbZG ist in dieser Hinsicht eindeutig. Demnach soll der Arbeitnehmer „nach Beendigung der täglichen Arbeitszeit" eine ununterbrochene Ruhezeit von mindestens elf Stunden haben. Daraus muss folgen, dass nach Beendigung der täglichen Arbeitszeit ein Ruhezeitraum einzulegen ist und danach mit individuellem Arbeitsantritt auch eine neue tägliche Arbeitszeit beginnt. Eine andere Auslegung würde zu erheblichen Widersprüchen führen und wäre mit dem Wortlaut des § 5 ArbZG nicht vereinbar. Auch das BAG definiert die Ruhezeit als „der gesetzlich festgelegte arbeitsfreie Zeitraum zwischen dem Ende der täglichen Arbeitszeit und dem Beginn der nächsten täglichen Arbeitszeit".[369] Auch § 4 ArbZG ist eine klare Bestätigung dafür, dass die werktägliche Arbeitszeit bereits nach der elfstündigen Ruhezeit beendet ist. Während die elfstündige Ruhezeit nach Beendigung der werktäglichen Arbeitszeit einzulegen ist, handelt es sich bei der Ruhepause (§ 4 ArbZG) um eine Unterbrechung der Arbeitszeit[370].

Akzeptierte man aber, dass nach dem Wortlaut von § 5 ArbZG die Ruhezeit „nach Beendigung der täglichen Arbeitszeit" liegen muss, würde die Forderung

369 Vgl. BAG, Urteil v. 22.07.2010 – 6 AZR 78/09, NZA 2010, 1194 (1195), Rn. 16.
370 Vgl. BAG, Urteil v. 13.10.2009 – 9 AZR 139/08, BeckRS 2009, 74589, Rn. 29 ff.

nach Wahrung eines starren 24-Stunden-Zeitraums zusätzlich mit dem Wort „mindestens" in § 5 ArbZG kollidieren. Denn bei einer gesetzlichen täglichen Höchstarbeitszeit von zehn Stunden betrüge der Ruhezeitraum dann stets 14 Stunden. Zudem kann gem. § 5 Abs. 2 ArbZG die elfstündige Ruhezeit u. a. in Verkehrsbetrieben, beim Rundfunk sowie in der Landwirtschaft und in der Tierhaltung um bis zu eine Stunde verkürzt werden. Diese vom Gesetz ausdrücklich vorgesehene Verkürzung auf bis zu zehn Stunden wäre überhaupt nicht möglich.

(ii) Entstehungsgeschichte

Auch die Entstehungsgeschichte des § 3 ArbZG lässt kein anderes Ergebnis zu. In der Gesetzesbegründung zum Arbeitszeitgesetz ist nicht vorgesehen, dass die werktägliche Arbeitszeit mit Arbeitsantritt beginnt und erst nach 24 Stunden endet.[371] Der Gesetzgeber ging bei Schaffung des § 3 ArbZG vom klassischen Modell des Werktages aus, d. h., dass die Arbeitszeit am Stück und nicht „gestückelt" erbracht wird.[372] Daher war vorgesehen, dass nach Beendigung der Arbeitszeit eine elfstündige Ruhezeit eintreten soll, damit der Arbeitnehmer sich von der Arbeit erholt und leistungsfähig ist.[373] Der Gesetzgeber ging also bei der Entstehung des § 5 ArbZG davon aus, dass der Arbeitnehmer wieder arbeitsfähig ist und sich hinreichend erholt hat, wenn eine hinreichende Ruhezeit gewährt wurde.[374] Dafür spricht auch die Gesetzesbegründung, die konstatiert, dass die Ruhezeit „für den Gesundheitsschutz der Arbeitnehmer von besonderer Bedeutung" ist.[375] Die Gesetzesbegründung entspricht somit auch dem Grundgedanken der RL 2003/88/EG, wonach sich die Ruhezeit unmittelbar an eine Arbeitsperiode anschließen soll.[376] Dies verdeutlicht, dass die Mindestruhezeit zwischen Beendigung und Wiederaufnahme der Arbeit zu erfolgen hat und damit die werktägliche Arbeitszeit bereits nach der elfstündigen Ruhezeit beendet ist.

(iii) Systematik und Sinn und Zweck

Zudem ergibt sich die hier vertretene Auffassung auch aus dem systematischen Zusammenhang von § 3 ArbZG und § 5 ArbZG sowie aus dem Zweck der

371 Vgl. hierzu BT-Drucksache 12/5888 S. 24.
372 Vgl. ArbG Hannover Urteil v. 27.10.2000 – 1 BV 3/00, juris, Rn. 22.
373 Vgl. ArbG Hannover Urteil v. 27.10.2000 – 1 BV 3/00, juris, Rn. 22.
374 Vgl. ArbG Hannover Urteil v. 27.10.2000 – 1 BV 3/00, juris, Rn. 22.
375 Vgl. BT-Drucksache 12/5888 S. 24.
376 Vgl. BT-Drucksache 12/5888 S. 24.

Regelungen. Das ArbZG sieht eine höchstzulässige tägliche und mithin auch wöchentliche Arbeitszeit vor. Zudem bestimmt es eine Mindestruhezeit zwischen zwei Arbeitseinsätzen.[377] Dabei soll § 3 ArbZG den Arbeitnehmer davor bewahren, mehr als eine bestimmte Arbeitszeit zu verrichten und dadurch gesundheitlichen Schaden zu nehmen.[378] Diese Beschränkung der höchstzulässigen Beschäftigungsdauer beruht auf arbeitsmedizinischem Erfahrungswissen über die einem Arbeitnehmer zumutbare Belastung.[379] Zurecht weißt das ArbG Hannover darauf hin, dass § 5 ArbZG für den Arbeitnehmer sicherstellen soll, dass er eine ausreichende Ruhezeit zwischen zwei Arbeitseinsätzen erhält, um sich zu erholen und seine Arbeitskraft regenerieren zu können, und diese den Arbeitnehmer davor schützen soll, seine Arbeitskraft stärker in Anspruch zu nehmen, als dies nach Auffassung des deutschen Gesetzgebers und der RL 2003/88/EG für ihn gesundheitlich vertretbar ist.[380] Eines weitergehenden Schutzes durch § 3 ArbZG etwa dahin gehend, dass innerhalb eines 24-Stunden-Zeitraumes nur die Höchstarbeitszeit von acht bzw. zehn Stunden im Sinne von § 3 S. 1 ArbZG zu erbringen wäre, bedarf es somit aufgrund von § 5 ArbZG nicht.[381]

(iv) Europarechtskonforme Auslegung (RL 2003/88/EG)

Schließlich ist das Arbeitszeitgesetz und damit auch § 3 ArbZG richtlinienkonform auszulegen. Die RL 2003/88/EG ist hinsichtlich des zu erreichenden Ziels verbindlich.[382] Dabei tritt die richtlinienkonforme Auslegung nicht nur neben die bekannten Auslegungsformen (Wortlaut, Systematik, Sinn und Zweck). Sie ist vielmehr vorrangig auszuüben, da die Richtlinie höherrangiges Unionsrecht darstellt.[383] D. h., die Bestimmungen sind so weit wie möglich anhand des Wortlauts und des Zwecks der RL 2003/88/EG zu interpretieren.[384] Konkret bedeutet dies, dass ein nationales Gericht im Streitfall eine Lösung treffen muss, die dem Wortlaut und Zweck der Richtlinie am ehesten entspricht.[385] Eine entsprechende

377 Vgl. BAG, Urteil v. 11.10.2000 – 5 AZR 122/99, NZA 2001, 458.

378 Vgl. Baeck/Deutsch/Winzer/*Baeck/Deutsch/Winzer*, 4. Aufl. 2020, ArbZG § 3 Rn. 2; BT-Drucksache 12/5888 S. 24.

379 Vgl. Baeck/Deutsch/Winzer/*Baeck/Deutsch/Winzer*, 4. Aufl. 2020, ArbZG § 3 Rn. 2; BT-Drucksache 12/5888 S. 24.

380 Vgl. ArbG Hannover, Urteil v. 27.10.2000 – 1 BV 3/00, juris, Rn. 22.

381 Vgl. ArbG Hannover, Urteil v. 27.10.2000 – 1 BV 3/00, juris, Rn. 22.

382 Vgl. BeckOK ArbR/*Kock*, ArbZG § 1 Rn.

383 Vgl. BAG, Beschluss v. 24.01.2006 – 1 ABR 6/05, NZA 2006, 862.

384 Vgl. EuGH, Urteil v. 05.10.2004 – C-397/01, BeckRS 2004, 78014, Rn. 113.

385 Vgl. EuGH, Urteil v. 05.10.2004 – C-397/01, BeckRS 2004, 78014, Rn. 113.

Lösung kann aber vorliegend nur sein, dass, sofern die gesetzliche Mindestruhezeit eingehalten wird, eine erneute Arbeitsaufnahme im Falle der Vorverlegung der Schicht auch dann erfolgen kann, wenn seit Beginn der letzten Schicht noch keine 24 Stunden vergangen sind und der Arbeitnehmer bereits die höchstzulässige Arbeitszeit von zehn Stunden erfüllt hat.

Die RL 2003/88/EG schreibt unmittelbar in Art. 6 ArbZRL keine tägliche Höchstarbeitszeit vor. Eine Begrenzung der maximalen täglichen Arbeitszeit ergibt sich aber mittelbar aus der täglichen Ruhezeit nach Art. 3 Abs. 1 ArbZRL, der vorsieht, dass jedem Arbeitnehmer innerhalb eines 24-Stunden-Zeitraums eine zusammenhängende Ruhezeit von elf Stunden gewährt wird. Damit können nach Art. 3 ArbZRL pro 24-Stunden-Zeitraum nach Abzug der Ruhepausen maximal 13 Stunden Arbeit geleistet werden. Die Ruhezeit muss sich unmittelbar an die Arbeitszeit anschließen.[386] Sie soll eine Kumulierung aufeinander folgender Arbeitsperioden verhindern.[387]

Hierzu hat der EuGH entschieden: „Um einen wirksamen Schutz der Sicherheit und Gesundheit des Arbeitnehmers zu gewährleisten, muss somit grundsätzlich vorgesehen werden, dass eine Arbeitsperiode regelmäßig von einer Ruheperiode abgelöst wird. Um sich tatsächlich ausruhen zu können, muss der Arbeitnehmer sich nämlich für eine bestimmte Anzahl von Stunden, die nicht nur zusammenhängen, sondern sich auch unmittelbar an eine Arbeitsperiode anschließen müssen, aus seiner Arbeitsumgebung zurückziehen können, um sich zu entspannen und sich von der mit der Wahrnehmung seiner Aufgaben verbundenen Ermüdung zu erholen.“[388]

Legt man dagegen im Falle einer vorverlegten Arbeitsperiode § 3 ArbZG derart aus, dass die werktägliche Arbeitszeit ab dem individuellen Arbeitsantritt beginnt und nach 24 Stunden endet, ohne zu beachten, dass der Arbeitnehmer bereits eine elfstündige Ruhezeit zwischen den Schichten eingelegt hat und danach seine neue Schicht beginnt, wäre eine Kumulierung aufeinander folgender Arbeitsperioden möglich. Zudem wäre es möglich, zwei 24-Stunden-Zeiträume derart zu kombinieren, dass der Arbeitnehmer in einer Schicht mehr als 13 Stunden am Stück arbeiten könnte. Arbeitet er beispielsweise am Montag von 8:00 Uhr bis 14:00 Uhr (sechs Stunden) und Dienstag von 4:00 Uhr bis

386 Vgl. Preis/Sagan/*Ulber*, EuArbR, 2. Aufl. 2019, Rn. 7.148

387 Vgl. Preis/Sagan/*Ulber*, EuArbR, 2. Aufl. 2019, Rn. 7.148; Amtsblatt der Europäischen Union, C 165/1 S. 23.

388 EuGH, Urteil v. 09.09.2003 – C-151/02, NZA 2003, 1019 (1024), Rn. 95; vgl. hierzu auch Amtsblatt der Europäischen Union, C 165/1 S. 23.

8:00 Uhr (vier Stunden), hat er zwar die Höchstarbeitszeit von zehn Stunden innerhalb eines 24-Stunden-Zeitraums („individueller Werktag 1“) eingehalten. Beginnt er aber am Dienstag erneut um 8:00 Uhr und arbeitet zuzüglich der Ruhepausen bis 19:00 Uhr („individueller Werktag 2“), besteht die Möglichkeit, zwei Arbeitsperioden derart zu kombinieren, dass insgesamt 14 Stunden am Stück gearbeitet werden könnte.

Die RL 2003/88/EG soll jedoch gerade eine solche Aneinanderreihung von Arbeitsperioden verhindern. Dies würde zu einer Überforderung des Arbeitnehmers führen oder könnte seine Leistungsfähigkeit derart absenken, dass seine Gesundheit und Sicherheit gefährdet wären. Daher ist eine entsprechende Auslegung des § 3 ArbZG nicht mit dem Sinn und Zweck der Richtlinie vereinbar. Deren Sinn und Zweck entspricht es vielmehr, dass nach Erfüllung der Mindestruhezeit und einer Vorverlegung der Schicht ein neuer individueller Werktag beginnt und der alte endet, auch wenn noch keine 24 Stunden vergangen sind. Dies verhindert effektiv eine Kumulierung von Arbeitsperioden und ist von der RL 2003/88/EG so vorgesehen. Diese Auslegung entspricht als Einzige dem Grundgedanken der Richtlinie, dass eine Arbeitsperiode regelmäßig von einer Ruheperiode abgelöst wird, um so den Schutz der Sicherheit und der Gesundheit der Arbeitnehmer zu gewährleisten.

Würde man einen der o. g. Auffassung entgegenstehenden Ansatz konsequent weiterverfolgen, hätte dies im Übrigen gravierende personalwirtschaftliche Konsequenzen. Dies hätte nicht nur Auswirkungen auf Betriebe mit Vertrauensarbeitszeit, sondern auf alle Betriebe, in denen flexible Arbeitszeit gelebt wird. Zudem würde eine starre Einhaltung einer 24-Stunden-Betrachtung die Arbeitszeitautonomie des Einzelnen, die nach dem Stand der Wissenschaft als gesundheitsfördernd empfunden wird,[389] einschränken, obwohl einer möglichen Überforderung durch Einhaltung der gesetzlichen Ruhezeit bereits Rechnung getragen ist. Betriebliche Modelle zur Förderung familienfreundlicher Arbeit würden ebenfalls behindert.

b) Begriff „Arbeitszeit“ bei der Vertrauensarbeitszeit?

Des Weiteren ist zu klären, welche Zeiten als Arbeitszeiten und welche als Ruhezeiten zu qualifizieren sind. Dabei ist zwischen dem nationalen und dem unionsrechtlichen Arbeitszeitbegriff zu differenzieren.

---

389 Vgl. hierzu die Ausführungen unter B II. e).

aa) Nationaler Arbeitszeitbegriff

In § 2 Abs. 1 S. 1 Hs. 1 ArbZG wird Arbeitszeit als die Zeit vom Beginn bis zum Ende der Arbeit ohne die Ruhepausen bezeichnet. Was jedoch genau unter Arbeitszeit zu verstehen ist, wird im ArbZG darüber hinaus nicht definiert.

In der Rechtsprechung wird der Arbeitszeitbegriff teilweise etwas widersprüchlich definiert. So stellt der 5. Senat des BAG[390] für die Beurteilung, ob eine Tätigkeit als Arbeitszeit zu qualifizieren ist, lediglich darauf ab, ob es sich bei der Tätigkeit um „Arbeit" handelt. Dabei sei Arbeit jede Tätigkeit, die als solche der Befriedigung eines fremden Bedürfnisses dient.[391]

Nach Auffassung des 9. Senats des BAG[392] sei bei der Beurteilung, ob Arbeitszeit im Sinne des Arbeitszeitgesetzes vorliegt, auf die mit der „Arbeit" verbundene Belastung des Arbeitnehmers abzustellen. Nach dieser bestimme sich, ob Sicherheit oder Gesundheit des Arbeitnehmers gefährdet sind, wenn durch die ihm abverlangte Beschäftigung die höchstzulässige Grenze von zehn Stunden überschritten oder gegenläufig die Ruhezeit von elf Stunden unterschritten wird.[393] Zu Begründung führt das BAG an, dass nach § 1 Nr. 1 ArbZG das Gesetz dem Arbeits- und Gesundheitsschutz der Arbeitnehmer diene.[394] Es beschränke deshalb die höchstzulässige tägliche und wöchentliche Arbeitszeit, die der Arbeitgeber dem Arbeitnehmer abverlangen darf, und bestimme zugleich die Mindestruhezeiten zwischen zwei Arbeitseinsätzen.[395] Diese Schranken der höchstzulässigen Beschäftigung würden auf arbeitsmedizinischem Erfahrungswissen über die einem Arbeitnehmer zumutbare Belastung beruhen.[396] Es gehe um ein ausgewogenes Verhältnis zwischen den Zeiten, in denen der Arbeitnehmer arbeitet, und den Zeiten, in denen er ruht.[397] Daraus folge, dass es bei der Bestimmung, ob Arbeitszeit vorliegt, auf die mit der „Arbeit" verbundene Belastung des Arbeitnehmers ankommt.[398]

Des Weiteren ist der 9. Senat der Auffassung, dass nach der Konzeption des ArbZG nicht jede im Interesse des Arbeitgebers liegende Beschäftigung des

---

390 BAG, Urteil v. 06.12.2017 – 5 AZR 382/16, NZA 2018, 180 (181).
391 BAG, Urteil v. 06.12.2017 – 5 AZR 382/16, NZA 2018, 180 (181).
392 BAG, Urteil v. 11.07.2006 – 9 AZR 519/05, NZA 2007, 155 (158).
393 BAG, Urteil v. 11.07.2006 – 9 AZR 519/05, NZA 2007, 155 (158).
394 BAG, Urteil v. 11.07.2006 – 9 AZR 519/05, NZA 2007, 155 (158).
395 BAG, Urteil v. 11.07.2006 – 9 AZR 519/05, NZA 2007, 155 (158).
396 BAG, Urteil v. 11.07.2006 – 9 AZR 519/05, NZA 2007, 155 (158).
397 BAG, Urteil v. 11.07.2006 – 9 AZR 519/05, NZA 2007, 155 (158).
398 BAG, Urteil v. 11.07.2006 – 9 AZR 519/05, NZA 2007, 155 (158).

Arbeitnehmers dem gesetzlichen Arbeitszeitschutz unterfalle.[399] Dies werde durch die an den Grad der Beanspruchung des Arbeitnehmers anknüpfenden Regelungen des ArbZG deutlich.[400]

Damit nimmt der 9. Senat des BAG Bezug auf die im deutschen Recht geltende Unterscheidung zwischen der „Vollarbeit", der „Arbeitsbereitschaft", dem „Bereitschaftsdienst" und der „Rufbereitschaft".[401] Vollarbeit ist die Arbeit, bei der der Arbeitnehmer im vollen Umfang für die Zwecke des Arbeitgebers beansprucht wird.[402] Die Arbeitsbereitschaft, in der sich der Arbeitnehmer an seinem Arbeitsplatz zur sofortigen Aufnahme der Arbeitstätigkeit bereithält, wird dabei unproblematisch als Arbeitszeit im Sinne des Arbeitszeitgesetzes gesehen.[403] Daneben gilt auch der Bereitschaftsdienst, aufgrund des Gesetzes zu Reformen am Arbeitsmarkt vom 24.12.2003, seit dem 01.01.2004 ebenfalls als Arbeitszeit im Sinne des Arbeitszeitgesetzes.[404] Bereitschaftsdienst liegt vor, wenn sich der Arbeitnehmer an einem vom Arbeitgeber bestimmten Ort aufhalten muss, um auf Anforderung hin unverzüglich mit der Arbeit beginnen zu können.[405] Während sich bei der Arbeitsbereitschaft der Arbeitnehmer zur Arbeit bereithalten muss, um erforderlichenfalls von sich aus tätig zu werden, muss er beim Bereitschaftsdienst auf Anforderung des Arbeitgebers den Dienst aufnehmen.[406] Sowohl die Arbeitsbereitschaft als auch der Bereitschaftsdienst müssen nach der Rechtsprechung des BAG bei der Berechnung des zulässigen Umfangs der Arbeitszeit in vollem Umfang und nicht nur im Umfang des tatsächlichen Arbeitseinsatzes berücksichtigt werden.[407] Etwas anderes gilt nur für die Rufbereitschaft.[408] Hierunter wird die Verpflichtung verstanden, sich auf Abruf zu Hause oder an einem anderen Ort zur Arbeit in bestimmten Fällen bereitzuhalten.[409] Bei dieser handele es sich gerade nicht um Arbeitszeit im Sinne des

---

399 BAG, Urteil v. 11.07.2006 – 9 AZR 519/05, NZA 2007, 155 (158).

400 Vgl. BAG, Urteil v. 11.07.2006 – 9 AZR 519/05, NZA 2007, 155 (158).

401 Vgl. Baeck/Deutsch/Winzer/*Baeck/Deutsch/Winzer*, 4. Aufl. 2020, ArbZG § 3 Rn. 2.

402 Vgl. *Ricken*, DB 2016, 1255 (1255).

403 Vgl. *Ricken*, DB 2016, 1255 (1255).

404 Vgl. *Ricken*, DB 2016, 1255 (1255).

405 Vgl. BeckOK ArbR/*Kock*, ArbZG § 2 Rn. 6.

406 Vgl. *Ricken*, DB 2016, 1255 (1255); *Baeck/Lösler*, NZA 2005, 247 (247).

407 Vgl. BAG, Urteil v. 23.06.2010 – 10 AZR 543/09, NZA 2010, 1081 (1083), Rn. 18; BAG, Urteil v. 16.03.2004 – 9 AZR 93/03, NZA 2004, 927 (929).

408 Vgl. *Ricken*, DB 2016, 1255 (1255).

409 Vgl. *Ricken*, DB 2016, 1255 (1255).

Arbeitszeitgesetzes.[410] Nur die Zeiten, in denen der Arbeitnehmer tatsächlich arbeitet, werden bei der Rufbereitschaft als Arbeitszeit gewertet.[411]

bb) Unionsrechtlicher Arbeitszeitbegriff

Die RL 2003/88/EG hingegen definiert Arbeitszeit als „jede Zeitspanne, während der der Arbeitnehmer gemäß den einzelstaatlichen Rechtsvorschriften und/oder Gepflogenheiten arbeitet, dem Arbeitgeber zur Verfügung steht und seine Tätigkeit ausübt oder Aufgaben wahrnimmt".[412] Keine Arbeitszeit ist hingegen die Ruhezeit i. S. d. Art. 2 Nr. 2 ArbZRL.[413] Diese ist jede Zeitspanne außerhalb der Arbeitszeit.[414] Anders als im deutschen Recht, unterscheidet die RL 2003/88/EG bei der Arbeitszeit nicht zwischen den Begrifflichkeiten Arbeitsbereitschaft, Bereitschaftsdienst und Rufbereitschaft.[415] Sie unterscheidet nur danach, ob eine Tätigkeit unter den Begriff der Arbeitszeit oder der Ruhezeit fällt.[416] Die Begriffe „Arbeitszeit" und „Ruhezeit" schließen einander dabei aus.[417] Obwohl die Begrifflichkeiten in der RL 2003/88/EG nicht existieren, hat der EuGH seine Rechtsprechung dieser Kategorien entlang entwickelt.[418] Allerdings weist er explizit darauf hin, dass die RL 2003/88/EG keine Zwischenkategorie zwischen Arbeits- und Ruhezeit kennt.[419]

Aus der Definition des Art. 2 Nr. 1 ArbZRL ergeben sich drei Voraussetzungen für die Annahme von Arbeitszeit:

- Der Arbeitnehmer arbeitet gemäß den einzelstaatlichen Rechtsvorschriften und/oder Gepflogenheiten.
- Der Arbeitnehmer steht dem Arbeitgeber zur Verfügung.
- Der Arbeitnehmer übt seine Tätigkeit aus, oder nimmt Aufgaben wahr.

---

410 *Ricken*, DB 2016, 1255 (1255).
411 Vgl. *Ricken*, DB 2016, 1255 (1255).
412 Art. 2 Nr. 1 ArbZG.
413 Vgl. EuGH, Urteil v. 21.02.2018 – C-518/15, NZA 2018, 293 (295), Rn. 55; EuGH Urteile v. 03.10.2000 – C-303/9, NZA 2000, (1230) 1227, Rn. 47.
414 Vgl. EuGH, Urteil v. 21.02.2018 – C-518/15, NZA 2018, 293 (295), Rn. 55; EuGH Urteile v. 03.10.2000 – C-303/9, NZA 2000, (1230) 1227, Rn. 47.
415 Vgl. EuGH v. 01.12.2005 – C-14/04, NZA 2006, 89, Rn. 43; Preis/Sagan/*Ulber*, EuArbR, 2. Aufl. 2019, Rn. 7.118.
416 Vgl. EuGH v. 01.12.2005 – C-14/04, NZA 2006, 89, Rn. 43; Preis/Sagan/*Ulber*, EuArbR, 2. Aufl. 2019, Rn. 7.118.
417 Vgl. EuGH, Urteil v. 21.02.2018 – C-518/15, NZA 2018, 293 (295).
418 Vgl. Preis/Sagan/*Ulber*, EuArbR, 2. Aufl. 2019, Rn. 7.118.
419 Vgl. EuGH, Urteil v. 01.12.2005 – C-14/04, NZA 2006, 89, Rn. 43.

Bei der Prüfung, ob eine Zeitspanne als Arbeitszeit zu werten ist, hat der EuGH jedenfalls in der Tyco-Entscheidung[420] geprüft, ob alle drei Voraussetzungen gegeben sind. Daher ist anzunehmen, dass nach seiner Auffassung alle drei Voraussetzungen für die Annahme von Arbeitszeit kumulativ vorliegen müssen.[421]

(i) Der Arbeitnehmer „arbeitet"

Das erste Kriterium setzt voraus, dass der Arbeitnehmer „gemäß den einzelstaatlichen Rechtsvorschriften und/oder Gepflogenheiten arbeitet".[422] Anders als es auf dem ersten Blick scheint, hat der EuGH hierzu in ständiger Rechtsprechung festgestellt, dass die Begriffe „Arbeitszeit" und „Ruhezeit" gerade nicht nach Maßgabe der Vorschriften der Regelungen der verschiedenen Mitgliedstaaten ausgelegt werden dürfen, sondern dass sie gemeinschaftsrechtliche Begriffe darstellen, die anhand objektiver Merkmale unter Berücksichtigung des Regelungszusammenhangs und des Zweckes dieser Richtlinie zu bestimmen sind.[423] Nur eine solche automatische Auslegung könne die volle Wirksamkeit dieser Richtlinie und eine einheitliche Anwendung der genannten Begriffe in sämtlichen Mitgliedstaaten sicherstellen.[424] Der Umstand, dass die Definition des Begriffes Arbeitszeit auf die „einzelstaatlichen Rechtsvorschriften und/oder Gepflogenheiten" verweise, bedeute daher nicht, dass Mitgliedstaaten den Inhalt dieses Begriffes einseitig festlegen können.[425] Die Mitgliedstaaten dürften den Anspruch des Arbeitnehmers auf ordnungsgemäße Berücksichtigung der Arbeitszeiten und dementsprechend der Ruhezeiten somit keinerlei Bedingungen unterwerfen, da dieser Anspruch sich unmittelbar aus den Vorschriften dieser Richtlinie ergebe.[426]

Bei der Voraussetzung „der Arbeitnehmer arbeitet" handelt es sich nach der Rechtsprechung des EuGH[427] und der Auffassung der Europäischen Kommission[428] um ein räumliches Kriterium, das auf der Notwendigkeit basiert, dass

---

420 EuGH, Urteil v. 10.09.2015 – C-266/14, NZA 2015, 1177.

421 So auch Amtsblatt der Europäischen Union- C 165/16, S. 16; *Hanau*, EuZA 2019, 423 (426); a.A. *Hahn*/HK-ArbZR § 2 ArbZG Rn. 2; Buschmann/Ulber, § 2 Rn. 12.

422 EuGH, Urteil v. 09.09.2003 – C-151/02, NZA 2003, 1019 (1022); EuGH, Urteil v. 01.12.2005 – C-14/04, NZA 2006, 89 (90), Rn. 43.

423 EuGH, Urteil v. 09.09.2003 – C-151/02, NZA 2003, 1019 (1022); EuGH, Urteil v. 01.12.2005 – C-14/04, NZA 2006, 89 (90), Rn. 43.

424 EuGH, Urteil v. 09.09.2003 – C-151/02, NZA 2003, 1019 (1022).

425 EuGH, Urteil v. 09.09.2003 – C-151/02, NZA 2003, 1019 (1022).

426 EuGH, Urteil v. 09.09.2003 – C-151/02, NZA 2003, 1019 (1022).

427 Vgl. EuGH, Urteil v. 10.09.2015 – C-266/14, NZA 2015, 1177 (1179), Rn. 43 ff.

428 Vgl. Amtsblatt der Europäischen Union- C 165/16, S. 17.

der Arbeitnehmer sich „an seinem Arbeitsort“ oder „an einem vom Arbeitgeber bestimmten Ort“ aufhält.[429] Der EuGH wies in ständiger Rechtsprechung darauf hin, dass es bei der Bestimmung der Arbeitszeit u. a. darauf ankomme, ob der Arbeitnehmer verpflichtet ist, sich an einem vom Arbeitgeber bestimmten Ort aufzuhalten.[430] Bei dem Ort muss es sich jedoch nicht um den Arbeitsplatz handeln.[431]

(ii) Dem Arbeitgeber zur Verfügung steht

Für die zweite Voraussetzung für das Vorliegen von „Arbeitszeit“ i. S. v. Art. 2 Nr. 1 ArbZRL, nach der der Arbeitnehmer während dieser Zeit dem Arbeitgeber zur Verfügung stehen muss, ist nach Auffassung des EuGH entscheidend, dass der Arbeitnehmer verpflichtet ist, sich an einem vom Arbeitgeber bestimmten Ort aufzuhalten und sich zu dessen Verfügung zu halten, um gegebenenfalls sofort seine Leistungen erbringen zu können.[432] Ein Arbeitnehmer stehe demnach nur dann seinem Arbeitgeber zur Verfügung, wenn er sich in einer Lage befinde, in der er rechtlich verpflichtet ist, den Anweisungen seines Arbeitgebers Folge zu leisten und seine Tätigkeit für ihn auszuüben.[433] Dagegen spricht es nach der Rechtsprechung des EuGH dafür, dass der betrachtete Zeitraum keine Arbeitszeit im Sinne der RL 2003/88 ist, wenn die Arbeitnehmer ohne größere Zwänge über ihre Zeit verfügen und ihren eigenen Interessen nachgehen können.[434] So hat der EuGH die Bereitschaftszeit, die ein Arbeitnehmer zu Hause verbringt und während der er der Verpflichtung unterliegt, einem Ruf des Arbeitgebers zum Einsatz innerhalb von acht Minuten Folge zu leisten, wodurch die Möglichkeit, anderen Tätigkeiten nachzugehen, erheblich eingeschränkt ist, als Arbeitszeit angesehen.[435] D. h., bei diesem Kriterium steht die Frage im Vordergrund, ob der Arbeitnehmer sich in einer Lage befindet, in der er rechtlich verpflichtet ist, den Anweisungen seines Arbeitgebers Folge zu leisten und seine Tätigkeit für ihn auszuüben oder ob er ohne größere Zwänge über seine Zeit verfügen und seinen eigenen Interessen nachgehen kann.

429 Vgl. Amtsblatt der Europäischen Union- C 165/16, S. 17.
430 Vgl. EuGH, Urteil v. 10.09.2015 – C-266/14, NZA 2015, 1177 (1179), Rn. 43 ff.
431 EuGH, Urteil v. 21.02.2018 – C-518/15, NZA 2018, 293 (296).
432 Vgl. EuGH, Urteil v. 10.09.2015 – C-266/14, NZA 2015, 1177 (1179), Rn. 35 ff.
433 EuGH, Urteil v. 10.09.2015 – C-266/14, NZA 2015, 1177 (1179), Rn. 35 ff.
434 .EuGH, Urteil v. 10.09.2015 – C-266/14, NZA 2015, 1177 (1179), Rn. 35 ff.
435 EuGH, Urteil v. 10.09.2015 – C-266/14, NZA 2015, 1177 (1179), Rn. 35 ff.

(iii) Seine Tätigkeit ausübt oder Aufgaben wahrnimmt

Bei dem letzten Kriterium hat der Arbeitnehmer seine Tätigkeit auszuüben oder seine Aufgaben wahrzunehmen. Bei der Beurteilung, ob er dies tut, spielen weder die Intensität noch etwaige Unterbrechungen der Tätigkeiten eine Rolle.[436] Der EuGH leitet aus der vertraglichen Verpflichtung, am Arbeitsplatz zur Verfügung zu stehen, die Aufgabe des Arbeitnehmers ab, eben dies zu tun und damit durch das „zur Verfügung Stehen" seine Tätigkeit auszuführen.[437] Daher seien die Verpflichtungen, aufgrund derer der betroffene Arbeitnehmer seinen Aufenthaltsort während der Bereitschaftszeiten nicht frei bestimmen könne, als Bestandteil der Wahrnehmung seiner Aufgaben anzusehen.[438] Bei einem Arbeitnehmer, der keinen festen Arbeitsort mehr hat und der seine Aufgaben z. B. während der Fahrt zu oder von einem Kunden wahrnimmt, geht der EuGH davon aus, dass er während dieser Fahrt „arbeitet". Denn diese Tätigkeit gehört untrennbar zum Wesen eines Arbeitnehmers, der keinen festen oder gewöhnlichen Arbeitsort hat, sodass der Arbeitsort solcher Arbeitnehmer nicht auf feste Orte beschränkt werden kann.[439] D. h., hier ist der jeweilige Beruf von wesentlicher Bedeutung für die Beurteilung, ob der Arbeitnehmer eine Tätigkeit gerade ausübt, die Intensität der Tätigkeit hingegen nicht.

(iv) Zwischenergebnis

Folglich kann festgehalten werden, dass das nationale und das unionsrechtliche Arbeitsschutzrecht den Arbeitszeitbegriff unterschiedlich definieren. Auf nationaler Ebene ist für die Beurteilung, ob Arbeitszeit vorliegt, maßgebend, ob der Arbeitnehmer die Tätigkeit im Interesse des Arbeitgebers aufwendet und wie hoch der Grad der Belastung des Arbeitnehmers ist.[440] Nach Auffassung des EuGH liegt hingegen Arbeitszeit vor, wenn der Arbeitnehmer verpflichtet ist, sich an einem vom Arbeitgeber bestimmen Ort aufzuhalten, bzw. auf dessen Anordnung räumlich eingeschränkt ist, diesem zur Verfügung steht und dabei seine Tätigkeit verrichtet, wobei die Intensität der Arbeitsleistung unbeachtlich ist. Da es sich bei „Arbeitszeit" und „Ruhezeit" im Sinne der RL 2003/88/EG um unionsrechtliche Begriffe handelt, ist bei der Beurteilung, ob Arbeitszeit vorliegt,

---

436 EuGH, Urteil v. 10.09.2015 – C-266/14, NZA 2015, 1177 (1179), Rn. 30 ff.
437 EuGH, Urteil v. 10.09.2015 – C-266/14, NZA 2015, 1177 (1179), Rn. 30 ff.
438 EuGH, Urteil v. 10.09.2015 – C-266/14, NZA 2015, 1177 (1179), Rn. 30 ff.
439 Vgl. EuGH, Urteil v. 10.09.2015 – C-266/14, NZA 2015, 1177 (1179), Rn. 30 ff.
440 Vgl. auch BeckOK ArbR/*Kock*, ArbZG § 2 Rn. 1.

stets auf den unionsrechtlichen Begriff und nicht auf den nationalen Arbeitszeit- und Ruhezeitbegriff abzustellen.

cc) Einordnung „ständiger Erreichbarkeit"

Unter Heranziehung dieser Grundsätze stellt sich im Rahmen der Vertrauensarbeitszeit die Frage, wie Zeiten „ständiger Erreichbarkeit" arbeitszeitrechtlich zu qualifizieren sind. D. h., ob Arbeitszeit vorliegt, wenn der Arbeitnehmer auf Anordnung des Arbeitgebers oder weil dieser das erwartet, in seiner Freizeit ständig erreichbar sein muss, um jederzeit auf Anfragen umgehend oder jedenfalls zeitnah reagieren zu können.[441] Denn wie bereits unter B. II. 2 b) und c) dargestellt, kann Vertrauensarbeitszeit für ihn das Risiko ständiger Erreichbarkeit bergen.[442] Dadurch, dass die Arbeitnehmer ihre Arbeitszeit eigenverantwortlich bestimmen, kennt der Arbeitgeber keine klaren „Nichtarbeitszeiten".[443] Zudem werden Vertrauensarbeitszeitmodelle häufig mit mobilem Arbeiten kombiniert. Das mobile Arbeiten beschreibt die örtliche Flexibilität der Arbeitsleistung, die von einem beliebigen Ort aus und nicht nur am betrieblichen Arbeitsplatz erledigt werden kann.[444] In dieser Kombination besteht die Gefahr, dass der Arbeitnehmer auch in seiner Freizeit z. B. per Diensthandy für Arbeitskollegen, Vorgesetzte und/oder sogar für Kunden erreichbar ist und seine Arbeitsmittel (Dienstlaptop, Mobiltelefon etc.) bei sich hat, um jederzeit auf Anfragen umgehend oder jedenfalls zeitnah zu reagieren. Dies ist beispielsweise bei Wirtschaftsanwälten, Tätigkeiten im IT-Bereich oder auf Führungsebene der Regelfall. Das Bewusstsein, man könne jederzeit in seiner Freizeit kontaktiert werden und unter Umständen zur Arbeit verpflichtet sein, kann ebenfalls zu einer erheblichen Belastung der Arbeitnehmer führen.[445] Sofern auch diese Zeiten der Erreichbarkeit als Arbeitszeit zu verstehen sind, birgt dies gerade im Bereich der Vertrauensarbeitszeit die große Gefahr, dass Höchstarbeitszeiten schnell überschritten werden und das Konzept der Vertrauensarbeitszeit erheblich eingeschränkt ist. Denn Vertrauensarbeitszeit wird aus Arbeitgebersicht gerade zur

---

441 Vgl. *Krause*, NZA-Beil. 2017, 53 (56); Kohte/Faber/Feldhoff/Reim, Gesamtes Arbeitsschutzrecht, ArbZG, § 2 Rn. 34.

442 Vgl. Lukas/Dahl in: Lukas/Dahl, Mitbestimmung in sozialen Angelegenheiten, 1. Aufl. 2016, VIII. Vertrauensarbeitszeit in der Betriebsräteberatung, Rn. 10.

443 Vgl. Lukas/Dahl in: Lukas/Dahl, Mitbestimmung in sozialen Angelegenheiten, 1. Aufl. 2016, VIII. Vertrauensarbeitszeit in der Betriebsräteberatung, Rn. 10.

444 Vgl. *Reinhard*, NZA 2019, 1313 (1318).

445 Vgl. Däubler, Digitalisierung und Arbeitsrecht, § 5 Rn. 12.

Ermöglichung eines flexibleren Personaleinsatzes verwendet, um der wachsenden „On Demand"-Mentalität der Kunden gerecht zu werden.[446]

(i) Meinungsstand in der Literatur

In der Literatur wird die Frage, wie „ständige Erreichbarkeit" zu qualifizieren ist, uneinheitlich beantwortet. Ein Teil des Schrifttums[447] sieht sie als Variante der Rufbereitschaft an. Wenn der Arbeitnehmer in seiner Freizeit nach Vorgabe des Arbeitgebers erreichbar sein muss, ähnele die Situation der Rufbereitschaft.[448] Freizeit, in welcher er erreichbar sein müsse, sei keine Arbeitszeit.[449] Nur wenn er konkret eine Arbeitsleistung erbringt, handelt es sich um Arbeitszeit.[450] Dies wird damit begründet, dass der EuGH gerade für die Rufbereitschaft vorsieht, dass der Arbeitnehmer sich nicht außerhalb seines sozialen und familiären Umfelds aufhalten muss.[451] Sie sei deshalb wie Freizeit zu behandeln.[452] Die bloße Erreichbarkeit begründe keine Arbeitszeit.[453] Nach Ansicht von *Krause*[454] gelte dies auch dann, wenn der Arbeitnehmer im unmittelbaren Anschluss an den Anruf eine Tätigkeit entfalten, also etwa ein Gespräch führen oder eine E-Mail bearbeiten müsse. Eine solche Belastung sei grundsätzlich nicht höher, als wenn sich der Beschäftigte, wie in den Fällen der klassischen Rufbereitschaft, zunächst zur Betriebsstätte begeben müsse, um dort seine Arbeit aufzunehmen, weil er sich zwar innerlich auf die Tätigkeit vorbereiten kann, dafür aber normalerweise deutlich länger und zumeist auch intensiver aus seinen sonstigen Aktivitäten herausgerissen werde.[455] Eine an sich als Rufbereitschaft einzuordnende „ständige Erreichbarkeit" könne sich jedoch dadurch zum Bereitschaftsdienst

---

446 Vgl. Kunz/Henssler/Brand/Nebeling/*Henssler*/*Pickenhahn*, Praxis des Arbeitsrechts, 6. Aufl. 2018, § 80 Flexibilisierung der Arbeitszeit, Rn. 1.

447 Vgl. *Wiebauer*, NZA 2016, 1430 (1433); *Falder*, NZA 2010, 1150 (1151); *Krause*, NZA-Beilage 2017, 53 (56); *Kohte*, NZA 2015, 1417 (1423); *Maier*, DB 2016, 2723 (2725); *Wank* RdA 2014, 285 (289) spricht von einer „Rufbereitschaft neuer Art"; *Schlegel*, NZA-Beil. 1/2014, 16 (19 ff.) verwendet den Begriff „arbeitsbezogene erweiterte Erreichbarkeit".

448 *Krause*, NZA-Beilage 2017, 53 (56).

449 *Krause*, NZA-Beilage 2017, 53 (56).

450 *Krause*, NZA-Beilage 2017, 53 (56).

451 *Krause*, NZA-Beilage 2017, 53 (56).

452 *Jacobs*, NZA 2016, 733 (735); *Krause*, NZA-Beilage 2017, 53 (56).

453 *Jacobs*, NZA 2016, 733 (735).

454 *Krause*, NZA-Beilage 2017, 53 (56); *Krause*, NZA-Beilage 2019, 86 (91).

455 *Krause*, NZA-Beilage 2017, 53 (56); *Krause*, NZA-Beilage 2019, 86 (91).

verdichten, dass der Beschäftigte andauernd kontaktiert wird und er sich deshalb auch in seinem häuslichen Umfeld praktisch kaum anderen Aufgaben zuwenden könne.[456]

Däubler[457] ist hingegen der Ansicht, dass Bereitschaftsdienst bereits dann vorliegt, wenn der Arbeitgeber den Zeitraum bis zum Arbeitsbeginn sehr knapp bemisst (z. B. eine Präsenz innerhalb von 20 Minuten verlangt). In diesem Fall wäre die freie Wahl des Aufenthaltsorts weitgehend entwertet, sodass unter Zugrundelegung der Rechtsprechung des EuGH Bereitschaftsdienst und keine Rufbereitschaft mehr vorliegen würde.[458]

Buschmann[459] ist ebenfalls der Auffassung, dass die Zeitspanne, in der die Arbeitnehmer über Handy, Smartphones oder Notebooks jederzeit online erreichbar sein müssen und sind, um danach kurzfristig tätig zu werden, als Arbeitszeit zu werten ist.[460] Auch hier handele es sich um Bereitschaftsdienst, wenn der Arbeitnehmer nicht auf persönliche Anwesenheit an einem örtlich definierten Arbeitsplatz beschränkt ist.[461] So wie *Däubler*[462] ist auch *Buschmann* der Auffassung, dass keine Rufbereitschaft, sondern Bereitschaftsdienst vorliegt, wenn der Arbeitgeber den Arbeitnehmer anweist, die Arbeit innerhalb von 20 Minuten nach dem Anruf aufzunehmen.[463] Zur Begründung führt er auf, dass durch den Faktor Zeit die freie Wahl des Aufenthaltsorts durch den Mitarbeiter eingeschränkt wird.[464] Es käme darauf an, ob es dem Arbeitnehmer frei stehe, auf entsprechende Mails, Telefonanrufe usw. zu reagieren oder ob er sie bis zum nächsten Arbeitstag ignorieren kann. Kann er das nicht, steht er zur Verfügung.[465]

Hanau[466] hingegen wendet bei der Qualifizierung der ständigen Erreichbarkeit strikt die vom EuGH aufgestellten Grundsätze an.[467] Er weist darauf hin, dass der EuGH zwischen aktiver und passiver Rufbereitschaft unterscheidet.[468]

---

456 *Krause*, NZA-Beilage 2017, 53 (57); *Krause*, NZA-Beilage 2019, 86 (91).
457 Däubler, Digitalisierung und Arbeitsrecht § 5 Rn. 8.
458 Däubler, Digitalisierung und Arbeitsrecht § 5 Rn. 8.
459 Buschmann/Ulber, § 2 Rn. 40.
460 Buschmann/Ulber, § 2 Rn. 40.
461 Buschmann/Ulber, § 2 Rn. 40.
462 Däubler, Digitalisierung und Arbeitsrecht § 5 Rn. 8.
463 Buschmann/Ulber, § 2 Rn. 40.
464 Buschmann/Ulber, § 2 Rn. 40.
465 Buschmann/Ulber, § 2 Rn. 40.
466 *Hanau*, EuZA 2019, 423 (429 f.).
467 *Hanau*, EuZA 2019, 423 (429 f.).
468 *Hanau*, EuZA 2019, 423 (429 f.).

Offensichtlich sei danach „drohende" Arbeit nicht mit der Arbeitsleistung selbst gleichzusetzen.[469] Als Arbeit könne sie erst qualifiziert werden, wenn die Bereitschaft einen Verdichtungsgrad erreiche, der Quantität in Qualität umschlagen lasse, den Arbeitnehmer also in eine solche Anspannung versetze, dass er seine privaten Interessen nicht mehr substanziell verfolgen könne.[470]

(ii) Rechtsprechung

Von der Rechtsprechung wurde die Frage, wie ständige Erreichbarkeit arbeitszeitrechtlich zu qualifizieren ist, bislang noch nicht explizit beantwortet.[471] Nach der arbeitsgerichtlichen[472] und verwaltungsgerichtlichen[473] Rechtsprechung soll jedenfalls Bereitschaftsdienst und damit auch Arbeitszeit dann vorliegen, wenn der Aufenthaltsort des Arbeitnehmers durch eine arbeitgeberseitige Anweisung, innerhalb einer bestimmten Zeitspanne[474] nach dem Abruf der Arbeitsleistung die Arbeit aufzunehmen, bestimmt wird. Dies beschränke den Arbeitnehmer in der Gestaltung seiner freien Zeit.[475] Es sei mit dem Wesen der Rufbereitschaft nicht vereinbar, wenn zwischen Abruf und Arbeitsaufnahme zeitliche Vorgaben bestehen, die den Arbeitnehmer faktisch zwingen, sich in unmittelbarer Nähe zum Arbeitsplatz aufzuhalten.[476] Das wesentliche Differenzierungskriterium sei auch in dem Fall die freie Bestimmung des Aufenthaltsortes.[477] Nur wenn der Arbeitnehmer die Möglichkeit hat, sich um persönliche oder familiäre

469 *Hanau*, EuZA 2019, 423 (429 f.).

470 *Hanau*, EuZA 2019, 423 (429 f.).

471 So auch Däubler, Digitalisierung und Arbeitsrecht § 5 Rn. 9.

472 Vgl. BAG, Urteil v. 31.01.2002 – 6 AZR 214/00, NJOZ 2002, 1926 (1928); LAG Rheinland-Pfalz, Urteil v. 20.09.2012 – 11 Sa 81/12, RDG 2013, 74 (76); LAG Köln, Urteile v. 13.12.2011 – 11 Sa 863/11, BeckRS 2012, 71356.

473 VGH Mannheim, Urteil v. 26.06.2013 – 4 S 94/12, BeckRS 2013, 53164.

474 Vgl. BAG, Urteil v. 31.01.2002 – 6 AZR 214/00, NJOZ 2002, 1926 (1928): Arbeit muss innerhalb von 20 Minuten nach Abruf aufgenommen werden; auch das LAG Rheinland-Pfalz, Urteil v. 20.09.2012 – 11 Sa 81/12, RDG 2013, 74 (76), nimmt bei einer zeitlichen Vorgabe von 20 Minuten zwischen Abruf und Arbeitsaufnahme bestehe einen Bereitschaftsdienst an; LAG Köln, Urteile v. 13.12.2011 – 11 Sa 863/11, BeckRS 2012, 71356: Keine nach Minuten bemessene Zeit, jedoch muss hier eine „schnelle und fallgerechte Reaktion auf Meldungen besorgter Bürger oder öffentlicher Stellen gewährleistet" sein.

475 Vgl. LAG Köln, Urteile v. 13.12.2011 – 11 Sa 863/11, BeckRS 2012, 71356.

476 LAG Köln, Urteile v. 13.12.2011 – 11 Sa 863/11, BeckRS 2012, 71356.

477 LAG Köln, Urteile v. 13.12.2011 – 11 Sa 863/11, BeckRS 2012, 71356.

Angelegenheiten zu kümmern, z. B. Teilnahme an einer sportlichen oder kulturellen Veranstaltung, liegen die Voraussetzungen einer Rufbereitschaft vor.[478]

So auch der VGH Baden-Württemberg[479], welcher ebenfalls der Auffassung ist, dass zeitliche Vorgaben dem Arbeitnehmer – auch wenn er sich zu Hause aufhalten kann – die Möglichkeit, sich frei zu bewegen und sich auch anderen privaten Interessen und Hobbys oder familiären Angelegenheiten zu widmen, einschränkt. Im Übrigen führt er zur Begründung auf, dass der EuGH bislang noch keine Veranlassung hatte, auf die Frage einzugehen, ob das Anwesenheitskriterium lediglich hinreichende oder darüber hinaus auch notwendige Bedingung für die Zurechnung einer Dienstform zur Arbeitszeit sein soll.[480] Vielmehr habe der Gerichtshof etwa in seiner Entscheidung in der Rechtssache Grigore betont, dass nicht nur explizit auf die Arbeitszeit bezogene Regelungen zu berücksichtigen sind, sondern auch solche, die sonstige praktische Auswirkungen auf die Arbeitszeitgestaltung haben – einschließlich ihrer faktischen Umsetzung –, sowie die dazugehörigen Begleitumstände.[481]

Keinen Bereitschaftsdienst, sondern Rufbereitschaft nimmt das BAG[482] hingegen bei einer einzuhaltenden Zeitvorgabe von 45 Minuten an. Zwar könne „Arbeitsbereitschaft" auch dann vorliegen, wenn der Arbeitgeber den Arbeitnehmer, ohne dessen Aufenthaltsstelle konkret festzulegen, dadurch in der freien Wahl des Aufenthaltsortes beschränkt, dass er die Zeit zwischen Abruf und Aufnahme der Arbeit eng bestimmt und ihm dadurch die Gestaltung seiner an sich arbeitsfreien Zeit faktisch entzieht.[483] Durch eine Zeitvorgabe von 45 Minuten sei der Aufenthaltsort noch nicht bindend durch den Faktor Zeit festgelegt.[484]

Nach dem EuGH liegt keine Arbeitszeit vor, wenn der Arbeitnehmer einen Bereitschaftsdienst nach dem System der Rufbereitschaft erbringt, die seine ständige Erreichbarkeit, nicht jedoch zugleich seine Anwesenheit am Arbeitsplatz erfordere.[485] Selbst wenn er seinem Arbeitgeber in dem Sinne zur Verfügung steht, dass er erreichbar sein muss, könne er in dieser Situation freier über seine Zeit verfügen und eigenen Interessen nachgehen.[486] Unter diesen Umständen

---

478 LAG Köln, Urteile v. 13.12.2011 – 11 Sa 863/11, BeckRS 2012, 71356.
479 VGH Mannheim, Urteil v. 26.06.2013 – 4 S 94/12, BeckRS 2013, 53164.
480 VGH Mannheim, Urteil v. 26.06.2013 – 4 S 94/12, BeckRS 2013, 53164.
481 VGH Mannheim, Urteil v. 26.06.2013 – 4 S 94/12, BeckRS 2013, 53164.
482 Vgl. BAG Urteil v. 22.1.2004 – 6 AZR 543/02, BeckRS 2004, 30800702.
483 BAG Urteil v. 22.1.2004 – 6 AZR 543/02, BeckRS 2004, 30800702.
484 BAG Urteil v. 22.1.2004 – 6 AZR 543/02, BeckRS 2004, 30800702.
485 Vgl. EuGH, Urteil v. 09.09.2003 – C-151/02, NZA 2003, 1019.
486 EuGH, Urteil v. 09.09.2003 – C-151/02, NZA 2003, 1019 (1021).

sei nur die Zeit, die für die tatsächliche Erbringung von Leistungen aufgewendet wird, als „Arbeitszeit" im Sinne der RL 2003/88 anzusehen.[487]

Allerdings hat der 5. Senat des EuGH im Falle eines Feuerwehrmannes, der während seines Bereitschaftsdienstes an einem von seinem Arbeitgeber bestimmten Ort (hier seinem Wohnsitz) persönlich anwesend sein musste und verpflichtet war, dessen Ruf zum Einsatzort innerhalb von acht Minuten Folge zu leisten, diesen als Bereitschaftszeit, sprich als „Arbeitszeit" eingestuft.[488] Dies begründet er damit, dass die Verpflichtung, persönlich an dem vom Arbeitgeber bestimmten Ort (hier dem Zuhause des Arbeitnehmers) anwesend zu sein, sowie die Einschränkung, die sich aus geografischer und zeitlicher Sicht aus dem Erfordernis ergibt, sich innerhalb von acht Minuten am Arbeitsplatz einzufinden, objektiv die Möglichkeiten eines Arbeitnehmers einschränken könne, sich seinen persönlichen und sozialen Interessen zu widmen.[489] Nach Ansicht des EuGH begründet damit der Umstand, dass ein Arbeitnehmer nicht in der Arbeitsstätte ist, sondern zu Hause seiner Freizeit nachgehen kann, alleine nicht die Annahme, es handele sich nicht um Arbeitszeit.[490] Vielmehr scheint es im Wesentlichen darauf anzukommen, inwiefern durch die ständige Erreichbarkeit objektiv die Möglichkeit eines Arbeitnehmers, sich seinen persönlichen und sozialen Interessen zu widmen, eingeschränkt wird. Ist diese erheblich eingeschränkt, liegt keine Ruhezeit mehr vor, sondern Arbeitszeit.

(iii) Stellungnahme

Zur Einordnung der Zeiten „ständiger Erreichbarkeit" im Rahmen einer Vertrauensarbeitszeit als Arbeitszeit oder als Ruhezeit sind die bereits oben aufgezeigten Kriterien des EuGH[491] für die Abgrenzung von Bereitschaftsdienst und Rufbereitschaft heranzuziehen. Ausgangspunkt für die hier vorzunehmende Abgrenzung zwischen Ruhezeit und Arbeitszeit ist daher allein Art. 2 Nr. 1 ArbZRL, da es sich bei den beiden Begriffen um autonome Begriffe des Unionsrechts handelt. Daher ist unter Berücksichtigung der dargelegten Rechtsprechung des EuGH zu prüfen, ob die vorgenannten Voraussetzungen des Art. 2 Nr. 1 ArbZRL vorliegen.

---

487 EuGH, Urteil v. 09.09.2003 – C-151/02, NZA 2003, 1019 (1021).
488 Vgl. EuGH, Urteil v. 21.02.2018 – C-518/15, NZA 2018, 293 (296).
489 EuGH, Urteil v. 21.02.2018 – C-518/15, NZA 2018, 293 (296).
490 EuGH, Urteil v. 21.02.2018 – C-518/15, NZA 2018, 293 (296).
491 Unter C. II. 3.b) bb.

Entscheidend ist dabei die Frage, ob der in Vertrauensarbeitszeit arbeitende Arbeitnehmer durch die Art und Weise der ständigen Erreichbarkeit so sehr an der Verfolgung seiner persönlichen und sozialen Interessen gehindert wird, dass sich die Situation kaum von einer Anwesenheit im Betrieb unterscheidet.[492] Ob dies so ist, hängt von der jeweiligen Ausgestaltung der Vertrauensarbeitszeit ab. Ist diese im Betrieb derart ausgestaltet, dass der Arbeitnehmer lediglich erreichbar sein muss, um ggf. auf entsprechende E-Mails, Anrufe usw. reagieren zu können, und nur gelegentlich unaufschiebbare Aufgaben zeitnah zu erledigen hat, so ist sie grundsätzlich nicht mit einem Bereitschaftsdienst vergleichbar, sondern entspricht mehr einer Rufbereitschaft. Hierfür spricht zunächst einmal, dass das räumliche Kriterium des Art. 2 Nr. 1 ArbZRL[493] fehlt. Der Arbeitnehmer ist nicht verpflichtet, sich an einem vom Arbeitgeber bestimmten Ort aufzuhalten. Hat er keinen festen Arbeitsort und muss er seine Aufgaben z. B. während der Fahrt zu oder von einem Kunden wahrnehmen, so geht der EuGH, wie bereits oben aufgezeigt, davon aus, dass er während dieser Fahrt „arbeitet". Denn diese Tätigkeit gehöre untrennbar zum Wesen eines Arbeitnehmers, der keinen festen oder gewöhnlichen Arbeitsort hat, sodass der Arbeitsort solcher Arbeitnehmer nicht auf einen bestimmten Ort beschränkt werden kann. Der in Vertrauensarbeitszeit tätige Arbeitnehmer, der ständig erreichbar ist, nimmt jedoch in der Zeit der Erreichbarkeit weder eine Aufgabe wahr, noch arbeitet er. Die Erreichbarkeit gehört grundsätzlich auch nicht untrennbar zum Wesen eines Arbeitnehmers, der in Vertrauensarbeitszeit arbeitet. Wie das BAG bereits in mehreren Entscheidungen klargestellt hat, bedeutet Vertrauensarbeitszeit lediglich, dass der Arbeitnehmer über die Lage seiner Arbeitszeit unter Berücksichtigung betrieblicher Interessen selbst bestimmten soll.[494]

Ferner ist auch das weisungsbezogene Kriterium,[495] wonach der Arbeitnehmer während dieser Zeit dem Arbeitgeber zur Verfügung stehen muss, und das für die Abgrenzung von Bereitschaftsdienst und Rufbereitschaft wesentlich ist, nicht erfüllt.[496] Ein Arbeitnehmer stehe demnach nur dann seinem Arbeitgeber zur Verfügung, wenn er sich in einer Lage befinde, in der er rechtlich verpflichtet ist, den Anweisungen seines Arbeitgebers Folge zu leisten und seine Tätigkeit für ihn auszuüben. Vorliegend wäre zu betrachten, ob der Arbeitnehmer in einer

492 So auch *Bayreuther*, NZA 2019, 348 (349); *Krause*, NZA-Beilage 2019, 86 (91).
493 Hierzu unter C. II. 3.b) bb. i.
494 BAG, Urteil v. 26.06.2019 – 5 AZR 452/18, NZA 2019, 1361 (1363).
495 Hierzu unter C. II. 3.b) bb. ii.
496 So auch *Krause*, NZA-Beilage 2019, 86 (91).

Vertrauensarbeitszeit durch die Art und Weise der ständigen Erreichbarkeit so sehr an der Verfolgung seiner persönlichen und sozialen Interessen gehindert wird, dass sich die Situation kaum von einer Anwesenheit am Arbeitsplatz unterscheidet. Der EuGH nimmt dies jedenfalls dann an, wenn die „Rufbereitschaft“ erfordert, dass der Mitarbeiter innerhalb von acht Minuten seine Arbeit im Betrieb aufnehmen muss und er damit im Grunde nicht frei seinen Aufenthaltsort bestimmen kann.[497] Ist eine Vertrauensarbeitszeit mit mobilem Arbeiten kombiniert, so bestehen weder arbeitgeberseitige Vorgaben hinsichtlich des Arbeitsortes, noch zur Lage der Arbeitszeit. Der Arbeitnehmer kann grundsätzlich selbst entscheiden, wann er seine Arbeit erledigt. Je nach Ausgestaltung der Vertrauensarbeitszeit kann er zudem unabhängig vom Arbeitgeber entscheiden, ob er im Einzelfall eine Aufgabe für unaufschiebbar hält. In diesen Fällen kann er ohne größere Zwänge über seine Zeit verfügen und seinen eigenen Interessen nachgehen. Eine Anweisung des Arbeitgebers, die Arbeit innerhalb von 20 Minuten vorzunehmen, oder die Notwendigkeit aus der Aufgabe selbst, diese in wenigen Minuten aufzunehmen, reicht für die Annahme von Bereitschaftsdienst hier nicht aus. Denn die oben angeführte Rechtsprechung,[498] wonach Bereitschaftsdienst auch vorliegt, wenn ein Arbeitnehmer in zeitlicher Hinsicht eingeschränkt ist, kann nicht auf den Fall der Vertrauensarbeitszeit und des mobilen Offices übertragen werden, da sich hierbei aus einer zeitlichen gerade keine räumliche Einschränkung des Arbeitnehmers ergibt.

Entscheidend ist, ob er geografisch und zeitlich eingeschränkt ist. Die Belastung, die sich daraus ergibt, dass er sich, zusätzlich zur Erreichbarkeit, in kürzester Zeit zu seinem Arbeitsplatz begeben muss, ist zwar grundsätzlich nicht höher, als wenn er unmittelbar nach einem Anruf seine Tätigkeit aufnehmen muss.[499] Der wesentliche Unterschied ist jedoch, dass er nicht geografisch eingeschränkt ist. Selbst wenn er ständig erreichbar sein muss, so kann er trotzdem in dieser Situation freier über seine Zeit verfügen und eigenen Interessen nachgehen bzw. wird nicht so intensiv aus seiner Freizeit herausgerissen, als wenn er sich ständig in unmittelbarer Nähe seines Arbeitsplatzes aufhalten müsste. Allein der zeitliche Faktor dürfte hier nicht entscheidend sein.

---

497 Vgl. EuGH, Urteil v. 21.2.2018 – C-518/15, NZA 2018, 293 (296).

498 Vgl. EuGH, Urteil v. 21.02.2018 – C-518/15, NZA 2018, 293 (296); EuGH, Urteil v. 10.09.2015 – C-266/14, NZA 2015, 1177 (1179), Rn. 35 ff.

499 Vgl. Däubler, Digitalisierung und Arbeitsrecht, § 5 Rn. 12.

Zurecht weisen jedoch einige Stimmen in der Literatur[500] darauf hin, dass eine an sich als Rufbereitschaft einzuordnende „ständige Erreichbarkeit" sich dann erst zum Bereitschaftsdienst verdichten kann, wenn der Beschäftigte andauernd kontaktiert wird und er sich deshalb auch in seinem häuslichen Umfeld praktisch kaum anderen Aufgaben zuwenden kann. Der EuGH hat sich zwar bislang noch nicht mit der Frage befasst, ob die Qualifikation als Arbeitszeit zusätzlich davon abhängt, wie häufig ein Arbeitnehmer erfahrungsgemäß überhaupt in Anspruch genommen wird. Allerdings dürfte gerade dies im Rahmen der Vertrauensarbeitszeit bei der Beurteilung, ob die ständige Erreichbarkeit auch als Arbeitszeit zu qualifizieren ist, von Bedeutung sein. Denn einzig danach kann beurteilt werden, ob eine Belastung bei der „ständigen Erreichbarkeit" derart hoch ist, dass sie mit einem Bereitschaftsdienst vergleichbar wäre. Die Häufigkeit der Inanspruchnahme würde die Möglichkeit, sich um persönliche oder familiäre Angelegenheiten kümmern zu können, z. B. Teilnahme an einer sportlichen oder kulturellen Veranstaltung, erheblich einschränken, sodass sich die Situation kaum von einer Anwesenheit im Betrieb unterscheidet.

dd) Einordnung „unproduktive Arbeitszeit"

Des Weiteren ist problematisch, ob auch die Zeiten bei der Berechnung der Höchstarbeitszeit zu berücksichtigen sind, in der ein in Vertrauensarbeitszeit tätiger Arbeitnehmer am Arbeitsplatz zur Verfügung steht, aber keine Arbeitsaufgabe hat und privaten Tätigkeiten nachgeht, wie z. B. telefonieren oder im Internet surfen.[501] Schließlich bezweckt das Arbeitszeitmodell der Vertrauensarbeitszeit, dass unproduktive Zeiten durch die Zeitsouveränität des Arbeitnehmers verringert werden. Das heißt, wenn er keine Arbeitsaufgabe hat, soll er Freizeit haben und sich diese nehmen. Diesem Zweck entsprechend dürften diese Zeiten der Verfügbarkeit am Arbeitsplatz nicht als Arbeitszeit im Sinne des Arbeitszeitgesetzes zu bewerten sein, wenn der Arbeitnehmer in der Zeit keine Aufgabe hat und Freizeittätigkeiten nachgeht.

Unter Zugrundelegung der eingangs dargestellten EuGH-Rechtsprechung zum Arbeitszeitbegriff,[502] wonach es für die Annahme von Arbeitszeit ausreicht, wenn ein Arbeitnehmer dem Arbeitgeber am Arbeitsplatz zur Verfügung steht

---

500 Vgl. *Krause*, NZA-Beilage 2019, 86 (91); *Bayreuther*, NZA 2019, 348 (349); *Hanau*, EuZA 2019, 423 (429 f.)

501 Dieses Problem sieht auch *Grunewald*, Grundlagen und Grenzen der Vertrauensarbeitszeit, 2005, S. 90.

502 Unter C. II. 3.b) bb.

und dadurch seine Aufgaben wahrnimmt, dürften jedoch auch bei der Vertrauensarbeitszeit unproduktive Zeiten als Arbeitszeit anzusehen sein.[503] Jedenfalls gilt dies, sofern der Arbeitnehmer Servicezeiten hat oder sich dazu entschließt, zu diesem Zeitpunkt für den Arbeitgeber zur Verfügung zu stehen. Denn damit Arbeitszeit vorliegt, ist es nicht notwendig, dass der Arbeitnehmer ununterbrochen seine Tätigkeit ausübt.[504] Das heißt, auch die Zeiten, in denen er nicht effektiv ist, fallen darunter.[505] Denn wie bereits erläutert, kommt es nach Ansicht des EuGH nicht auf die Intensität der Arbeitsleitung an.[506] Vielmehr reicht das „zur Verfügung Stehen" als Arbeitsleistung aus.[507] Die Zeiten sind daher bei der Berechnung der täglichen Höchstarbeitszeit von acht Stunden mit einzubeziehen, obwohl das bloße zur Verfügung Stehen nicht Gegenstand der Vertrauensarbeitszeit sein soll.

Daran dürfte auch der Umstand, dass es dem Arbeitnehmer überlassen ist, zu entscheiden, wann er mit der Arbeit beginnt und diese beendet, nichts ändern. Auch bei der Vertrauensarbeitszeit ist er lediglich verpflichtet, ein bestimmtes Arbeitszeitvolumen abzuleisten. Da der Arbeitgeber darauf vertraut, dass der Arbeitnehmer das geschuldete Arbeitszeitvolumen ohne Kontrolle erfüllt, ist er dem Risiko ausgesetzt, dass der Arbeitnehmer die Arbeitszeiten nicht am Arbeitsanfall orientiert, sondern ggf. auch seine Arbeitszeit lediglich absitzt und nicht effektiv ist. Auch mit Blick auf den Umstand, dass der Arbeitnehmer im Rahmen der Vertrauensarbeitszeit frei über seine Zeit verfügen und seinen Aufenthaltsort frei bestimmen kann, weil ihm die Arbeitszeiteinteilung obliegt, dürfte nichts anders gelten.

4. Mindestruhezeiten

Eine weitere Grenze der Vertrauensarbeitszeit stellt die in § 5 ArbZG geregelte Mindestruhezeit dar. Danach hat der Arbeitgeber dem Arbeitnehmer eine ununterbrochene Ruhezeit von mindestens elf Stunden zu gewähren.[508] Die elf Stunden täglicher Ruhezeit müssen zusammenhängen und dürfen nicht unterbrochen werden. Was genau unter „Ruhezeit" zu verstehen ist, wird im ArbZG nicht definiert.[509] Sie wird jedoch von der Rechtsprechung als die Zeit zwischen

503 EuGH, Urteil v. 21.02.2018 – C-518/15.
504 EuGH, Urteil v. 21.02.2018 – C-518/15.
505 EuGH, Urteil v. 21.02.2018 – C-518/15.
506 EuGH, Urteil v. 21.02.2018 – C-518/15.
507 EuGH, Urteil v. 21.02.2018 – C-518/15.
508 Vgl. ErfK/*Wank*, 20. Aufl. 2020, ArbZG § 5 Rn. 1.
509 Vgl. ErfK/*Wank*, 20. Aufl. 2020, ArbZG § 5 Rn. 1.

dem Ende der Arbeitszeit und ihrem Wiederbeginn am nächsten Arbeitstag bezeichnet.[510] Sie muss sich unmittelbar an die Arbeitszeit anschließen und vom Arbeitgeber an einem Stück gewährt werden.[511] Hat er den Arbeitnehmer während eines elfstündigen Mindestruhezeitraums zur Arbeitsleistung herangezogen, so muss er die volle Ruhezeit im Anschluss an die Unterbrechung neu gewähren.[512]

a) Kurze Unterbrechungen der Ruhezeit

Gerade bei der Vertrauensarbeitszeit, bei der die Arbeit nicht in einem Stück, sondern über den Tag verteilt und mit längeren Unterbrechungen erledigt werden kann, besteht die Möglichkeit, dass die Mindestruhezeit von elf Stunden nach ihrem Beginn durch kurze Arbeiten, wie das Lesen von E-Mails oder ein Telefonat mit einem Kunden oder Kollegen, unterbrochen wird.[513] Da eine Unterbrechung der Ruhezeit grundsätzlich dazu führt, dass sie wieder von Neuem beginnt, wird derzeit in der Literatur umfassend diskutiert, ob die strikte Trennung zwischen Arbeitszeit und Ruhezeit angesichts der neuen technischen Entwicklungen und Flexibilitätsinteressen noch zeitgemäß ist[514] und ob auch bloß geringfügige Unterbrechungen der Ruhezeit dazu führen, dass der Arbeitnehmer erst wieder nach elf Stunden die Arbeit aufnehmen darf.[515] Denn sehe man jede noch so kurzfristige Unterbrechung als relevant an, so würde diese dazu führen, dass der Arbeitgeber bei allen Mitarbeitern prüfen müsste, ob innerhalb von elf Stunden vor Arbeitsbeginn dienstliche E-Mails geschrieben oder Telefonate geführt wurden.[516] Eine derartige „Totalüberwachung", soweit überhaupt praxistauglich möglich, wäre mit einem Arbeitszeitmodell wie der Vertrauensarbeitszeit, welches gerade eine Vertrauenskultur und nicht eine Kontrollkultur bezweckt, kaum vereinbar. Daher stellt sich die Frage, wie diese kurzen Unterbrechungen im Rahmen einer Vertrauensarbeitszeit rechtlich einzuordnen sind

---

510 BAG, Urteil v. 22.07.2010 – 6 AZR 87/09, NZA 2010, 1194; BAG Urteil v. 13.12.1992 – 6 AZR 638/89, NZA 1992, 891.

511 NK-ArbR/*Joachim Wichert*, 1. Aufl. 2016, ArbZG § 5 Rn. 9

512 Vgl. ErfK/*Wank*, 20. Aufl. 2020, ArbZG § 5 Rn. 4.

513 Vgl. *Karthaus*, AuR 2017, 154; *Preis/Wieg*, AuR 2016, 313 (320).

514 Näher hierzu EuArbR/*Gallner*, 3. Aufl. 2020, RL 2003/88/EG Art. 2 Rn. 11a

515 Näher hierzu *Bayreuther*, NZA-Beilage 2018, 103 (107); EuArbR/*Gallner*, 3. Aufl. 2020, RL 2003/88/EG Art. 2 Rn. 11a; Baeck/Deutsch/Winzer/*Baeck/Deutsch/Winzer*, 4. Aufl. 2020, ArbZG § 5 Rn. 14.

516 Vgl. *Baeck/Winzer*, NZA 2020, 96 (98).

und ob eine Vertrauensarbeitszeit auch unter Berücksichtigung dieser Aspekte weiterhin Zukunft hat.

aa) Rechtsprechung

Die Rechtsprechung hat sich zu dieser Frage bislang noch nicht explizit geäußert. Es existieren lediglich zwei ältere Urteile des BAG, wonach das regelmäßige Abschließen und Lichtausschalten durch einen Hausmeister nach Beendigung einer Veranstaltung keine Unterbrechung der Ruhezeit darstellt.[517] In beiden Entscheidungen ging es um einen Hausmeister, der im Bereitschaftsdienst arbeitet, welcher jedoch zu der damaligen Zeit noch nicht als Arbeitszeit, sondern als Ruhezeit qualifiziert wurde.[518] Zur Begründung führt das BAG aus, dass das Abschließen und Lichtausschalten keine nennenswerte Arbeitsleistung sei, da diese Tätigkeiten nicht über das hinausgehen, was jeder Bereitschaftsdienstleistende zu tun habe, wenn er den Bereitschaftsdienst nicht in seiner Wohnung leiste, sondern an einem anderen von dem Arbeitgeber bestimmten Ort.[519] Auch dieser habe nach Beendigung des Bereitschaftsdienstes den Ort zu verlassen und das Licht auszuschalten und abzuschließen, ohne dass diese Tätigkeit als Arbeitsleistung zu werten sei.[520] Sofern im Einzelfall doch einmal während der Bereitschaftsdienstzeit Arbeitsleistungen anfallen und die Ruhezeit von elf Stunden nicht mehr gewahrt werden kann, bestehe die Möglichkeit, dass am nächsten Tag der Dienst später angetreten und bis dahin von einer Vertretung wahrgenommen werde.[521] Die Entscheidung beruht somit auf der nicht mehr geltenden Qualifizierung des Bereitschaftsdienstes als Ruhezeit, sodass sie nicht auf die jetzigen Gegebenheiten übertragen werden kann.

bb) Literatur

In der Literatur werden hierzu verschiedene Auffassungen und Lösungsansätze vertreten.

Teilweise wird eine teleologische Reduktion des § 5 ArbZG befürwortet, wonach bei geringfügigen Unterbrechungen der Ruhezeit oder bei

---

517 Vgl. BAG, Urteil v. 13.11.1986 – 6 AZR 567/83, AP BGB § 242 Betriebliche Übung Nr. 27; BAG Urteil v. 26.1.1989 – 6 AZR 566/86, BeckRS 1989, 30729613

518 Vgl. Vgl. BAG, Urteil v. 13.11.1986 – 6 AZR 567/83, AP BGB § 242 Betriebliche Übung Nr. 27; BAG Urteil v. 26.1.1989 – 6 AZR 566/86, BeckRS 1989, 30729613.

519 BAG, Urteil v. 13.11.1986 – 6 AZR 567/83, AP BGB § 242 Betriebliche Übung Nr. 27.

520 BAG, Urteil v. 13.11.1986 – 6 AZR 567/83, AP BGB § 242 Betriebliche Übung Nr. 27.

521 BAG, Urteil v. 13.11.1986 – 6 AZR 567/83, AP BGB § 242 Betriebliche Übung Nr. 27.

Unterbrechungen, die den Arbeitnehmer kaum belasten, die Ruhezeit nicht unterbrochen wird.[522] Dies würde dann auch eine teleologische Reduktion des Art. 5 Abs. 1 ArbZRL erfordern, da es sich bei dem Begriff der Ruhezeit, wie bei dem der Arbeitszeit, um unionsrechtliche Begriffe handelt.[523] Ruft beispielsweise ein Kunde nach der Arbeitszeit an, um einen Termin zu vereinbaren, oder ruft der Arbeitgeber an, um eine Arbeitsaufgabe für den nächsten Tag zu verteilen, so stellt dies keine Unterbrechung der Ruhezeit dar.[524] Erst wenn eine gewisse Erheblichkeitsschwelle erreicht wird, handelt es sich um eine die Ruhezeit unterbrechende Arbeit.[525] Zur Begründung wird der Zweck der Ruhezeit herangezogen, wonach der Arbeitnehmer vor gesundheitlichen Schäden durch Überanstrengung bewahrt und ihm durch gründliches Ausruhen die Möglichkeit zur Erholung und Erhaltung seiner Arbeitskraft gegeben werden soll.[526] „Es widerspräche diesem Zweck, wollte man jede noch so geringfügige Unterbrechung losgelöst von den tatsächlichen Umständen unter Art. 3 ArbZRL bzw. §§ 3, 5 ArbZG fassen".[527] Geringfügige Unterbrechungen sollen gerade nicht zu einer Belastung der Arbeitnehmer führen und deren Gesundheit nicht gefährden.[528] Dieser Wertung stehe auch nicht die Einordnung des Bereitschaftsdienstes als Arbeitszeit entgegen.[529] Denn geringfügige Tätigkeiten seien nicht vergleichbar mit einem angeordneten Bereitschaftsdienst.[530] Zudem können solche (nicht angeordneten) geringfügigen Tätigkeiten außerhalb des Betriebs oft kaum kontrolliert werden, sodass auch Praktikabilitätserwägungen dafür

---

522 Vgl. Baeck/Deutsch/Winzer/*Baeck/Deutsch/Winzer*, 4. Aufl. 2020, ArbZG § 5 Rn. 14; HWK/*Gäntgen*, § 5 ArbZG Rn 2; *Bissels/Domke/Wisskirchen*, DB 2010, 2052, 2054; *Thüsing*, BB 2017, Heft 17, I; HWK/*Gäntgen*, § 5 ArbZG Rn. 2; Dabei sieht ein Teil der Literatur die Erheblichkeitsschwelle grundsätzlich erst bei einer Unterbrechung der Ruhezeit von mehr als 15 Minuten als überschritten an (Vgl. *Hanau*, NJW 2016, 2613 (2617); NK-ArbR/*Joachim Wichert*, 1. Aufl. 2016, ArbZG § 5 Rn. 9).

523 Vgl. *Hanau*, NJW 2016, 2613 (2617).

524 NK-ArbR/*Joachim Wichert*, 1. Aufl. 2016, ArbZG § 5 Rn. 9.

525 Vgl. NK-ArbR/*Joachim Wichert*, 1. Aufl. 2016, ArbZG § 5 Rn. 9.

526 Vgl. *Hanau*, NJW 2016, 2613 (2617); *Bissels/Domke/Wisskirchen*, DB 2010, 2052 (2054); *Wirtz*, BB 2014, 1397 (1401); Baeck/Deutsch/Winzer/*Baeck/Deutsch/Winzer*, 4. Aufl. 2020, ArbZG § 5 Rn. 14; differenziert: *Hanau*, EuZA 2019, 423 (429).

527 *Baeck/Winzer*, NZA 2020, 96 (99).

528 Vgl. *Bissels/Domke/Wisskirchen*, DB 2010, 2052 (2054); *Wirtz*, BB 2014, 1397 (1401); Baeck/Deutsch/Winzer/*Baeck/Deutsch/Winzer*, 4. Aufl. 2020, ArbZG § 5 Rn. 14.

529 Baeck/Deutsch/Winzer/*Baeck/Deutsch/Winzer*, 4. Aufl. 2020, ArbZG § 5 Rn. 14.

530 Baeck/Deutsch/Winzer/*Baeck/Deutsch/Winzer*, 4. Aufl. 2020, ArbZG § 5 Rn. 14.

sprechen, insofern eine Unterbrechung der Ruhezeit abzulehnen.[531] Zudem seien die Arbeitnehmer bei selbst gestalteter Arbeitszeit weniger schutzbedürftig.[532]

Einer derartigen teleologischen Reduktion bzw. Auslegung stehe auch nicht Art. 31 Abs. 2 GRC entgegen.[533] Dieser normiert danach lediglich, dass es Mindestvorschriften zur Begrenzung der wöchentlichen Höchstarbeitszeit sowie der Gewährung von Mindestruhezeiten geben muss.[534] Die in der Richtlinie festgelegten Höchstarbeits- und Ruhezeiten selbst werden durch Art. 31 Abs. 2 GRC nicht in den EU-Grundrechte-Status erhoben.[535] Soweit hierfür angeführt werde, dass der EuGH für den bezahlten Jahresurlaub, der ebenfalls in der Richtlinie geregelt ist, auf Art. 31 Abs. GRC abstelle, betrifft dies nur den Anspruch auf Jahresurlaub als solchen.[536] Dieser sei – wie auch die Bestimmungen zur Arbeitszeit – in Art. 31 Abs. 2 GRC genannt.[537] Dieser regelt jedoch nicht die konkrete Länge der Ruhezeit.[538]

Einige Stimmen in der Literatur wollen eine vom Arbeitnehmer selbst veranlasste Tätigkeit nicht als Unterbrechung der Ruhezeit werten.[539] Der Arbeitnehmer könne gerade nicht selbst Ruhezeit als Arbeitszeit umwidmen, er könne sie dem Arbeitgeber nicht „aufdrängen", er könne sich nicht selbst „ermächtigen".[540] Eine sog. „interessierte Selbstgefährdung", eine „Melange von unterschwelliger Erwartungshaltung seitens der Arbeitgeberseite und vorauseilendem Gehorsam der Arbeitnehmer" reiche dafür nicht.[541] Ebenso wenig könne jede Tätigkeit des Beschäftigten, mit der er „objektiv einem dienstlichen Interesse nachkommt", als Arbeitszeit gewertet und die erforderliche Korrektur erst bei der Verantwortlichkeit des Arbeitgebers für die Einhaltung des Arbeitszeitrechts vorgenommen werden, indem etwa dem Arbeitgeber bei Unkenntnis von der erbrachten

531 Baeck/Deutsch/Winzer/*Baeck/Deutsch/Winzer*, 4. Aufl. 2020, ArbZG § 5 Rn. 14.
532 Vgl. *Hanau*, NJW 2016, 2613 (2617); *Bissels/Domke/Wisskirchen*, DB 2010, 2052 (2054); *Wirtz*, BB 2014, 1397 (1401); differenziert *Hanau*, EuZA 2019, 423 (429); Baeck/Deutsch/Winzer/*Baeck/Deutsch/Winzer*, 4. Aufl. 2020, ArbZG § 5 Rn. 14.
533 Vgl. *Baeck/Winzer*, NZA 2020, 96 (99).
534 *Baeck/Winzer*, NZA 2020, 96 (99).
535 Vgl. *Baeck/Winzer*, NZA 2020, 96 (99).
536 *Baeck/Winzer*, NZA 2020, 96 (99).
537 *Baeck/Winzer*, NZA 2020, 96 (99).
538 Vgl. *Baeck/Winzer*, NZA 2020, 96 (99).
539 *Hanau*, EuZA 2019, 423 (429).
540 *Hanau*, EuZA 2019, 423 (429).
541 *Hanau*, EuZA 2019, 423 (429).

Arbeitsleistung ein Bußgeld erspart bleibe.[542] Die Ruhezeit würde ja dann auch durch eine aufgedrängte Arbeitsleistung unterbrochen.[543]

Nach der Gegenansicht sollen auch geringfügige Tätigkeiten oder nicht nennenswerte Arbeitsleistungen die tägliche Ruhezeit unterbrechen.[544] Die in der Literatur vertretene Annahme, dass Unterbrechungen durch Arbeit bis zu 15 Minuten nicht zu einem Neuanfang der Ruhezeit führen, sei demnach abzulehnen.[545] Zur Begründung wird aufgeführt, dass das Gesetz für eine teleologische Reduktion im Sinne einer allgemeinen Ausklammerung geringfügiger Unterbrechungen keine hinreichende Grundlage liefere.[546] Das ArbZG regle die Inanspruchnahme während der Ruhezeit und ihre Folgen abschließend ohne jede Untergrenze.[547] Es sehe auch selbst in § 14 ArbZG Ausnahmen vor, sodass keine Regelungslücken gefüllt werden müssen.[548] § 14 ArbZG schaffe Raum für Ausnahmen in „Notfällen und in außergewöhnlichen Fällen", sodass auch keine unangemessene Beschränkung vorliege.[549]

Darüber hinaus gäbe es bei einer solchen Bagatellgrenze vielfältige Missbrauchsmöglichkeiten.[550] Mehrere ganz kurze Unterbrechungen durch Arbeit könnten den Arbeitnehmer erheblich härter belasten als eine Arbeitsleistung, die eine Stunde andauere.[551] Eine Grenzziehung zwischen erheblicher und nicht erheblicher Unterbrechung der Ruhezeit ist willkürlich und kaum handhabbar.[552] Zudem wird darauf verwiesen, dass Bereitschaftsdienst Arbeitszeit darstellt und daher auch qualitativ ebenso wenig belastende Tätigkeiten als Unterbrechung gelten müssen.[553] Diese Einordnung sei seit der Qualifizierung von Bereitschaftsdiensten als Arbeitszeit zwingend.[554] Andernfalls entstehe das

---

542 *Hanau*, EuZA 2019, 423 (429).

543 *Hanau*, EuZA 2019, 423 (429).

544 Vgl. *Jacobs*, NZA 2016, 733 (735); *Krause*, NJW-Beil 2016, 33 (34); MünchArbR/*Schüren*, Band 1: Individualarbeitsrecht I, 4. Aufl. 2018, § 44 Rn. 53 f.; BeckOK ArbR/*Kock*, ArbZG § 5 Rn 7; *Falder*, NZA 2010, 1150 (1152); *Kothe*, NZA 2015, 1417 (1423); ErfK/*Wank*, 20. Aufl. 2020, ArbZG § 5 Rn. 2.

545 MünchArbR/*Schüren*, Band 1: Individualarbeitsrecht I, 4. Aufl. 2018, § 44 Rn. 53 f.

546 Vgl. *Krause*, NJW-Beil 2016, 33 (34).

547 MünchArbR/*Schüren*, Band 1: Individualarbeitsrecht I, 4. Aufl. 2018, § 44 Rn. 53 f.

548 MünchArbR/*Schüren*, Band 1: Individualarbeitsrecht I, 4. Aufl. 2018, § 44 Rn. 53 f.

549 MünchArbR/*Schüren*, Band 1: Individualarbeitsrecht I, 4. Aufl. 2018, § 44 Rn. 53 f.

550 MünchArbR/*Schüren*, Band 1: Individualarbeitsrecht I, 4. Aufl. 2018, § 44 Rn. 53 f.

551 MünchArbR/*Schüren*, Band 1: Individualarbeitsrecht I, 4. Aufl. 2018, § 44 Rn. 53 f.

552 Vgl. *Raif/Nann*, GWR 2016, 221 (223).

553 Vgl. BeckOK ArbR/*Kock*, ArbZG § 5 Rn. 7

554 BeckOK ArbR/*Kock*, ArbZG § 5 Rn. 7

merkwürdige Ergebnis, dass zwar einerseits jede auch noch so kurze Tätigkeit auf die gesetzlichen Höchstarbeitsgrenzen anzurechnen wäre, andererseits im Bereich der Ruhezeit derartige Arbeitszeiten dagegen nicht zählen würden.[555] Darüber hinaus verweist *Schüren* darauf, dass für leitende Angestellte das ArbZG gem. § 18 Abs. 1 Nr. 1 ArbZG ohnehin nicht anwendbar sei, sodass hier keine gesetzlichen Grenzen für solche Kommunikationsformen greifen.[556]

Von *Wiebauer*[557] wird zudem bezweifelt, dass der EuGH eine solche Einschränkung der Ruhezeit billigen würde, da diese den Grundsatz des EuGH, dass Arbeitszeit und Ruhezeit sich ausschließen, außer Acht lässt. Zudem läge der Erholungswert der Ruhezeit gerade darin, dass sie dem Arbeitnehmer erlaubt, für elf Stunden keinen Gedanken an seine Arbeit zu „verschwenden".[558]

b) Stellungnahme

Zurecht gehen die letztgenannten Stimmen in der Literatur davon aus, dass auch geringfügige Tätigkeiten die tägliche Ruhezeit unterbrechen, bzw. auch als Arbeitszeit zu werten sind und grundsätzlich zum Lauf einer neuen ununterbrochenen Ruhezeit von mindestens elf Stunden führen. Dies ergibt sich sowohl aus dem Wortlaut, der Entstehungsgeschichte, der Systematik, dem Sinn und Zweck als auch aus einer europarechtskonformen Auslegung des § 5 ArbZG.

aa) Wortlaut

Für die o. g. Auffassung spricht zunächst einmal der Wortlaut von § 5 ArbZG. Er nennt ausdrücklich eine „ununterbrochene Ruhezeit von mindestens elf Stunden".[559] Aus dem Wortlaut folgt offensichtlich nicht, dass Unterbrechungen, seien sie auch noch so kurz, zulässig sind. Der Wortlaut ist insoweit eindeutig und lässt keinerlei Spielraum für ein anderes Verständnis.

Auch bei einer geringfügigen Tätigkeit handelt es sich um Arbeitszeit, die zu einer Unterbrechung der Ruhezeit führt.[560] Wie bereits unter C. II. 3. b) bb. ausgeführt, ergibt sich aus der Rechtsprechung des EuGH, dass „Arbeitszeit" und „Ruhezeit" i. S. d. RL 2003/88/EG unionsrechtliche Begriffe sind, die anhand

---

555 BeckOK ArbR/*Kock*, ArbZG § 5 Rn. 7
556 MünchArbR/*Schüren*, Band 1: Individualarbeitsrecht I, 4. Aufl. 2018, § 44 Rn. 53 f.
557 Vgl. *Wiebauer*, NZA 2016, 1430 (1433).
558 *Wiebauer*, NZA 2016, 1430 (1433).
559 Ebenso Krause, NJW-Beil 2016, 33 (34); MünchArbR/Schüren, Band 1: Individualarbeitsrecht I, 4. Aufl. 2018, § 44 Rn. 53 f.
560 Ebenso *Wiebauer*, NZA 2016, 1430 (1433); Krause, NJW-Beil 2016, 33 (34).

objektiver Merkmale unter Berücksichtigung des Regelungszusammenhangs und des Zwecks der Richtlinie zu bestimmen sind, der darin besteht, Mindestvorschriften zur Verbesserung der Lebens- und Arbeitsbedingungen der Arbeitnehmer aufzustellen.[561] Daher ist es nicht möglich, die Bedeutung des Begriffs „Ruhezeit" und die Einschränkung der zu gewährenden täglichen Ruhezeit einseitig festzulegen.[562] Nach ständiger Rechtsprechung des EuGH schließen sich Arbeitszeit und Ruhezeit aus.[563] Zwischenkategorien existieren demnach nicht.[564] Auch sind für den EuGH die Intensität der geleisteten Arbeit oder die Leistung des Arbeitnehmers keine wesentlichen Merkmale des Begriffs der Arbeitszeit i. S. d. Art. 2 Nr. 1 ArbZRL.[565] Wendet man dieses Verständnis konsequent an, so stellen auch geringfügige bzw. kurze Tätigkeiten Arbeitszeit dar, die die tägliche Ruhezeit unterbrechen.

bb) Entstehungsgeschichte und Systematik

Auch die Entstehungsgeschichte des § 5 Abs. 1 ArbZG lässt kein anderes Ergebnis zu. In der Gesetzesbegründung zum ArbZG ist nicht vorgesehen, dass geringfügige Tätigkeiten die Ruhezeit nicht unterbrechen.[566] Der Gesetzgeber ging bei der Schaffung des § 5 Abs. 1 ArbZG vom klassischen Modell des Werktages aus, d. h., dass die Arbeitszeit am Stück und nicht „gestückelt" erbracht wird und der Arbeitnehmer diese am jeweiligen Arbeitsort erbringt.[567] Eine Ausnahme für geringfügige Tätigkeiten, die außerhalb der Arbeitszeit erfolgen bzw. eine Bagatellgrenze war daher nicht vorgesehen. Dies war auch nicht notwendig, da im Jahr 1993 eine Stückelung der Arbeitszeit durch mobiles Arbeiten oder Vertrauensarbeitszeit nicht zu befürchten war. Zudem entspricht ausweislich der Gesetzesbegründung der § 5 Abs. 1 ArbZG dem § 12 Abs. 1 S. 1 der im Jahr 1938 erlassenen Arbeitszeitordnung (AZO), die ebenfalls eine Bagatellgrenze weder vorsah, noch für notwendig erachtete.[568]

---

561 Vgl. EuGH, Urteil v. 09.09.2003 – C-151/02, NZA 2003, 1019 (1022); EuGH, Urteil v. 01.12.2005 – C-14/04, NZA 2006, 89 (90), Rn. 43.

562 Vgl. EuGH, Urteil v. 01.12.2005 – C-14/04, NZA 2006, 89, Rn. 43.

563 Vgl. EuGH, Urteil v. 01.12.2005 – C-14/04, NZA 2006, 89, Rn. 43.

564 Vgl. EuGH, Urteil v. 01.12.2005 – C-14/04, NZA 2006, 89, Rn. 43.

565 EuGH, Urteil v. 10.09.2015 – C-266/14, NZA 2015, 1177 (1179), Rn. 30 ff.

566 Vgl. BT-Drucksache 12/5888, S. 24, die keine Angabe dazu enthält.

567 Vgl. ArbG Hannover Urteil v. 27.10.2000 – 1 BV 3/00, Rn. 22.

568 Vgl. hierzu auch Ulber/Buschmann, § 5 Rn. 15: Dieser geht ebenfalls davon aus, dass der Gesetzgeber bewusst keine Bagatellgrenze eingeführt hat. Er verweist insoweit auf die AZO. Diesbezüglich habe bereits Denecke 1953 Folgendes formuliert: „Die

Vielmehr sah der Gesetzgeber vor, dass der Arbeitnehmer nach Beendigung der Arbeitszeit eine ununterbrochene elfstündige Ruhezeit erhalten soll, in der gar nicht arbeiten soll, damit er sich von der Arbeit erholt und leistungsfähig ist. Dies ergibt sich auch aus dem systematischen Zusammenhang von § 5 ArbZG und § 15 ArbZG, der eine Bewilligung einer von § 5 ArbZG abweichenden Dauer und Lage der Ruhezeit bei Arbeitsbereitschaft, Bereitschaftsdienst und Rufbereitschaft entsprechend den Besonderheiten dieser Inanspruchnahmen im öffentlichen Dienst vorsieht. Auch § 14 Abs. 1 ArbZG sieht die Möglichkeit vor, bei vorübergehenden Arbeiten in Notfällen und in außergewöhnlichen Fällen, die unabhängig vom Willen der Betroffenen eintreten und deren Folgen nicht auf andere Weise zu beseitigen sind, von § 5 ArbZG abzuweichen. Dies spricht dafür, dass der Gesetzgeber bewusst keine Bagatellgrenze für § 5 ArbZG regeln wollte, denn andernfalls hätte er diese auch ausdrücklich vorgesehen.[569]

cc) Keine teleologische Reduktion

Zudem würde eine derartige Auslegung gegen Art. 3 ArbZRL verstoßen. Weder Art. 3 ArbZRL noch § 5 Abs. 1 ArbZG können teleologisch reduziert werden[570]. Der Zweck der täglichen Ruhezeit besteht nach der Rechtsprechung des EuGH darin, dass Arbeitnehmer sich für eine bestimmte Anzahl von Stunden aus ihrer Arbeitsumgebung zurückziehen können.[571] Diese müssen zusammenhängen und „sich auch unmittelbar an eine Arbeitsperiode anschließen", damit der Arbeitnehmer die Möglichkeit hat, „sich zu entspannen und sich von der mit der Wahrnehmung seiner Aufgaben verbundenen Ermüdung zu erholen".[572] Das heißt, eine teleologische Reduktion wäre nur dann möglich, wenn die geringfügigen Tätigkeiten ihn nicht derart belasten, dass er sich nicht entspannen und von der mit der Wahrnehmung seiner Aufgaben verbundenen Ermüdung erholen kann. Ob eine derartige Belastung eintritt, kann jedoch nicht pauschalisiert

---

Ruhezeit soll den Arbeitnehmer ermöglichen, sich von der geleisteten Arbeit zu erholen und neue Kräfte zur Arbeit zu gewinnen. Er darf deshalb in dieser Zeit zu keinerlei Arbeit, auch nicht zu kurzen Zwischenarbeiten oder zur Arbeitsbereitschaft herangezogen werden; auch freiwillige Arbeiten darf der Arbeitgeber nicht zulassen" (Denecke, AZO, 2. Aufl., 1953, § 12 ArbZO)

569 Ebenso MünchArbR/*Schüren*, Band 1: Individualarbeitsrecht I, 4. Aufl. 2018, § 44 Rn. 53 f.

570 Im Ergebnis auch *Hanau*, EuZA 2019, 423 (429); *Wiebauer*, NZA 2016, 1430 (1433); *Kohte*, NZA 2015, 1417 (1423).

571 EuGH, Urteil v. 09.09.2003 – C-151/02, NZA 2003, 1019 (1024), Rn. 95.

572 EuGH, Urteil v. 09.09.2003 – C-151/02, NZA 2003, 1019 (1024), Rn. 95.

werden. Denn es gibt auch Tätigkeiten, die zwar nur kurz dauern, aber dennoch psychisch belastend sind und dazu führen, dass er sich gerade nicht entspannen kann. Eine Differenzierung zwischen einer erheblichen und einer unerheblichen Unterbrechung der Ruhezeit ist demnach nicht pauschal möglich und kann, wenn überhaupt, nur einzelfallbezogen beurteilt werden. Andernfalls wäre sie willkürlich.[573]

Die Frage, ob nur vom Arbeitnehmer selbst veranlasste Tätigkeiten bzw. geringfügige Unterbrechungen als Arbeitszeiten zu werten sind, die die Ruhezeit unterbrechen, stellt sich bei der Vertrauensarbeitszeit nicht, da er selbst über die Lage seiner Arbeitszeit bestimmt. Daher ist es gerade im Rahmen von Vertrauensarbeitszeit enorm wichtig, dass der Arbeitgeber Anweisungen zur Vermeidung von Freizeitarbeit und zur Einhaltung der Bestimmungen des Arbeitszeitgesetzes tätigt. Denn durch eine Vertrauensarbeitszeit kann er sich seinen Verpflichtungen aus dem ArbZG nicht entledigen.[574] Unklarheiten hinsichtlich des Vorliegens einer Weisung des Arbeitgebers gehen zu seinen Lasten.[575] Er ist daher gehalten, eine Vertrauensarbeitszeit zu begrenzen, weil ihm andernfalls Arbeitszeitverstöße zugerechnet werden.[576] Eine Überschreitung der Arbeitszeitgrenzen ist ihm bei der Vertrauensarbeitszeit nur dann nicht zurechenbar, wenn er die Arbeit außerhalb der vorgegebenen Grenzen verbietet und auch nicht duldet.[577]

Demnach bleibt die Erkenntnis, dass auch geringfügige Tätigkeiten als Arbeitszeit zu werten sind, die die Ruhezeit unterbrechen, auch wenn eine andere Wertung wünschenswert und praktikabler wäre. Für die Vertrauensarbeitszeit und die heutige Arbeitswirklichkeit stellt daher § 5 Abs. 1 ArbZG ein erhebliches Hindernis dar. Um insbesondere auch den Flexibilisierungswünschen der Arbeitnehmer und Arbeitgeber entgegenzukommen und die Ruhepausenregelung an die heutige Arbeitswirklichkeit anzupassen, wäre eine Regelung durch den Gesetzgeber notwendig.

5. Ruhepausen

Des Weiteren müssen Arbeitnehmer auch bei einer Vertrauensarbeitszeit gemäß § 4 S. 1 ArbZG eine tägliche Ruhepause einlegen.[578] Die Norm sieht vor, dass die

---

573 Ebenso *Hanau*, EuZA 2019, 423 (429).
574 Vgl. BAG, Beschluss v. 06.05.2003 – 1 ABR 13/02, NZA 2003, 1348 (1352).
575 Vgl. *Wiebauer*, NZA 2016, 1430 (1443).
576 Vgl. *Wiebauer*, NZA 2016, 1430 (1443).
577 Vgl. *Wiebauer*, NZA 2016, 1430 (1443).
578 Vgl. BAG, Beschluss v. 06.05.2003 – 1 ABR 13/02, NZA 2003, 1348 (1352).

tägliche Arbeit durch im Voraus feststehende Ruhepausen von mindestens 30 Minuten bei einer Arbeitszeit von mehr als sechs bis zu neun Stunden und 45 Minuten bei einer Arbeitszeit von mehr als neun Stunden insgesamt zu unterbrechen ist. Eine Aufteilung der Ruhepausen in Zeitabschnitte von jeweils mindestens 15 Minuten ist gemäß § 4 S. 2 ArbZG zulässig. § 4 ArbZG setzt den Art. 4 ArbZRL um, wonach Mitgliedstaaten die erforderlichen Maßnahmen treffen müssen, damit jedem Arbeitnehmer bei einer täglichen Arbeitszeit von mehr als sechs Stunden eine Ruhepause gewährt wird. Einzelheiten, insbesondere Dauer und Voraussetzung für die Gewährung dieser Ruhepause, sollen in Tarifverträgen oder Vereinbarungen zwischen den Sozialpartnern oder in Ermangelung solcher Übereinkünfte in den innerstaatlichen Rechtsvorschriften festgelegt werden.[579]

Was unter „Ruhepause" zu verstehen ist, wird weder im ArbZG noch in der RL 2003/88/EG legal definiert. Nach ständiger Rechtsprechung des BAG[580] sind Ruhepausen Unterbrechungen der Arbeitszeit von bestimmter Dauer, die der Erholung dienen. „Es muss sich um im Voraus festliegende Unterbrechungen der Arbeitszeit handeln, in denen der Arbeitnehmer weder Arbeit zu leisten noch sich dafür bereitzuhalten hat. Er muss frei darüber entscheiden können, wo und wie er diese Zeit verbringen will. Entscheidendes Merkmal der Ruhepause ist, dass der Arbeitnehmer von jeder Arbeitsverpflichtung und auch von jeder Verpflichtung, sich zur Arbeit bereitzuhalten, freigestellt ist".[581]

Bei einer Vertrauensarbeitszeit verzichtet der Arbeitgeber auf die Festlegung von Beginn und Ende der Arbeitszeit und mithin auch auf die Festlegung der Ruhepausen. Da § 4 S. 1 ArbZG von „im Voraus feststehende[n] Ruhepausen" spricht, stellt sich für die Vertrauensarbeitszeit die Frage, ob die Ruhepausen auch von den Arbeitnehmern festgelegt werden dürfen und wann sie festzulegen sind.

a) Festlegung der Ruhepausen durch die Arbeitnehmer

Die Festlegung der Lage und Dauer der Ruhepause obliegt grundsätzlich dem Arbeitgeber.[582] Nach der Rechtsprechung des BAG kann er es jedoch den Arbeitnehmern überlassen, die Ruhepause im Voraus festzulegen, wenn diese auch tatsächlich eine Regelung treffen, die für die einzelnen Arbeitnehmer verbindlich

579 Baeck/Deutsch/Winzer/*Baeck/Deutsch/Winzer*, 4. Aufl. 2020, ArbZG § 4 Rn. 5.

580 Vgl. BAG, Urteil v. 05.06. 2003 – 6 AZR 114/02, NZA 2004, 164 (168); BAG, Urteil v. 23.09.1992 – 4 AZR 562/91, NZA 1993, 752.

581 BAG, Urteil v. 13.10.2009 – 9 AZR 139/08, AP ArbZG § 2 Nr. 4, Rn. 30.

582 Vgl. BAG Urteil v. 27.02.1992 – 6 AZR 478/90, AP AZO Kr § 3 Nr. 5.

im Voraus die Unterbrechung der Arbeitszeit festlegt.[583] Treffen die Arbeitnehmer keine Regelung zur Ruhepause, liegt keine ordnungsgemäße Ruhepausengewährung vor.[584] Demnach kann der Arbeitgeber bei einer Vertrauensarbeitszeit die Festlegung der Ruhepausen auf die Arbeitnehmer übertragen. Er ist jedoch gehalten, diese entsprechend anzuweisen, die Ruhepausen nach den Vorgaben des § 4 ArbZG vorzunehmen, und muss kontrollieren, dass sie sich hieran halten, weil ihm andernfalls Arbeitszeitverstöße zugerechnet werden.[585] Eine Überschreitung der Arbeitszeitgrenzen bei der Vertrauensarbeitszeit ist ihm nur dann nicht zurechenbar, wenn er die Arbeit außerhalb der vorgegebenen Grenzen verbietet und auch nicht duldet.[586]

b) Zeitpunkt der Festlegung der Arbeitszeit

Zur Frage, wann die Pause im Voraus festzulegen ist, hat das BAG[587] bislang lediglich entschieden, dass § 4 S. 1 ArbZG jedenfalls nicht verlangt, dass Lage und Dauer der gesetzlichen Pause vor Beginn der täglichen Arbeitszeit festgelegt werden müssen. Es reicht nach der höchstrichterlichen Rechtsprechung, dass zu Beginn der täglichen Arbeitszeit zumindest ein bestimmter zeitlicher Rahmen feststeht, innerhalb dessen Beschäftigte ihre Ruhepause in Anspruch nehmen können.[588] Zur Begründung führt das BAG an, dass das ArbZG weder einen bestimmten Zeitpunkt noch einen bestimmten Zeitrahmen festlegt, zu dem bzw. innerhalb dessen die Ruhepause gewährt werden müsse.[589] Ebenso wenig regele § 4 S. 1 ArbZG, wann die Ruhepause im Voraus feststehen müsse.[590] Auch aus der Gesetzesbegründung würden sich keine Anhaltspunkte für eine Notwendigkeit, Beginn und Dauer der Ruhepause bereits vor Beginn der täglichen Arbeitszeit festzulegen, ergeben.[591] Zudem weist das BAG darauf hin, dass das Erfordernis des „im Voraus Feststehens“ sicherstellen soll, dass der Arbeitnehmer sich auf die Pause einrichten und sie auch tatsächlich zur Erholung nutzen kann.[592] Die Ruhepause solle nicht durch kontinuierliche Weiterarbeit überlagert und

---

583 Vgl. BAG Urteil v. 27.02.1992 – 6 AZR 478/90, AP AZO Kr § 3 Nr. 5.
584 Vgl. BAG Urteil v. 27.02.1992 – 6 AZR 478/90, AP AZO Kr § 3 Nr. 5.
585 Vgl. *Wiebauer*, NZA 2016, 1430 (1443).
586 Vgl. *Wiebauer*, NZA 2016, 1430 (1443).
587 Vgl. BAG, Urteil v. 25.02.2015 – 5 AZR 886/12, NZA 2015, 494 (495 f.)
588 Vgl. BAG, Urteil v. 25.02.2015 – 5 AZR 886/12, NZA 2015, 494 (495 f.)
589 BAG, Urteil v. 25.02.2015 – 5 AZR 886/12, NZA 2015, 494 (495 f.)
590 BAG, Urteil v. 25.02.2015 – 5 AZR 886/12, NZA 2015, 494 (495 f.)
591 BAG, Urteil v. 25.02.2015 – 5 AZR 886/12, NZA 2015, 494 (495 f.)
592 Vgl. BAG, Urteil v. 25.02.2015 – 5 AZR 886/12, NZA 2015, 494 (495 f.).

vergessen werden.[593] Diesem Zweck genüge es, wenn ihm Beginn und Dauer der Ruhepause zu Beginn der täglichen Arbeitszeit mitgeteilt werden.[594]

Hinsichtlich der Dauer der Arbeitszeit hat der 9. Senat bereits 2009 festgestellt, dass jedenfalls bei Beginn der Pause dem Arbeitnehmer deren Dauer bekannt sein muss.[595] Eine Arbeitsunterbrechung, bei deren Beginn er nicht weiß, wie lange sie dauern wird, ist keine Pause, da er sich dann durchgehend zur Arbeit bereithalten müsse.[596]

Allerdings hat das BAG die Frage, ob eine „spontan“ gewährte Ruhepause, in der der Arbeitnehmer weder arbeiten noch sich zur Arbeit bereithalten muss, den gesetzlichen Anforderungen genügt, offengelassen.[597] Für die Vertrauensarbeitszeit ist jedoch gerade diese Frage von wesentlicher Bedeutung.

aa) Meinungsstand in der Literatur

In der Literatur gehen die Meinungen hierzu auseinander. *Baeck/Deutsch/Winzer*[598] sind der Auffassung, dass es ausreicht, wenn der Arbeitnehmer zu Beginn der Pause weiß, dass er nun eine Ruhepause hat und er die Dauer der Pause kennt. Zur Begründung ziehen sie den Sinn und Zweck der Ruhepausen heran.[599] Deren Zweck (Erholung des Arbeitnehmers) werde auch dann Rechnung getragen, wenn die Pause und ihre Dauer erst zu Beginn der jeweiligen Arbeitsunterbrechung feststehen.[600] Auch in diesem Fall wisse er, wie viel Zeit (z. B. 30 Minuten) ihm nun zur Erholung zur Verfügung stehe.[601] Sinn und Zweck der Ruhepausen liege nicht darin, ihm Freizeitaktivitäten, wie bspw. das Verlassen des Betriebs zu ermöglichen.[602] Relevant sei allein, dass er weder arbeiten noch sich zur Arbeit bereithalten muss, sondern die Zeit zur Erholung nutzen kann.[603] Zudem weisen sie darauf hin, dass durch weniger überspannte Anforderungen an die vorherige Festlegung der Ruhepausen bessere Rahmenbedingungen für flexible Arbeitszeit geschaffen werden. „Müsste der Arbeitgeber die

593 Vgl. BAG, Urteil v. 25.02.2015 – 5 AZR 886/12, NZA 2015, 494 (495 f.).
594 BAG, Urteil v. 25.02.2015 – 5 AZR 886/12, NZA 2015, 494 (495 f.).
595 BAG, Urteil v. 13.10.2009 – 9 AZR 139/08, NZA-RR 2010, 623 (627), Rn. 47.
596 BAG, Urteil v. 13.10.2009 – 9 AZR 139/08, NZA-RR 2010, 623 (627), Rn. 47.
597 BAG, Urteil v. 25.02.2015 – 5 AZR 886/12, NZA 2015, 494 (495 f.).
598 Baeck/Deutsch/Winzer/*Baeck/Deutsch/Winzer*, 4. Aufl. 2020, ArbZG § 4 Rn. 24.
599 Baeck/Deutsch/Winzer/*Baeck/Deutsch/Winzer*, 4. Aufl. 2020, ArbZG § 4 Rn. 24.
600 Baeck/Deutsch/Winzer/*Baeck/Deutsch/Winzer*, 4. Aufl. 2020, ArbZG § 4 Rn. 24.
601 Baeck/Deutsch/Winzer/*Baeck/Deutsch/Winzer*, 4. Aufl. 2020, ArbZG § 4 Rn. 24.
602 Baeck/Deutsch/Winzer/*Baeck/Deutsch/Winzer*, 4. Aufl. 2020, ArbZG § 4 Rn. 24.
603 Baeck/Deutsch/*Winzer/Baeck/Deutsch/Winzer*, 4. Aufl. 2020, ArbZG § 4 Rn. 24.

Pausenzeiten schon vor Schichtbeginn festlegen, könnte er auf plötzliches und unerwartet hohes Kundenaufkommen nicht reagieren und müsste bspw. eine Verkäuferin in die Pause schicken, wenn der Laden voll ist."[604] Die Schaffung flexibler Arbeitszeiten sei gemäß § 1 ArbZG ein mit dem Gesundheitsschutz der Arbeitnehmer gleichrangiges Schutzziel des ArbZG.[605]

Buschmann[606] hingegen sieht die Festlegung der Arbeitsunterbrechung erst mit Beginn der Pause als nicht ausreichend an. Dies überspanne die Anforderungen an den Arbeitnehmer.[607] Durch das Erfordernis „im Voraus feststehen" soll gerade eine solche kapazitätsorientierte variable Pause untersagt werden.[608] Es sei nicht Sinn der Pause, dem Arbeitgeber partiell das Betriebsrisiko abzunehmen, indem Arbeitnehmer zu Beginn des Arbeitstages erfahren sollen, dass ihre Pausen nicht nur in umsatzschwache Zeiten gelegt, sondern dort auch noch einseitig verlängert werden dürfen.[609]

bb) Stellungnahme

Dem BAG ist dahin gehend zuzustimmen, dass § 4 S. 1 ArbZG nicht voraussetzt, dass Lage und Dauer der gesetzlichen Pause vor Beginn der täglichen Arbeitszeit festgelegt werden müssen. Weitergehend ist sogar *Baeck/Deutsch/Winzer*[610] zuzustimmen, die davon ausgehen, dass es ausreicht, wenn die Ruhepause und ihre Dauer erst zu Beginn der jeweiligen Arbeitsunterbrechung feststehen. Richtigerweise ist dies gerade dann anzunehmen, wenn es sich um eine flexible Arbeitszeitgestaltung, wie die Vertrauensarbeitszeit, handelt. Während das BAG die Frage zur „spontanen" Festlegung offenlässt und es versäumt, hier im Sinne moderner Arbeitszeitgestaltungsmodelle, wie der Vertrauensarbeitszeit, ausdrücklich eine praktikable Lösung für Arbeitnehmer und Arbeitgeber zu schaffen, ist eine solche nach dem Ansatz von *Baeck/Deutsch/Winzer* gegeben. Dabei hätten *Baeck/Deutsch/Winzer* sogar noch deutlicher werden können. Gerade im Hinblick auf den Flexibilisierungswunsch von Arbeitgeber und Arbeitnehmer sollte gewährleistet sein, dass eine flexible Festlegung der Ruhezeiten möglich ist. Dies widerspricht nicht dem Sinn und Zweck des § 4 S. 1

604 Baeck/Deutsch/*Winzer/Baeck/Deutsch/Winzer*, 4. Aufl. 2020, ArbZG § 4 Rn. 24.
605 Baeck/Deutsch/*Winzer/Baeck/Deutsch/Winzer*, 4. Aufl. 2020, ArbZG § 4 Rn. 24.
606 Ulber/Buschmann, § 4 Rn. 12.
607 Ulber/Buschmann, § 4 Rn. 12.
608 Ulber/Buschmann, § 4 Rn. 12.
609 Ulber/Buschmann, § 4 Rn. 12.
610 Baeck/Deutsch/Winzer/*Baeck/Deutsch/Winzer*, 4. Aufl. 2020, ArbZG § 4 Rn. 24.

ArbZG. Vielmehr liegt es sogar in der „Natur der Sache“, dass ein Arbeitnehmer im Rahmen von Vertrauensarbeitszeit unter Berücksichtigung der einschlägigen gesetzlichen Regelungen selbst bestimmt bzw. bestimmen muss, wann er seine Pausen nimmt. Denn Sinn und Zweck der Norm ist die Sicherstellung, dass der Arbeitnehmer sich auf die Pause einrichten und sie auch tatsächlich zur Erholung nutzen kann.[611] Die Ruhepause solle nicht durch kontinuierliche Weiterarbeit überlagert und vergessen werden.[612]

Gerade bei der Vertrauensarbeitszeit besteht jedoch von vornherein nicht die Gefahr, dass der Arbeitnehmer sich auf die „spontane“ Pause nicht einstellen kann und es dann an der notwendigen Erholung fehlt. Anders als im Fall, in dem der Arbeitgeber spontan die Ruhepausen bestimmt und der Arbeitnehmer dadurch eine Unsicherheit trägt, da er sich hierauf nicht einstellen kann, ist diese Unsicherheit bei der Vertrauensarbeitszeit nicht gegeben. Hier ist der Arbeitnehmer „Herr seiner Pause“ und kann die Erholung passgenau und ohne Unsicherheiten planen. Dasselbe gilt im Übrigen, wenn der Arbeitnehmer in einem Team arbeitet und z. B. Servicezeiten bestehen.

6. Aufzeichnungspflicht

Als wohl größte Beschränkung der Vertrauensarbeitszeit wird derzeit die Pflicht des Arbeitgebers gemäß § 16 Abs. 2 ArbZG gegenüber Aufsichtsbehörde gesehen, die über die Höchstarbeitszeit (§ 3 S. 1 ArbZG) hinausgehende Arbeitszeit zu dokumentieren und diese Dokumentation für zwei Jahre aufzubewahren.[613] Diese Verpflichtung gilt – trotz des Verzichtes des Arbeitgebers auf eine Arbeitszeitkontrolle – auch bei der Vertrauensarbeitszeit.[614] Eine Form für die Erfüllung der Aufzeichnungs- und Nachweispflichten ist im Gesetz nicht vorgesehen.[615] Allerdings kann die Aufsichtsbehörde gemäß § 17 Abs. 2 ArbZG den Arbeitgeber durch Anordnung verpflichten, die Arbeitszeitnachweise in einer geeigneten Form zu erbringen.[616] Wie im Einzelnen die Erfüllung der Aufzeichnungspflicht bei einer Vertrauensarbeitszeit zu erfolgen hat und welche

611 Vgl. BeckOK ArbR/*Kock* ArbZG § 4 Rn. 1; BAG, Urteil v. 25.02.2015 – 5 AZR 886/12, NZA 2015, 494 (495).

612 Vgl. BeckOK ArbR/Kock ArbZG § 4 Rn. 1; BAG, Urteil v. 25.02.2015 – 5 AZR 886/12, NZA 2015, 494 (495).

613 Vgl. *Steffan*, NZA 2015, 1409 (1416).

614 Vgl. Buschmann/Ulber, § 16, Rn. 6; ErfK/*Wank*, 20. Aufl. 2020, ArbZG § 16 Rn. 4.

615 Vgl. ErfK/*Wank*, 20. Aufl. 2020, ArbZG § 16 Rn. 5.

616 Vgl. ErfK/*Wank*, 20. Aufl. 2020, ArbZG § 16 Rn. 5.

Zeiten aufzuzeichnen sind, ist umstritten. Aufgrund der jüngsten Entscheidung des EuGH vom 14.05.2019 in der Rechtssache CCOO,[617] wonach die Mitgliedstaaten die Arbeitgeber verpflichten müssen, ein objektives, verlässliches und zugängliches System einzuführen, mit dem die von einem jeden Arbeitnehmer geleistete tägliche Arbeitszeit gemessen werden könne, herrscht in Bezug auf die Vertrauensarbeitszeit noch mehr Rechtsunsicherheit als zuvor. Dies geht so weit, dass nach der Entscheidung in den Medien[618] das Ende der Vertrauensarbeitszeit prophezeit wurde. Auch einige Stimmen in der Literatur[619] sind der Auffassung, dass aufgrund der Entscheidung des EuGH Vertrauensarbeitszeit in ihrer bisher praktizierten Form europarechtswidrig sei und so nicht mehr praktiziert werden könne. Die Bundesvereinigung der Deutschen Arbeitgeberverbände (BDA) kritisierte die Entscheidung und wies darauf hin, dass Arbeitgeber gegen die „generelle Wiedereinführung der Stechuhr im 21. Jahrhundert"[620] sind. Auf die Anforderungen der Arbeitswelt 4.0 könne man nicht mit einer Arbeitszeiterfassung 1.0 reagieren.[621] Ein im Auftrag des Bundesministeriums für Arbeit und Soziales erstelltes Rechtsgutachten von *Bayreuther*[622] hat indes ergeben, dass sich aus der EuGH-Entscheidung eine Aufzeichnungspflicht ergibt. Danach gestehe der EuGH jedoch den Mitgliedstaaten bei deren Etablierung einen großen Spielraum zu.[623] Die Verpflichtung zur Zeitaufzeichnung lasse sich so flexibel ausgestalten, dass für das gesamte Wirtschaftsleben nicht ein- und dieselbe Erfassungsregel gelten müsse.[624] Nach einem vom Deutschen Gewerkschaftsbund (DGB) geförderten und in der HSI-Schriftenreihe veröffentlichten

---

617 EuGH 14.05.2019 – C-55/18 (CCOO), NZA 2019, 683 Rn. 60.

618 z.B. Fuhlrott, Das Ende der Vertrauensarbeitszeit, LTO v. 14.5.2019, abrufbar unter: https://www.lto.de/recht/hintergruende/h/eugh-c-5518-arbeitszeitrichtlinie-zeiterfassung-ueberstunden-arbeitnehmerschutz (abgerufen 06/2019).

619 Vgl. *Schrader*, NZA 2019, 1035 (1039); *Ulber*, NZA 2019, 677 (680); *Höpfner/Daum*, RdA 2019, 270 (279);

620 Bundesvereinigung der Deutschen Arbeitgeberverbände, abrufbar unter: https://www.arbeitgeber.de/www/arbeitgeber.nsf/id/de_eugh-entscheidung-zur-arbeitszeiterfassung (01/2020).

621 Bundesvereinigung der Deutschen Arbeitgeberverbände, abrufbar unter: https://www.arbeitgeber.de/www/arbeitgeber.nsf/id/de_eugh-entscheidung-zur-arbeitszeiterfassung (01/2020).

622 Vgl. *Bayreuther*, Rechtsgutachten für die BMAS, S. 5 ff; Auszüge aus dem Gutachten in: *Bayreuther*, NZA 2020, 1.

623 Vgl. *Bayreuther*, Rechtsgutachten für die BMAS, S. 51 ff.

624 Vgl. *Bayreuther*, Rechtsgutachten für die BMAS, S. 51 ff.

Gutachten von *Ulber*[625] ergibt sich ebenfalls eine Pflicht des Arbeitgebers zur Aufzeichnung der täglichen Arbeitszeit seiner Arbeitnehmer. Anders als *Bayreuther*[626] ist er allerdings der Auffassung, dass die Entscheidung bereits jetzt zu beachten ist.[627] Das ergibt sich seiner Ansicht nach aus Art. 31 Abs. 2 GRC.[628]

Im Folgenden wird daher untersucht, welche Auswirkungen die jüngste Entscheidung des EuGH auf die Vertrauensarbeitszeit hat. Dazu wird zunächst der wesentliche Inhalt der EuGH-Entscheidung in der Rechtssache CCOO dargestellt (C. II. 6. a)). Im Anschluss wird untersucht, welche Vorgaben der EuGH tatsächlich aufstellt (C. II. 6. b)) und inwieweit die Entscheidung für das deutsche Recht maßgeblich ist. Im Anschluss werden sodann die Folgen der Entscheidung CCOO für das deutsche ArbZG und mithin für die Vertrauensarbeitszeit dargestellt (C. II. 6. c), d) und e)) sowie ggf. bestehende Ausnahmen von einer etwaigen Aufzeichnungspflicht (C. II. 6. f)).

a) Entscheidung des EuGH in der Rechtssache CCOO

aa) Der zugrunde liegende Sachverhalt

In der Entscheidung des EuGH vom 14.05.2019[629] stritten sich die „Federación de Servicios de Comisiones Obreras (CCOO) und die Deutsche Bank SAE über das Fehlen eines betriebsinternen Systems zur Erfassung der von den Arbeitnehmern dieses Unternehmens geleisteten täglichen Arbeitszeit. Die CCOO begehrte die Feststellung, dass die Deutsche Bank SAE verpflichtet ist, ein System zur Erfassung der von ihren Beschäftigten geleisteten täglichen Arbeitszeit einzurichten, mit dem die Einhaltung zum einen der vorgesehenen Arbeitszeit und zum anderen der Verpflichtung, die Gewerkschaftsvertreter über die monatlich geleisteten Überstunden zu unterrichten, überprüft werden könne.[630] Der nationale Gerichtshof (die Audiencia Nacional) stellte fest, dass die Deutsche Bank kein betriebsinternes System zur Erfassung der von ihren Mitarbeitern geleisteten Arbeitszeit eingerichtet habe, mit dem die Einhaltung

---

625 Vgl. Ulber, Vorgaben des EuGH zur Arbeitszeiterfassung, HSI-Schriftenreihe Band 32, S. 34 ff.

626 *Bayreuther*, Rechtsgutachten für die BMAS S. 22

627 Vgl. Ulber, Vorgaben des EuGH zur Arbeitszeiterfassung, HSI-Schriftenreihe Band 32, S. 67 ff.

628 Vgl. Ulber, Vorgaben des EuGH zur Arbeitszeiterfassung, HSI-Schriftenreihe Band 32, S. 67 ff.

629 Vgl. EuGH Urteil v. 14.05.2019 – C-55/18, NZA 2019, 683 (683).

630 Vgl. EuGH Urteil v. 14.05.2019 – C-55/18, NZA 2019, 683 (683).

der vereinbarten Arbeitszeiten überprüft und die möglicherweise geleisteten Überstunden berechnet werden könnten.[631] Sie habe lediglich eine Software (sog. „Absences Calendar“) verwendet, mit der nur die ganztägigen Fehlzeiten wie Urlaub oder sonstige freie Tage – ohne jedoch die von einem jeden Arbeitnehmer geleistete Arbeitszeit und die Zahl der geleisteten Überstunden zu messen – erfasst werden konnten.[632] Die Deutsche Bank kam dem Begehren der Inspektion für Arbeit und soziale Sicherheit der Provinzen Madrid und Navarra, Spanien (Arbeitsinspektion) nicht nach, ein System zur Erfassung der täglich geleisteten Arbeitszeit einzurichten.[633] Daher stellte diese das Vorliegen eines Verstoßes fest, und schlug die Auferlegung einer Sanktion vor.[634] Dieser Sanktionsvorschlag wurde jedoch anschließend durch ein Urteil des obersten Gerichts (des Tribunal Supremo) verworfen.[635] Nach der spanischen Rechtsprechung des Tribunal Supremo sieht das spanische Gesetz lediglich in Art. 35 des Arbeitnehmerstatuts die Verpflichtung zur Führung einer Aufstellung über die Überstunden vor.[636] Der spanische Gesetzgeber habe in allen Fällen, in denen er eine verpflichtende Erfassung der geleisteten Arbeitszeit habe vorsehen wollen, diese für einen speziellen Fall vorgesehen, wie den Fall der Teilzeitbeschäftigten und der mobilen Arbeitnehmer, der Arbeitnehmer in der Handelsmarine und der Arbeitnehmer bei der Eisenbahn.[637]

Viertens bringe „die Schaffung einer Liste über die von einem jeden Arbeitnehmer geleistete Arbeitszeit“ die Gefahr eines ungerechtfertigten Eingriffs des Unternehmens in das Privatleben der Arbeitnehmer mit sich.[638] Das Versäumnis, eine solche Liste zu führen, beeinträchtige nicht die Arbeitnehmerrechte, da nach der Zivilprozessordnung des spanischen Rechts zwar nicht unterstellt werden dürfe, dass Überstunden geleistet würden; bei Fehlen einer Liste über die geleistete Arbeitszeit gehe es aber gleichwohl zulasten des Arbeitgebers, der keine solche Erfassung eingeführt habe, wenn der Arbeitnehmer durch andere Mittel beweise, dass er Überstunden in diesem Sinne geleistet habe.[639] Der nationale Gerichtshof hegt Zweifel an der Vereinbarkeit der durch das oberste

631 EuGH Urteil v. 14.05.2019 – C-55/18, NZA 2019, 683 (683).
632 EuGH Urteil v. 14.05.2019 – C-55/18, NZA 2019, 683 (683).
633 EuGH Urteil v. 14.05.2019 – C-55/18, NZA 2019, 683 (683).
634 Vgl. EuGH Urteil v. 14.05.2019 – C-55/18, NZA 2019, 683 (683).
635 Vgl. EuGH Urteil v. 14.05.2019 – C-55/18, NZA 2019, 683 (683).
636 EuGH Urteil v. 14.05.2019 – C-55/18, NZA 2019, 683(683).
637 EuGH Urteil v. 14.05.2019 – C-55/18, NZA 2019, 683(683).
638 Vgl. EuGH Urteil v. 14.05.2019 – C-55/18, NZA 2019, 683 (683).
639 EuGH Urteil v. 14.05.2019 – C-55/18, NZA 2019, 683 (684).

Gericht vorgenommenen Auslegung von Art. 35 Abs. 5 des Arbeitnehmerstatuts mit dem Unionsrecht.[640] Es wollte daher wissen, ob die Art. 3, 5, 6, 16 und 22 ArbZRL i. V. m. Art. 4 Abs. 1, Art. 11 Abs. 3 und Art. 16 Abs. 3 der RL 89/391/ EWG sowie Art. 31 Abs. 2 GRC dahin auszulegen sind, dass sie der Regelung eines Mitgliedstaates entgegenstehen, die nach ihrer Auslegung durch die nationalen Gerichte die Arbeitgeber nicht verpflichtet, ein System einzurichten, mit dem die von einem jeden Arbeitnehmer geleistete tägliche Arbeitszeit gemessen werden kann.[641]

bb) Der Schlussantrag des Generalanwalts

Bevor die Urteilsgründe des EuGH näher dargestellt und betrachtet werden, soll im Folgenden auf den Schlussantrag des Generalanwalts des EuGH vom 31.01.2019[642] eingegangen werden, der dazu diente, die Entscheidung des EuGH vorzubereiten. Der Generalanwalt schlug dem EuGH vor, das Vorabentscheidungsersuchen wie folgt zu beantworten: „Art. 31 Abs. 2 GRC sowie die Art. 3, 5, 6, 16 und 22 der Richtlinie 2003/88/EG des Europäischen Parlaments und des Rates vom 4. November 2003 über bestimmte Aspekte der Arbeitszeitgestaltung sind dahin auszulegen, dass sie den Unternehmen die Verpflichtung auferlegen, ein System zur Erfassung der täglichen effektiven Arbeitszeit für Vollzeitarbeitnehmer einzuführen, die sich nicht ausdrücklich individuell oder kollektiv zur Ableistung von Überstunden verpflichtet haben und die keine mobilen Arbeitnehmer, Arbeitnehmer in der Handelsmarine oder Arbeitnehmer im Eisenbahnsektor sind, und dass sie innerstaatlichen Rechtsvorschriften entgegenstehen, aus denen eine solche Verpflichtung nicht abzuleiten ist."[643] Die Bestimmung der Formen und Wege der Umsetzung dieser Verpflichtung sowie die Definition der konkreten Modalitäten, die eine einfache Kontrolle der Einhaltung der Regeln über die Arbeitszeiten gestatten, seien dem Ermessen der Mitgliedstaaten zu überlassen.[644] Dementsprechend macht er, anders als der EuGH, auch keinerlei Vorgaben dazu, wie ein Arbeitszeiterfassungssystem auszusehen hat.[645] Er wies insoweit explizit darauf hin, dass die Mitgliedstaaten über einen weiten Ermessensspielraum verfügen und ihnen die Wahl der Formen und Wege

---

640 Vgl. EuGH Urteil v. 14.05.2019 – C-55/18, NZA 2019, 683 (684).
641 Vgl. EuGH Urteil v. 14.05.2019 – C-55/18, NZA 2019, 683 (684).
642 Vgl. Schlussantrag v. 31.01.2019 – C-55/18, BeckRS 2019, 667.
643 Schlussantrag v. 31.01.2019 – C-55/18, BeckRS 2019, 667, Rn. 99.
644 Schlussantrag v. 31.01.2019 – C-55/18, BeckRS 2019, 667, Rn. 86 ff.
645 Schlussantrag v. 31.01.2019 – C-55/18, BeckRS 2019, 667, Rn. 86 ff.

zur Umsetzung der Verpflichtung, ein Arbeitszeiterfassungssystem einzuführen, obliegt.[646] Er merkte lediglich an, dass ein solches Erfassungssystem „geeignet" sein muss, die beschriebenen Ziele zu erreichen.[647]

Zur Begründung stellte der Generalanwalt zunächst die Ziele und den Inhalt der Richtlinie 2003/88 dar, welche darin liegen, den Schutz der Gesundheit und den der Arbeitnehmer am Arbeitsplatz zu verbessern.[648] Daneben wies er deutlich darauf hin, dass zu diesem Zweck bei der Auslegung und Umsetzung der Richtlinie zu berücksichtigen sei, dass der Arbeitnehmer als die schwächere Partei des Arbeitsvertrags anzusehen sei, sodass verhindert werden müsse, dass der Arbeitgeber ihm eine Beschränkung seiner Rechte auferlegen kann.[649] Nach der Darstellung des rechtlichen Kontextes kommt er zum Schluss, dass zur Beantwortung der Fragen des vorlegenden Gerichts zu prüfen ist, ob durch das Fehlen eines Systems zur Messung der Dauer und Lage der Arbeitszeit des Arbeitnehmers die durch die Richtlinie 2003/88 eingeräumten Rechte ihres Inhalts beraubt und die praktische Wirksamkeit ihrer Bestimmungen und der Schutz der Rechte, die diese Bestimmungen den Arbeitnehmern in der Union gewähren, beseitigt würden.[650] Dies bejaht er unter der Heranziehung des sog. „effet utile"-Grundsatzes. Seiner Auffassung nach bestehe ohne ein System zur Messung der Arbeitszeiten keine Garantie, dass die von der Richtlinie 2003/88 festgelegten zeitlichen Beschränkungen tatsächlich beachtet werden.[651] Denn das Ausmaß tatsächlich geleisteter Arbeit und ihre Lage könnten in diesem Fall nicht objektiv und sicher festgestellt werden.[652] Auch habe ohne ein derartiges System die Aufsichtsbehörde keine konkrete Möglichkeit, eine etwaige Nichterfüllung der Verpflichtungen festzustellen und zu beanstanden.[653] Zudem weist er darauf hin, dass der EuGH insoweit bereits zuvor in seinem Urteil Worten[654] festgestellt habe, dass die Verpflichtung des Arbeitgebers, den zuständigen Behörden unverzüglich Zugang zu den Aufzeichnungen über die Arbeitszeiten zu gewähren, erforderlich sein kann, wenn sie zu einer effizienteren Anwendung

646 Schlussantrag v. 31.01.2019 – C-55/18, BeckRS 2019, 667, Rn. 86 ff.
647 Schlussantrag v. 31.01.2019 – C-55/18, BeckRS 2019, 667, Rn. 88.
648 Schlussantrag v. 31.01.2019 – C-55/18, BeckRS 2019, 667, Rn. 34 f.
649 Schlussantrag v. 31.01.2019 – C-55/18, BeckRS 2019, 667, Rn. 34 f.
650 Schlussantrag v. 31.01.2019 – C-55/18, BeckRS 2019, 667, Rn. 56.
651 Schlussantrag v. 31.01.2019 – C-55/18, BeckRS 2019, 667, Rn. 58 f.
652 Schlussantrag v. 31.01.2019 – C-55/18, BeckRS 2019, 667, Rn. 58 f.
653 Schlussantrag v. 31.01.2019 – C-55/18, BeckRS 2019, 667, Rn. 58 f.
654 Vgl. EuGH, Urteil v. 30.05.2013 – C-342/12, ZD 2013, 437.

der Regelungen über die Arbeitsbedingungen führe.[655] Wenn jedoch die unverzügliche Vorlage der Aufzeichnungen über die Anwesenheit erforderlich sein könne, um die Wirksamkeit der Bestimmungen über die Arbeitszeit zum Schutz des Arbeitnehmers zu gewährleisten, entziehe erst recht das Fehlen jedes Instruments zur Messung der Arbeitszeit den für die Kontrollen zuständigen Personen ein für die Prüfung der Einhaltung der Regeln wesentliches Element.[656] Weiterhin weist er darauf hin, dass das Fehlen eines wirksamen Arbeitszeiterfassungssystems nicht nur keine tatsächliche Feststellung der geleisteten Arbeit zulasse, sondern es dem Arbeitnehmer erschwert, die Rechte, die ihm die Richtlinie 2003/88 gewährt, in einem Gerichtsverfahren zu wahren.[657] Schreibe der Arbeitgeber dem Arbeitnehmer Arbeitsleistungen unter Verstoß gegen die von dieser Richtlinie vorgesehenen Beschränkungen der Arbeitszeit vor, so sei es für den Arbeitnehmer sehr schwierig, eine wirksame Abhilfe gegen diese rechtswidrigen Verhaltensweisen zu schaffen.[658] Zwar könne er auch auf andere Mittel im arbeitsgerichtlichen Prozess zurückgreifen, diese seien jedoch nicht gleich effektiv.[659] Durch das Fehlen eines Instruments zur Messung der Arbeitszeit könne er viel intensiver davon abgeschreckt sein, seine Rechte durchzusetzen, da dies den etwaigen Beweis vor Gericht besonders schwierig mache.[660]

Ferner ist der Generalanwalt der Auffassung, dass die ausdrückliche Verpflichtung zur Erfassung der Arbeitszeit in einigen speziellen Fällen, wie u. a. in Art. 9 Buchst. b der RL 2002/15/EG, in keiner Weise im Widerspruch zu der von ihm vorgeschlagenen Auslegung steht.[661] Einige Kategorien von Arbeitnehmern und die Arbeitnehmer einiger spezifischer Branchen benötigen nach Ansicht des Generalanwalts nämlich einen besonderen Schutz – aufgrund der der Leistung innewohnenden Merkmale, wie z. B. die Teilzeitbeschäftigten oder die mobilen Arbeitnehmer – und für sie sieht das Unionsrecht besonders strenge und umfassende Kontrollsysteme vor.[662] Für die „gewöhnlichen" Arbeitnehmer, die nicht in diese spezifischen Kategorien fallen, setzte die Richtlinie 2003/88 hingegen das Bestehen eines Mittels zur Erfassung der Arbeitszeit – das eine

655 Schlussantrag v. 31.01.2019 – C-55/18, BeckRS 2019, 667, Rn. 61.
656 Schlussantrag v. 31.01.2019 – C-55/18, BeckRS 2019, 667, Rn. 62.
657 Schlussantrag v. 31.01.2019 – C-55/18, BeckRS 2019, 667, Rn. 63.
658 Schlussantrag v. 31.01.2019 – C-55/18, BeckRS 2019, 667, Rn. 63.
659 Schlussantrag v. 31.01.2019 – C-55/18, BeckRS 2019, 667, Rn. 64 ff.
660 Schlussantrag v. 31.01.2019 – C-55/18, BeckRS 2019, 667, Rn. 68.
661 Schlussantrag v. 31.01.2019 – C-55/18, BeckRS 2019, 667, Rn. 76.
662 Schlussantrag v. 31.01.2019 – C-55/18, BeckRS 2019, 667, Rn. 76.

einfache Aufzeichnung in Papierform, in elektronischer Form oder ein anderes Instrument, sofern es für das Ziel geeignet ist, sein kann – voraus.[663]

Schließlich nahm der Generalanwalt eine unmittelbare Wirkung von Art. 31 Abs. 2 GRC in den horizontalen Beziehungen zwischen Privatpersonen an[664]. Es war der Auffassung, dass die Rechtsprechung des Gerichtshofs zur unmittelbaren Wirkung der Norm in den horizontalen Beziehungen[665] auch in Bezug auf die Rechte auf Begrenzung der Höchstarbeitszeit und auf Ruhezeiten des Arbeitnehmers anwendbar sei.[666] Die durch die Vorschrift gewährleisteten Rechte auf eine Begrenzung der Höchstarbeitszeit und auf Ruhezeiten des Arbeitnehmers und die entsprechenden Verpflichtungen des Arbeitgebers umfassen inhaltlich nach seiner Auffassung auch die Einführung eines Systems zur Messung der Arbeitszeiten.[667]

cc) Die Entscheidung „CCOO“

Anders als der Generalanwalt entscheidet der EuGH, dass die Art. 3, 5 und 6 der RL 2003/88/EG im Licht von Art. 31 Abs. 2 GRC sowie von Art. 4 Abs. 1, Art. 11 Abs. 3 und Art. 16 Abs. 3 der RL 89/391/EWG dahin auszulegen sind, dass sie der Regelung eines Mitgliedstaates entgegenstehen, die nach ihrer Auslegung durch die nationalen Gerichte die Arbeitgeber nicht verpflichtet, ein System einzurichten, mit dem die von einem jeden Arbeitnehmer geleisteten täglichen und wöchentlichen Arbeitsstunden objektiv und verlässlich festgestellt werden können.[668] Um die praktische Wirksamkeit der von der RL 2003/88 vorgesehenen Rechte und des in Art. 31 Abs. 2 GRC verankerten Grundrechts zu gewährleisten, müssten die Mitgliedstaaten die Arbeitgeber verpflichten, ein objektives, verlässliches und zugängliches System einzuführen, mit dem die von einem jeden Arbeitnehmer geleistete tägliche Arbeitszeit gemessen werden könne.[669] Anders als der Generalanwalt hat der EuGH daher nicht konstatiert, dass die Unternehmen dazu verpflichtet werden müssen, ein „System zur Erfassung der täglichen effektiven Arbeitszeit für Vollzeitarbeitnehmer“ einzuführen, sondern lediglich ein System, mit dem die von einem jeden Arbeitnehmer geleisteten

---

663 Schlussantrag v. 31.01.2019 – C-55/18, BeckRS 2019, 667, Rn. 67.
664 Schlussantrag v. 31.01.2019 – C-55/18, BeckRS 2019, 667, Rn. 93.
665 Schlussantrag v. 31.01.2019 – C-55/18, BeckRS 2019, 667, Rn. 94.
666 Schlussantrag v. 31.01.2019 – C-55/18, BeckRS 2019, 667, Rn. 94.
667 Schlussantrag v. 31.01.2019 – C-55/18, BeckRS 2019, 667, Rn. 96.
668 EuGH, Urteil v. 14.05.2019 – C-55/18, NZA 2019, 683 (686), Rn. 60.
669 EuGH, Urteil v. 14.05.2019 – C-55/18, NZA 2019, 683 (686), Rn. 60.

täglichen und wöchentlichen Arbeitsstunden objektiv und verlässlich „gemessen“ werden „können“.[670] Diese Formulierung verwendet der EuGH nicht nur im Tenor, sondern auch in den Entscheidungsgründen. Aber nicht nur in dieser Hinsicht unterscheiden sich der Tenor und die Entscheidungsgründe des EuGH vom Vorschlag des Generalanwalts. Der EuGH ist auch dem Vorschlag nicht gefolgt, dass es sich um ein System zur Erfassung der täglichen „effektiven Arbeitszeit“ handeln muss. Er spricht lediglich davon, dass die Verpflichtung bestehen soll, ein System einzurichten, mit dem die von einem jeden Arbeitnehmer „geleistete tägliche Arbeitszeit“ gemessen werden kann, und nicht nur die „effektive Arbeitszeit“. Dies stimmt auch mit seiner bisherigen Rechtsprechung überein, wonach die Intensität der Arbeitsleistung für die Qualifizierung als Arbeitszeit unbeachtlich ist.[671]

Wie der Generalanwalt weist jedoch auch der EuGH darauf hin, dass es im Übrigen den Mitgliedstaaten obliege, im Rahmen des ihnen insoweit eröffneten Spielraums die konkreten Modalitäten zur Umsetzung eines solchen Systems, insbesondere dessen Form, festzulegen, und zwar gegebenenfalls unter Berücksichtigung der Besonderheiten des jeweiligen Tätigkeitsbereichs, sogar der Eigenheiten bestimmter Unternehmen, namentlich ihrer Größe.[672] Zusätzlich weist er darauf hin, dass dies unbeschadet von Art. 17 Abs. 1 ArbZRL gelte, nach dem die Mitgliedstaaten unter Beachtung der allgemeinen Grundsätze des Schutzes der Sicherheit und der Gesundheit der Arbeitnehmer Ausnahmen unter anderem von den Art. 3-6 ArbZRL vornehmen dürfen, wenn die Dauer der Arbeitszeit wegen besonderer Merkmale der ausgeübten Tätigkeit nicht bemessen und/oder vorherbestimmt ist oder von den Arbeitnehmern selbst bestimmt werden kann.[673]

Zur unmittelbaren Wirkung von Art. 31 Abs. 2 GRC in den horizontalen Beziehungen zwischen Privatpersonen hat sich der EuGH allerdings nicht geäußert.

---

670 EuGH, Urteil v. 14.05.2019 – C-55/18, NZA 2019, 683 (686), Rn. 60.

671 Vgl. EuGH, Urteil v. 21.02.2018 – C-518/15, NZA 2018, 293 (296), 56.

672 EuGH, Urteil v. 14.05.2019 – C-55/18, NZA 2019, 683 (686), Rn. 63.

673 EuGH, Urteil v. 14.05.2019 – C-55/18, NZA 2019, 683 (687).

dd) Begründung der Entscheidung

Zur Begründung seiner Entscheidung zieht der EuGH, so wie der Generalanwalt und wie in vielfachen Entscheidungen zuvor[674], den sog. „effet utile"-Grundsatz heran.[675] Die Mitgliedstaaten seien zur Gewährleistung der vollen Wirksamkeit der Richtlinie 2003/88 dazu verpflichtet, die Beachtung der Mindestruhezeiten zu gewährleisten und jede Überschreitung der wöchentlichen Höchstarbeitszeit zu verhindern.[676] Dabei weist der EuGH darauf hin, dass sie dabei zwar über einen gewissen Spielraum verfügen und die Richtlinie insoweit keine Verpflichtung zur Schaffung eines solchen Systems unmittelbar vorsieht.[677] Allerdings hätten sie bei der Festlegung der Modalitäten zur Sicherstellung der Umsetzung der Bestimmungen der Richtlinie 2003/88 darauf zu achten, dass es nicht zu einer Aushöhlung der in Art. 31 Abs. 2 GRC und den Art. 3 und 5 sowie Art. 6 Buchst. b dieser Richtlinie verankerten Rechte komme.[678]

Dies kann nach Auffassung des EuGH nur durch die Einrichtung eines Systems, mit dem die geleistete tägliche Arbeitszeit gemessen werden kann, erreicht werden.[679] Ohne ein solches System könne weder die Zahl der vom Arbeitnehmer tatsächlich geleisteten Arbeitsstunden sowie ihre zeitliche Lage, noch die über die gewöhnliche Arbeitszeit hinausgehende, als Überstunden geleistete Arbeitszeit objektiv und verlässlich ermittelt werden.[680] Die objektive und verlässliche Feststellung der Zahl der täglichen und wöchentlichen Arbeitsstunden sei nämlich für die Beurteilung grundlegend, ob zum einen die wöchentliche Höchstarbeitszeit, der vorgesehene Bezugszeitraum beachtet und zum anderen die festgelegten täglichen oder wöchentlichen Mindestruhezeiten eingehalten wurden.[681] Auffällig ist jedoch, dass der EuGH anders als der Generalanwalt darauf abstellt, dass die Arbeitszeit „objektiv und verlässlich" festgestellt werden muss.

Sowie der Generalanwalt führt auch der EuGH weiterhin zur Erforderlichkeit eines solchen Systems an, dass andernfalls weder die Arbeitgeber noch die Arbeitnehmer überprüfen können, ob diese Rechte beachtet werden, wodurch

---

674 Vgl. EuGH Urteil v. 17.12.2015 –C-407/14, NZA 2016, 471; EuGH Urteil v. 11.10.2007 –C-460/06, NZA 2007, 1271; EuGH, Urteil v. 5.10.2004 – C-397/01, NJW 2004, 3547.

675 EuGH, Urteil v. 14.05.2019 – C-55/18, NZA 2019, 683 (685), Rn. 40.

676 EuGH, Urteil v. 14.05.2019 – C-55/18, NZA 2019, 683 (685), Rn. 40.

677 EuGH, Urteil v. 14.05.2019 – C-55/18, NZA 2019, 683 (685), Rn. 50.

678 EuGH, Urteil v. 14.05.2019 – C-55/18, NZA 2019, 683 (685), Rn. 43.

679 EuGH, Urteil v. 14.05.2019 – C-55/18, NZA 2019, 683 (685), Rn. 47.

680 EuGH, Urteil v. 14.05.2019 – C-55/18, NZA 2019, 683 (685), Rn. 47.

681 EuGH, Urteil v. 14.05.2019 – C-55/18, NZA 2019, 683 (685), Rn. 49.

das Ziel der Richtlinie, einen besseren Schutz der Sicherheit und der Gesundheit der Arbeitnehmer sicherzustellen, gefährdet werden kann.[682] Auch sei es für die Arbeitnehmer äußerst schwierig oder gar praktisch unmöglich, ihre Rechte durchzusetzen, um tatsächlich in den Genuss der Begrenzung der wöchentlichen Arbeitszeit sowie der vorgesehenen täglichen und wöchentlichen Mindestruhezeiten zu kommen.[683]

Konkret in Spanien werde diese Schwierigkeit nach Auflassung des EuGH nicht dadurch behoben, dass die Arbeitgeber nach Art. 35 des Arbeitnehmerstatuts ein System zur Erfassung der Überstunden einrichten müssen, die von Arbeitnehmern geleistet werden, die sich dazu bereit erklärt haben.[684] Denn die Einstufung als „Überstunden" setze nämlich voraus, dass die Dauer der von dem jeweiligen Arbeitnehmer geleisteten Arbeitszeit bekannt ist und somit zuvor gemessen wurde.[685] Diese Schwierigkeiten werden auch dadurch nicht behoben, dass ein Arbeitnehmer, wenn es an einem solchen System fehlt, mit dem die Arbeitszeit gemessen werden kann, nach innerstaatlichen Verfahrensvorschriften von anderen Beweismitteln, wie u. a. Zeugenaussagen, der Vorlage von E-Mails oder der Untersuchung von Mobiltelefonen oder Computern, Gebrauch machen kann, um Anhaltspunkte für eine Verletzung dieser Rechte beizubringen und so eine Beweislastumkehr zu bewirken.[686] Mit solchen Beweismitteln könne nicht objektiv und verlässlich die Zahl der von dem Arbeitnehmer täglich oder wöchentlich geleisteten Arbeitszeit festgestellt werden.[687]

Das Fehlen eines solchen Systems werde auch nicht durch die Ermittlungs- und Sanktionsbefugnisse, die den Kontrollorganen wie der Aufsichtsbehörde nach innerstaatlichem Recht verliehen werden, abgemildert.[688] Denn die Behörden hätten in diesem Fall kein wirksames Mittel, sich den Zugang zu objektiven und verlässlichen Daten über die von den Arbeitnehmern in den einzelnen Unternehmen geleistete Arbeitszeit zu verschaffen, der sich für die Ausübung ihres Kontrollauftrags und gegebenenfalls zur Verhängung einer Strafe als erforderlich erweisen kann.[689]

---

682 EuGH, Urteil v. 14.05 2019 – C-55/18, NZA 2019, 683 (685), Rn. 50.
683 EuGH, Urteil v. 14.05.2019 – C-55/18, NZA 2019, 683 (685), Rn. 48.
684 EuGH, Urteil v. 14.05.2019 – C-55/18, NZA 2019, 683 (686), Rn. 52.
685 EuGH, Urteil v. 14.05.2019 – C-55/18, NZA 2019, 683 (686), Rn. 52.
686 EuGH, Urteil v. 14.05.2019 – C-55/18, NZA 2019, 683 (686), Rn. 53.
687 EuGH, Urteil v. 14.05.2019 – C-55/18, NZA 2019, 683 (686), Rn. 53.
688 EuGH, Urteil v. 14.05.2019 – C-55/18, NZA 2019, 683 (686), Rn. 57.
689 EuGH, Urteil v. 14.05.2019 – C-55/18, NZA 2019, 683 (686), Rn. 57.

ee) Zusammenfassung

Zusammenfassend ist festzuhalten, dass nach der Entscheidung CCOO die Mitgliedstaaten die Arbeitgeber verpflichten müssen, ein System einzurichten, mit dem die von einem jeden Arbeitnehmer geleistete tägliche Arbeitszeit gemessen werden kann. Das System muss „objektiv, verlässlich und zugänglich" sein. Darüber hinaus macht der EuGH keine weiteren Vorgaben. Die Ausgestaltung der konkreten Modalitäten überlässt er dem jeweiligen Mitgliedstaat. Dabei können die Mitgliedstaaten insbesondere den Besonderheiten bestimmter Tätigkeitsbereiche und Eigenheiten einzelner Unternehmen (wie z. B. Größe) ausreichend Rechnung tragen. Die Entscheidung des EuGH und der Schlussantrag des Generalanwalts unterscheiden sich bei näherer Betrachtung an einigen Stellen. Insbesondere bzgl. den Anforderungen an das System. Hinsichtlich der Frage, ob die Arbeitszeit tatsächlich erfasst werden muss, bleibt der EuGH sehr unkonkret, indem er von der Verpflichtung zur Einführung eines Systems spricht, mit dem die tägliche Arbeitszeit gemessen werden kann und nicht erfasst werden muss. Die Argumentationsstruktur des Generalanwalts hat er jedoch weitgehend übernommen.

b) Rechtliche Würdigung

Vor diesem Hintergrund soll im Folgenden untersucht werden, welche Verpflichtungen sich tatsächlich aus der EuGH-Rechtsprechung ergeben.

aa) Verpflichtung zur Arbeitszeiterfassung?

Fraglich ist zunächst, ob sich aus der Entscheidung CCOO die Pflicht der Mitgliedstaaten herleiten lässt, Arbeitgeber durch eine nationale Regelung zu einer allgemeinen und umfassenden Aufzeichnung der durch ihre Arbeitnehmer geleisteten Arbeitszeit zu verpflichten.

(i) Auffassungen im Schrifttum

In der Literatur gehen die Meinungen hierzu auseinander. *Thüsing, Flink und Jänsch*[690] sind der Auffassung, dass aufgrund der vom EuGH gewählten Formulierung des Tenors („die Arbeitgeber nicht verpflichtet, ein System einzurichten, mit dem die von einem jeden Arbeitnehmer geleistete tägliche Arbeitszeit gemessen werden kann"[691]) plausibel zwei Auslegungsvarianten möglich sind.[692]

---

690 *Thüsing/Flink/Jänsch*, ZFA 2019, 456.
691 EuGH, Urteil v. 14.05.2019 – C-55/18, NZA 2019, 683.
692 Vgl. *Thüsing/Flink/Jänsch*, ZFA 2019, 456 (468 f.).

Betrachte man allein den Wortlaut, der im Tenor sowie an vielen verschiedenen Stellen in Abweichung zu den Ausführungen des Generalanwalts gewählt wurde, liege nahe, dass der EuGH den Arbeitgeber allein zur Bereitstellung eines Arbeitszeiterfassungssystems verpflichten möchte, ohne ihm zugleich auch die Pflicht zur tatsächlichen Messung der geleisteten Arbeitszeit aufzuerlegen.[693] Denn der EuGH spricht lediglich davon, dass ein System einzurichten ist, mit dem die Arbeitszeit gemessen werden „kann", und nicht muss.[694] Der Generalanwalt hingegen habe ausdrücklich eine Verpflichtung der Arbeitgeber zur Einführung eines „Systems zur Erfassung der täglichen effektiven Arbeitszeit für Vollzeitarbeitnehmer" vorgeschlagen.[695] Allerdings weisen sie darauf hin, dass ein näherer Blick auf die Entscheidungsgründe auch eine Auslegung zulässt, wonach der EuGH wie der Generalanwalt von einer tatsächlichen Erfassungspflicht ausgeht.

Ein derartiges Verständnis ergibt nach Auffassung von *Thüsing, Flink und Jänsch* sich nicht aus der Zielsetzung der ArbZRL.[696] Zudem weisen sie darauf hin, dass die Entscheidungsgründe zwei Formulierungen enthalten, die auf eine Aufzeichnungspflicht hindeuten.[697] Zunächst konstatierte der EuGH „eine nationale Regelung, die keine Verpflichtung vorsieht, von einem Instrument Gebrauch zu machen, mit dem die Zahl der täglichen und wöchentlichen Arbeitsstunden objektiv und verlässlich festgestellt werden kann, [ist] nicht geeignet, die praktische Wirksamkeit der von Art. 31 Abs. 2 der Charta und von dieser Richtlinie verliehenen Rechte sicherzustellen, da weder die Arbeitgeber noch die Arbeitnehmer überprüfen können, ob diese Rechte beachtet werden", und weise damit darauf hin, dass ein Arbeitszeiterfassungssystem nicht allein zur Verfügung gestellt werde, sondern dass von ihm auch tatsächlich „Gebrauch" gemacht werden müsse.[698] Diese Auslegung bestätigend sei zudem die Erklärung des EuGH, dass – anders als durch ein System, mit dem die täglich geleistete Arbeitszeit gemessen wird – mit anderen Beweismitteln nicht objektiv und verlässlich die Zahl der von dem Arbeitnehmer täglich oder wöchentlich geleisteten Arbeitszeit festgestellt werden kann.[699] Insofern stelle der EuGH heraus,

---

693 *Thüsing/Flink/Jänsch*, ZFA 2019, 456.
694 Vgl. *Thüsing/Flink/Jänsch*, ZFA 2019, 456 (468 f.).
695 Schlussantrag v. 31.01.2019 – C-55/18, BeckRS 2019, 667, Rn. 93.
696 *Thüsing/Flink/Jänsch*, ZFA 2019, 456 (469).
697 Vgl. *Thüsing/Flink/Jänsch*, ZFA 2019, 456 (469).
698 *Thüsing/Flink/Jänsch*, ZFA 2019, 456 (469).
699 *Thüsing/Flink/Jänsch*, ZFA 2019, 456 (470).

dass nur ein Erfassungssystem, mit dem die Arbeitszeit „gemessen wird“, einen effektiven Schutz der Arbeitnehmer gewährleisten könne.[700]

Hanau[701] ist der Auffassung, dass der EuGH lediglich festgestellt hat, dass der Arbeitgeber verpflichtet ist, ein System einzurichten, mit dem die Arbeitszeit gemessen werden kann. Dabei befasst er sich näher mit dem Begriff der Messung und weist darauf hin, dass der EuGH tatsächlich kein einziges Mal von einer Aufzeichnung der Arbeitszeit spricht.[702] Er spricht lediglich vom Messen bzw. Feststellen der Arbeitszeit und nicht von einer Aufzeichnung.[703] Diese Unterscheidung zwischen Messung und Aufzeichnung ist seiner Ansicht nach elementar, denn ein Überwachungsvorgang lasse sich in die Phasen Datenerhebung (Ermittlung, Messung, Feststellung), Datenverarbeitung (Wahrnehmung, Beurteilung) und/oder Aufzeichnung unterteilen.[704] Damit der Arbeitgeber die Vorgaben der ArbZG beachten kann, müsse er die einschlägigen Arbeitszeiten erst einmal ermitteln, Beginn und Ende einer Arbeits- bzw. Ruhephase müssen auf der Zeitachse abgeglichen werden, wofür nur die Zeitmessung erforderlich sei.[705] Im Ausgangsfall der Entscheidung CCOO habe der Arbeitgeber ausdrücklich bereits auf die Zeitmessung verzichtet.[706] Dem solle das Urteil einen Riegel vorschieben.[707]

Der überwiegende Teil der Literatur[708] hingegen nimmt wie selbstverständlich an, dass sich aus der Entscheidung CCOO eine Verpflichtung des Arbeitgebers zur Aufzeichnung der täglichen Arbeitszeit seiner Arbeitnehmer ergibt, die mittels eines objektiven, verlässlichen und zugänglichen Systems zu erfolgen hat. Der Gegenansicht[709] hält *Bayreuther*[710] entgegen, dass es nicht ausreiche, wenn der Arbeitgeber nur verpflichtet wird, ein System der Zeiterfassung einzurichten. Vielmehr müsse die Erfassung auch tatsächlich durchgeführt werden;

---

700 *Thüsing/Flink/Jänsch*, ZFA 2019, 456 (470).
701 *Hanau*, ZfA 2020, 129.
702 *Hanau*, ZfA 2020, 129 (131).
703 *Hanau*, ZfA 2020, 129 (131).
704 *Hanau*, ZfA 2020, 129 (131).
705 *Hanau*, ZfA 2020, 129 (131).
706 *Hanau*, ZfA 2020, 129 (131).
707 Vgl. *Hanau*, ZfA 2020, 129 (131).
708 So *Bayreuther*, NZA 2019, 683 (683); *Brors*, NZA 2019, 1176 (1176 f.); *Reinhard*, NZA 2019, 1313 (1315); *Ulber*, NZA 2019, 677 (681); *Bayreuther*, EuZW 2019, 446; *Heuschmid*, NJW 2019, 1853 (1853 f.); Bayreuther, Rechtsgutachten für die BMAS, S. 8.
709 *Thüsing/Flink/Jänsch*, ZFA 2019, 456
710 *Bayreuther*, NZA 2020, 1 (7).

es könne nicht der Entscheidung der Vertragsparteien überlassen werden, ob sie vom Erfassungssystem Gebrauch machen wollen oder nicht.[711] Zur Begründung verweist er auf die einzige Stelle im Urteil, in der von einer „Pflicht des Arbeitgebers zur Messung der geleisteten Arbeitszeit" die Rede ist.[712] Die Phrase des EuGH, dass „nur" ein System einzuführen ist, mit dem die tägliche Arbeitszeit gemessen werden kann, ist seiner Auffassung nach lediglich eine sprachliche Verdichtung des an anderer Stelle ausführlich beschriebenen Pflichtenprogramms des Arbeitgebers. Letztlich sollte aber nach Auffassung von *Bayreuther* ohnehin nicht auf eine sprachliche Gewichtung einzelner Formulierungen des Gerichtshofs abgestellt werden.[713] Am Ende entscheidend könne allein Sinn und Zweck der Zeiterfassung sein.[714] Diese solle dafür sorgen, dass die Zeitvorgaben der Arbeitszeitrichtlinie eingehalten werden und hierfür sei notwendigerweise erforderlich, dass auch tatsächlich aufgezeichnet werde.[715]

(ii) Erste Hinweise in der Rechtsprechung

Erste Hinweise in der Rechtsprechung zur Frage, ob die Entscheidung CCOO eine Verpflichtung zur Aufzeichnung der täglichen Arbeitszeit vorsieht und ob diese zur Disposition der Arbeitnehmer steht, lassen sich dem Urteil des LAG Berlin-Brandenburg vom 21.08.2019[716] entnehmen. In der Sache stritten sich die Parteien u. a. darum, ob die Umkleidezeiten zu Hause als Arbeitszeit zu bewerten sind.[717] Das LAG hat insoweit entschieden, dass das Umziehen im Betrieb, soweit eine auffällige Bekleidung anzulegen ist, nach der Rechtsprechung des BAG auf jeden Fall fremdnützig und mithin als Arbeitszeit zu werten sei, da es sich um eine Tätigkeit handelt, die als solche der Befriedigung eines fremden Bedürfnisses dient.[718] Keine Berücksichtigung fand insoweit das Bestreiten des beklagten Lands, dass der Arbeitnehmer sich zu Hause umgezogen hat und der Arbeitgeber daher keine Kenntnis von den Zeiten habe. Nach Auffassung des LAG hätte dem Land bekannt sein müssen, wann der Arbeitnehmer seine Arbeitskleidung angezogen hat.[719] Zunächst einmal stellt das LAG fest, dass es

---

711 *Bayreuther*, NZA 2020, 1 (7).
712 Vgl. EuGH, Urteil v. 14.5.2019 – C-55/18, NZA 2019, 683 Rn. 59.
713 *Bayreuther*, NZA 2020, 1 (7).
714 *Bayreuther*, NZA 2020, 1 (7).
715 *Bayreuther*, NZA 2020, 1 (7).
716 LAG Berlin-Brandenburg, Urteil v. 21.08.2019 – 15 Sa 575/19, juris, Rn. 1 ff.
717 LAG Berlin-Brandenburg, Urteil v. 21.08.2019 – 15 Sa 575/19, juris, Rn. 80 ff.
718 LAG Berlin-Brandenburg, Urteil v. 21.08.2019 – 15 Sa 575/19, juris, Rn. 94.
719 LAG Berlin-Brandenburg, Urteil v. 21.08.2019 – 15 Sa 575/19, juris, Rn. 94.

sich um relevante Daten handelt, die schon wegen § 16 Abs. 2 ArbZG hätten zur Kenntnis genommen werden müssen, denn nur, wer die tatsächlichen Arbeitszeiten kennt, kann auch beurteilen, ob die werktägliche Arbeitszeit von acht Stunden überschritten wird.[720] Sodann erklärt das LAG zusätzlich, dass sich darüber hinaus auch aus der Entscheidung CCOO herleitet, dass der Arbeitgeber einen Informationsfluss gewährleisten muss, damit er jeweils feststellen kann, wann und in welchem Umfang Arbeitszeiten bei seinen Beschäftigten anfallen.[721] Insoweit spricht auch das LAG nicht von einer Aufzeichnungspflicht, sondern davon, dass der „Arbeitgeber einen Informationsfluss gewährleisten muss", damit er die Arbeitszeit seiner Arbeitnehmer „feststellen kann".

Das Arbeitsgericht Emden[722] hingegen nahm ausdrücklich eine Pflicht des Arbeitgebers zur Einrichtung eines Systems zur Arbeitszeiterfassung an.[723] Allerdings hat es sich nicht näher mit der Frage beschäftigt, ob der EuGH in der Entscheidung CCOO tatsächlich eine Pflicht zur Aufzeichnung der Arbeitszeit verlangt. Es behandelte viel mehr lediglich die Frage, inwieweit die angenommene Pflicht zur Arbeitszeiterfassung aufgrund einer unmittelbaren Anwendung von Art. 31 Abs. 2 GRC zwischen Privaten gilt.[724]

(iii) Stellungnahme

Die vorangestellte Debatte zeigt, dass sich aus der Entscheidung CCOO nicht eindeutig und unmissverständlich eine Verpflichtung der Mitgliedstaaten herleiten lässt, die Arbeitgeber zur Aufzeichnung der täglichen Arbeitszeit ihrer Arbeitnehmer zu verpflichten.[725] Vielmehr sprechen die besseren Argumente dafür, dass der EuGH lediglich konstatierte, dass die ArbZRL und Art. 31 Abs. 2 GRC der Regelung eines Mitgliedstaates entgegenstehen, die nach der Auslegung durch die nationalen Gerichte den Arbeitgebern nicht die Verpflichtung auferlegt, ein System einzurichten, das die Messung der täglichen Arbeitszeit jedes Arbeitnehmers ermöglicht.[726]

Wie bereits *Hanau*[727] zutreffend darstellt, spricht der EuGH in den Urteilsgründen nicht ein einziges Mal von der Aufzeichnung der täglichen Arbeitszeit,

---

720 LAG Berlin-Brandenburg, Urteil v. 21.08.2019 – 15 Sa 575/19, juris, Rn. 94.
721 LAG Berlin-Brandenburg, Urteil v. 21.08.2019 – 15 Sa 575/19, juris, Rn. 94.
722 LAG Berlin-Brandenburg, Urteil v. 21.08.2019 – 15 Sa 575/19, juris, Rn. 94.
723 Vgl. ArbG Emden, Urteil v. 20.02.2020 – 2 Ca 94/19, juris, Rn. 24 ff.
724 Vgl. ArbG Emden, Urteil v. 20.02.2020 – 2 Ca 94/19, juris, Rn. 24 ff.
725 Ebenso *Hanau*, ZfA 2020, 129 (131).
726 Ebenso *Hanau*, ZfA 2020, 129 (131).
727 *Hanau*, ZfA 2020, 129 (131).

sondern lediglich von einem System, mit dem die tägliche Arbeitszeit der Arbeitnehmer „gemessen werden kann". Aber auch diesbezüglich verwendet er gerade nicht den Begriff „muss", sondern lediglich „kann" und auch nicht den Begriff „Aufzeichnung" oder „Erfassung", sondern „Messung". Dies lässt den Schluss zu, dass er gerade keine allgemeine und anlasslose Verpflichtung zur Aufzeichnung bzw. auch nicht nur zur Messung der täglichen Arbeitszeit aussprechen wollte.[728]

Lediglich an zwei Stellen in der Urteilsbegründung spricht der EuGH ausdrücklich von der Erfassung der Arbeitszeit, und zwar in seiner Begründung zur Entkräftung des Arguments, dass in anderen Sondervorschriften des Unionsrechts (wie u. a. in Art. 9 Buchst. b der RL 2002/15/EG) ausdrücklich eine Verpflichtung zur Erfassung der Arbeitszeit vorgesehen ist.[729] Hierzu stellte er Folgendes fest: „Auch wenn das Bestehen eines Bedürfnisses nach besonderem Schutz den Unionsgesetzgeber veranlassen konnte, eine solche Verpflichtung bezüglich bestimmter Arbeitnehmergruppen vorzusehen, ist nämlich eine ähnliche Verpflichtung, die in der Einrichtung eines objektiven, verlässlichen und zugänglichen Systems besteht, mit dem die von einem jeden Arbeitnehmer geleistete tägliche Arbeitszeit gemessen werden kann, allgemeiner für alle Arbeitnehmer erforderlich, um die praktische Wirksamkeit der Richtlinie 2003/88 zu gewährleisten".[730] Hieraus wird deutlich, dass der EuGH die Verpflichtung aus Art. 9 Buchst. b der RL 2002/15/EG als „Pflicht zur Aufzeichnung der Arbeitszeit" bezeichnet. Die Verpflichtung aus der ArbZRL i. V. m. Art. 31 Abs. 2 GRC hingegen bezeichnet er als eine „ähnliche Verpflichtung, die in der Einrichtung eines objektiven, verlässlichen und zugänglichen Systems besteht".[731] Dies spricht weiterhin dafür, dass er gerade keine Verpflichtung zur Aufzeichnung der täglichen Arbeitszeit aussprechen wollte. In diesem Zusammenhang weisen *Thüsing, Flink und Jänsch*[732] darauf hin, dass sich die gewählte Formulierung des EuGH, mit Blick auf den Schlussantrag des Generalanwalts, ggf. lediglich auf die Unterschiede in der Art und Weise der Erfassung der geleisteten Arbeitszeit bezieht. Denn der Generalanwalt hat sich hierzu ebenfalls in seinem Schlussantrag wie folgt geäußert: „Einige Kategorien von Arbeitnehmern und die Arbeitnehmer einiger spezifischer Branchen benötigen nämlich einen besonderen Schutz – aufgrund der der Leistung innewohnenden Merkmale, wie z. B. die

728 Vgl. hierzu auch *Thüsing/Flink/Jänsch*, ZFA 2019, 456.
729 Vgl. EuGH, Urteil v. 14.05.2019 – C-55/18, NZA 2019, 683 (687) Rn. 64.
730 EuGH, Urteil v. 14.05.2019 – C-55/18, NZA 2019, 683 (687) Rn. 64.
731 EuGH, Urteil v. 14.05.2019 – C-55/18, NZA 2019, 683 (686) Rn. 64.
732 Vgl. *Thüsing/Flink/Jänsch*, ZFA 2019, 456 (468 f.).

Teilzeitbeschäftigten oder die mobilen Arbeitnehmer –, und für sie sieht das Unionsrecht besonders strenge und umfassende Kontrollsysteme vor. Für die ‚gewöhnlichen' Arbeitnehmer, die nicht in diese spezifischen Kategorien fallen, setzt die Richtlinie 2003/88 hingegen das Bestehen eines Mittels zur Erfassung der Arbeitszeit, das eine einfache Aufzeichnung in Papierform, in elektronischer Form oder ein anderes Instrument, sofern es für das Ziel geeignet ist, sein kann, voraus."[733] Das heißt, der Unterschied zur Aufzeichnungspflicht aus Art. 9 Buchst. B der RL 2002/15/EG liegt darin, dass diese ein besonders strenges und umfassendes Kontrollsystem vorsieht, während eine Aufzeichnungspflicht nach der Richtlinie 2003/88/EG i. V. m. Art. 31 Abs. 2 GRC lediglich eine allgemeine Aufzeichnung in Papierform, in elektronischer Form oder ein anderes Instrument voraussetzt.[734] Dieses Argument vermag jedoch nicht zu überzeugen. Denn obwohl der EuGH weitgehend die Argumentationsstruktur des Generalanwalts übernommen hat, hat er dessen Argument zu den Sondervorschriften nicht verwendet. Vielmehr hat er es dabei belassen, festzustellen, dass bezüglich bestimmter Arbeitnehmergruppen ein Bedürfnis nach besonderem Schutz besteht, welches den Unionsgesetzgeber veranlasste, eine Aufzeichnungsverpflichtung vorzusehen.[735] Eine ähnliche Verpflichtung, die in der Einrichtung eines objektiven, verlässlichen und zugänglichen Systems besteht, mit dem die von einem jeden Arbeitnehmer geleistete tägliche Arbeitszeit gemessen werden kann, sei hingegen allgemeiner für alle Arbeitnehmer erforderlich, um die praktische Wirksamkeit der Richtlinie 2003/88 zu gewährleisten.[736] Dem lässt sich jedenfalls nicht entnehmen, dass die Unterschiede lediglich in der Art und Weise der Erfassung der geleisteten Arbeitszeit liegen. Zumal nach einhelliger Auffassung in der Literatur[737] zu § 21a ArbZG die Aufzeichnungspflicht erfüllt ist, wenn sich die Arbeitszeit aus Unterlagen, wie z. B. Schaublättern oder digitalen Fahrdaten, eigene Aufzeichnungen usw. ergibt. Auch hier muss der Arbeitgeber

733 Schlussantrag v. 31.01.2019 – C-55/18, BeckRS 2019, 667, Rn. 76.

734 Vgl. *Thüsing/Flink/Jänsch*, ZFA 2019, 456 (468 f.).

735 Vgl. EuGH, Urteil v. 14.5.2019 – C-55/18, NZA 2019, 683 (686) Rn. 64.

736 EuGH, Urteil v. 14.5.2019 – C-55/18, NZA 2019, 683 (686) Rn. 64.

737 So etwa Baeck/Deutsch/Winzer/*Baeck/Deutsch/Winzer* ArbZG § 21a Rn. 33; *Käckenmeister*/HK – ArbZR; § 21 a Rn. 16; BeckOK ArbR/*Kock* ArbZG § 21a Rn. 20; so auch im Gesetzesentwurf, wonach Eine besondere Form für die Aufzeichnungen ist nicht vorgegeben. Der Nachweis kann auch mit dazu geeigneten vorhandenen Unterlagen (Schaublättern, Speicherdaten der Digitalen Kontrollgeräte) erbracht werden, wenn sich die geleisteten Arbeitszeiten vollständig entnehmen lassen: vgl. BT-Drucksache 16/1685, S. 13.

die Aufzeichnung nicht persönlich vornehmen, er kann seine Arbeitnehmer anweisen, selbst die Aufzeichnungen anzufertigen.[738] Ein Unterschied in der Art und Weise der Aufzeichnungspflicht ist insoweit nicht ersichtlich.

Darüber hinaus wird aus einer weiteren Stelle in der Urteilsbegründung klar, dass der EuGH mit der Verwendung des Begriffs „System zur Messung der täglichen Arbeitszeit" auch tatsächlich nur die Messung, und nicht eine tatsächliche Aufzeichnung oder Erfassung der Arbeitszeit meint. So stellte er fest, dass die Schwierigkeiten bei der Kontrolle der Einhaltung der Grenzen des ArbZG nicht dadurch behoben werden, „dass die Arbeitgeber in Spanien nach Art. 35 des Arbeitnehmerstatuts ein System zur Erfassung der Überstunden einrichten müssen, die von Arbeitnehmern geleistet werden, die sich dazu bereit erklärt haben".[739] Die Einstufung als „Überstunden" setzt nämlich voraus, dass die Dauer der von dem jeweiligen Arbeitnehmer geleisteten Arbeitszeit bekannt ist und somit zuvor „gemessen" wurde. Die Verpflichtung, nur die geleisteten „Überstunden zu erfassen", bietet den Arbeitnehmern daher kein wirksames Mittel, um zum einen zu gewährleisten, dass die von der Richtlinie 2003/88 festgelegte wöchentliche Höchstarbeitszeit, die die Überstunden einschließt, nicht überschritten wird und zum anderen, dass die in dieser Richtlinie vorgesehenen täglichen und wöchentlichen Mindestruhezeiten in jedem Fall eingehalten werden.[740] Hieraus wird ersichtlich, dass der EuGH zwischen der Erfassung und der Messung der täglichen Arbeitszeit unterscheidet. Dabei ist die Messung eine Vorstufe zur Erfassung der Arbeitszeit. Dies hat wohl auch das LAG Berlin-Brandburg[741] so gesehen, indem es unter Verweis auf die entsprechende Stelle der EuGH-Entscheidung feststellte, dass nach § 16 Abs. 2 ArbZG lediglich die über der Höchstarbeitszeit liegenden Stunden aufgezeichnet werden müssen.[742] Es handle sich jedoch bei Beginn und Ende der täglichen Arbeitszeit um relevante Daten, die schon wegen § 16 Abs. 2 ArbZG hätten zur Kenntnis genommen werden müssen, um beurteilen zu können, ob die werktägliche Arbeitszeit von acht Stunden überschritten wird.[743]

Soweit vertreten wird, dass der EuGH zwei Formulierungen in den Entscheidungsgründen verwendet, die auf eine Aufzeichnungspflicht hindeuten[744], so

---

738 Vgl. Baeck/Deutsch/Winzer/*Baeck/Deutsch/Winzer* ArbZG § 21a Rn. 33.
739 EuGH, Urteil v. 14.05.2019 – C-55/18, NZA 2019, 683 (686) Rn. 52.
740 EuGH, Urteil v. 14.05.2019 – C-55/18, NZA 2019, 683 (686) Rn. 52.
741 Vgl. LAG Berlin-Brandenburg, Urteil v. 21.08.2019 – 15 Sa 575/19, juris, Rn. 94.
742 Vgl. LAG Berlin-Brandenburg, Urteil v. 21.08.2019 – 15 Sa 575/19, juris, Rn. 94.
743 Vgl. LAG Berlin-Brandenburg, Urteil v. 21.08.2019 – 15 Sa 575/19, juris, Rn. 94.
744 Vgl. *Thüsing/Flink/Jänsch*, ZFA 2019, 456 (469).

vermag dies ebenfalls nicht zu überzeugen. Die zwei Formulierungen weisen nur darauf hin, dass er bestimmte Arbeitszeitmessungen nicht gerade für geeignet hält. Zudem spricht er nicht von der Aufzeichnung oder Erfassung der Arbeitszeit, sondern lediglich von der Messung der Arbeitszeit. Hierbei handelt es sich, wie bereits *Hanau*[745] zutreffend herausgearbeitet hat, um unterschiedliche Prozesse der Datenerhebung.

Einen weiteren Hinweis dafür, dass eine Messung der Arbeitszeit nach Auffassung des EuGH ausreicht, um die Einhaltung der Rechte aus der ArbZRL zu gewährleisten, liefert seine Entscheidung in der Rechtssache Hälvä.[746] Auch in dieser Sache sieht er scheinbar die Verpflichtung des Arbeitgebers, die Arbeitszeit seiner Arbeitnehmer zu messen – und nicht, diese zu dokumentieren – als ausreichend an. So stellte er fest, dass der Arbeitgeber, der nicht vor Ort ist und seine Arbeitnehmer einen Bericht erstellen ließ, welcher offenbar ein dem Arbeitgeber zur Verfügung stehendes Kontrollmittel darstellte, das von ihm verwendet werden konnte, um zu prüfen, in welcher Weise seine Arbeitnehmer ihre Tätigkeiten ausüben, „und um daher ihre Arbeitszeit zu messen", seine Anforderungen erfüllt.[747]

Auch eine nähere Auseinandersetzung mit dem der Entscheidung zugrunde liegenden Sachverhalt führt zu dem Ergebnis, dass die Mitgliedstaaten nicht angehalten werden, die Arbeitgeber zur Erfassung der täglichen Arbeitszeit ihrer Arbeitnehmer zu verpflichten. Auch insoweit hat *Hanau*[748] zutreffend festgestellt, dass der Arbeitgeber damals vollständig auf die Messung der Arbeitszeit bzw. deren Kenntnisnahme verzichtet hat. Dieser vertrat die Auffassung, dass das spanische Recht ihn zu einer Kenntnisnahme der Lage der Arbeitszeit seiner Arbeitnehmer, sprich deren Beginn und Ende, nicht verpflichtet. Dass der Arbeitgeber hierzu verpflichtet ist, hat im deutschen Recht – anders als im spanischen Recht – das BAG bereits in seinem Urteil vom 06.05.2003[749] festgestellt; hiernach müssen die täglichen Arbeitszeiten der Arbeitnehmer durch den Arbeitgeber zur Kenntnis genommen werden, denn nur, wer die tatsächlichen Arbeitszeiten kennt, kann auch beurteilen, ob die werktägliche Arbeitszeit von acht Stunden überschritten wird. Ein Verzicht hierauf sei kein zu respektierendes Interesse des Arbeitgebers.[750] Nicht anders ist auch die Entscheidung des

---

745 Vgl. *Hanau*, ZfA 2020, 129 (131).
746 EuGH, Urteil v. 26.07.2017 – C-175/16, NZA 2017, 1113 (1115), Rn. 38.
747 EuGH, Urteil v. 26.07.2017 – C-175/16, NZA 2017, 1113 (1115), Rn. 38.
748 Vgl. *Hanau*, ZfA 2020, 129 (131).
749 Vgl. BAG, Beschluss v. 06.05.2003 – 1 ABR 13/02, NZA 2003, 1348 (1352).
750 Vgl. BAG, Beschluss v. 06.05.2003 – 1 ABR 13/02, NZA 2003, 1348 (1352).

EuGH zu verstehen. Einer Aufzeichnung bzw. Erfassung der Arbeitszeit bedarf es hierfür aber nicht.

Festzuhalten bleibt daher, dass die Entscheidung des EuGH, was die allgemeine Verpflichtung zur Aufzeichnung der Arbeitszeit betrifft, nicht eindeutig ist; allerdings sprechen die besseren Argumente gegen eine Pflicht des Arbeitgebers zur Aufzeichnung der täglichen Arbeitszeit seiner Arbeitnehmer. In jeden Fall geht jedoch aus der Entscheidung hervor, dass der Arbeitgeber sich zukünftig nicht darauf berufen kann, kein System bereitstellen zu müssen, welches die Messung der täglichen Arbeitszeit ermöglicht.

bb) Anforderungen an das Zeiterfassungssystem

Im Folgenden soll daher die Frage untersucht werden, wie ein derartiges System zur Messung der Arbeitszeit gemäß der EuGH-Entscheidung auszusehen hätte. Der EuGH hat jedenfalls keine konkreten Vorgaben zu den Anforderungen an das System gemacht.[751] Er gibt lediglich vor, dass der Gesetzgeber die Arbeitgeber verpflichten müsse, ein „objektives", „verlässliches" und „zugängliches" System einzuführen, mit dem die von einem jeden Arbeitnehmer geleistete tägliche Arbeitszeit gemessen werden könne.[752] Eine Konkretisierung, wann ein System objektiv, verlässlich und zugänglich ist, hat er in seinem Urteil nicht vorgenommen. Damit ist fraglich, wie ein solches System ausgestaltet sein muss, um den Vorgaben des EuGH zu genügen. Insbesondere mit Blick auf die Vertrauensarbeitszeit stellt sich die Frage, ob ein System zur Messung der Arbeitszeit, das objektiv und verlässlich ist, eine Delegation der Arbeitszeiterfassung auf die Arbeitnehmer zulässt. Denn der Arbeitgeber verzichtet bei einer Vertrauensarbeitszeit auf die Kontrolle der Erfüllung der Arbeitszeit. Daher ist es ihm i. d. R. nicht möglich, selbst den Beginn und das Ende der täglichen Arbeitszeit zu messen.[753] Dies betrifft insbesondere Arbeitnehmergruppen, die Tätigkeiten ausführen, welche nicht zwingend und nicht ausschließlich an einem vom Arbeitgeber bereitgestellten Arbeitsplatz erbracht werden müssen, sondern auch bei Kunden oder von zu Hause aus.[754] Da der Arbeitnehmer sich in diesem Fall außerhalb

751 Vgl. EuGH, Urteil v. 14.05.2019 – C-55/18, NZA 2019, 683 (687), Rn. 60; *Höpfner/Daum*, RdA 2019, 270 (279).

752 Vgl. EuGH, Urteil v. 14.05.2019 – C-55/18, NZA 2019, 683 (687), Rn. 60

753 Vgl. BAG, Urteil v. 23.09.2015 – 5 AZR 767/13, NZA 2016, 295 (298); BAG, Urteil v. 29.08.2013 – 2 AZR 273/12, NZA 2014, 533 (535); BAG, Urteil v. 24.05.2012 – 2 AZR 124/11, NZA 2012, 1223 (126 f.); BAG, Urteil v. 26.06.2019 – 5 AZR 452/18, NZA 2019, 1361 (1363).

754 Vgl. *Höpfner/Daum*, RdA 2019, 270 (279).

des Macht- und Einflussbereiches des Arbeitgebers aufhält, liegt es regelmäßig an ihm, seine Arbeitszeit selbst zu messen.[755]

(i) Objektiv, verlässlich und zugänglich

Zunächst einmal ist jedoch zu klären, wann ein System objektiv, verlässlich und zugänglich im Sinne der EuGH-Entscheidung CCOO ist. Dies ist in der Literatur stark umstritten. Dabei bezieht sich der Streit hauptsächlich auf die Frage, wie ein Arbeitszeiterfassungssystem auszusehen hat, da die überwiegende Auffassung annimmt, dass die Entscheidung CCOO die Mitgliedstaaten verpflichtet, die Arbeitgeber zur Aufzeichnung der täglichen Arbeitszeit ihrer Arbeitnehmer, und nicht nur zur Messung der täglichen Arbeitszeit zu verpflichten.[756]

Einigkeit besteht jedenfalls darüber, dass Ausgangspunkt für die Auslegung der Begriffe objektiv, verlässlich und zugänglich der Sinn und Zweck des Systems ist, mit dem die Arbeitszeit gemessen werden kann sowie der der Entscheidung zugrunde liegende Sachverhalt und Kotext.[757] Dabei geht es dem EuGH zum einen darum, dass kontrolliert werden kann, ob die Arbeitszeit im arbeitsschutzrechtlichen Sinne eingehalten wurde und zum anderen, dem Beschäftigten eine einfach zu realisierende und belastbare Möglichkeit zu geben, um festzustellen, wie lange er bereits gearbeitet hat und ob die zulässigen Arbeitszeitgrenzen (noch) gewahrt sind.[758]

(1) Diskussion im Schrifttum nach der Entscheidung CCOO

Einige Stimmen in der Literatur sind der Auffassung, dass „Objektivität" eine exakte Erfassung der tatsächlichen Arbeitszeitdauer nach Stunden und Minuten verlangt[759]. Daher setzt Objektivität eine klare Definition der Tätigkeiten voraus, die zur Arbeitszeit zählen.[760] Dabei sind vereinzelte Stimmen[761] der Auffassung, dass bei einem objektiven System eine Manipulation, gleich welcher Art, vermieden werden muss. *Bayreuther*[762] hingegen weist darauf hin,

755 Vgl. *Höpfner/Daum*, RdA 2019, 270 (279).

756 Vgl. hierzu Streitstand unter C. II. 6. b) aa.

757 So etwa *Bayreuther*, Rechtsgutachten für das BMAS, S. 3; *Ulber*, Vorgaben des EuGH zur Arbeitszeiterfassung, S. 36; *Hanau*, ZfA 2020, 129 (133).

758 Vgl. EuGH, Urteil v. 14.05.2019 – C-55/18, NZA 2019, 683.

759 Vgl. *Latzel*, EuZA 2019, 469 (478); *Schrader*, NZA 2019, 1035 (1038); *Grimm/Freh*, ArbRB 2019, 278 (280)

760 *Latzel*, EuZA 2019, 469 (478). vgl. dazu auch *Schrader*, NZA 2019, 1035 (1038).

761 Vgl. *Schrader*, NZA 2019, 1035 (1038); Latzel, EuZA 2019, 469 (478).

762 Vgl. *Bayreuther*, NZA 2020, 1 (6).

dass ein manipulationssicheres System weder möglich noch nach der EuGH-Entscheidung erforderlich ist. Dem Sinn und Zweck des Systems entsprechend – feststellen zu können, wie viele Stunden Arbeitnehmer gearbeitet haben und ob die einschlägigen Arbeitszeitgrenzen eingehalten wurden – ist das System objektiv und verlässlich, wenn es in diesem Sinne funktionsfähig und belastbar ausgestaltet ist.[763] Dies ist nach Auffassung von *Bayreuther* bereits dann gegeben, wenn die Arbeitszeit kontinuierlich in Stunden und gegebenenfalls Minuten und nachvollziehbar dokumentiert wird.[764]

Thüsing/Flink/Jänsch[765] beziehen das Erfordernis der Objektivität konkret darauf, dass dieses frei von jedweden subjektiven Einflüssen ist und der Arbeitgeber sicherzustellen habe, dass gerade er selbst nicht auf die Messung zum Nachteil des Arbeitnehmers einwirken kann. Der Arbeitnehmer müsse, damit vom Vorliegen eines objektiven Systems ausgegangen werden kann, die Dokumentation seiner Arbeitszeiten einsehen und kontrollieren können, ohne dass subjektive Eindrücke des Arbeitgebers Eingang in die Messung finden können.[766] Zur Begründung werden ebenfalls die teleologischen Erwägungen und die Urteilsbegründung des EuGH herangezogen.[767] So wird darauf hingewiesen, dass die Richtlinie 2003/88/EG Mindestvorschriften festgelegt, welche die Verbesserung der Lebens- und Arbeitsbedingungen der Arbeitnehmer bezwecken.[768] Zur effektiven und praktischen Durchsetzung der Einhaltung dieser Mindestvorschriften darf das Arbeitszeiterfassungssystem keine fremden Einflüsse zulassen, die diesen Schutz unterlaufen könnten.[769] Dann aber bedürfe es gerade einer Kontrollmöglichkeit für den Arbeitnehmer, dass keine verzerrte Messung zu seinen Lasten erfolge.[770] *Bayreuther*[771] hingegen ist der Auffassung, dass es nicht von der subjektiven Einschätzung des Arbeitgebers oder auch des Arbeitnehmers abhängen darf, ob und welche Arbeitszeiten als solche qualifiziert und erfasst werden sollen. *Ulber*[772] wiederum ist der Ansicht, dass es nicht von der subjektiven Auffassung des Arbeitnehmers abhängen darf. Dies bedeute,

---

763 Vgl. *Bayreuther*, NZA 2020, 1 (6).
764 Vgl. *Bayreuther*, NZA 2020, 1 (6).
765 *Thüsing/Flink/Jänsch*, ZFA 2019, 456 (468 f.).
766 *Thüsing/Flink/Jänsch*, ZFA 2019, 456 (468 f.).
767 *Thüsing/Flink/Jänsch*, ZFA 2019, 456 (468 f.).
768 *Thüsing/Flink/Jänsch*, ZFA 2019, 456 (468 f.).
769 *Thüsing*/Flink/*Jänsch*, ZFA 2019, 456 (468 f.).
770 *Thüsing/Flink/Jänsch*, ZFA 2019, 456 (468 f.).
771 Bayreuther, NZA 2020, 1 (8 f.).
772 *Ulber*, NZA 2019, 677 (678).

dass Stundenzettel, die von ihm ausgefüllt oder ihm zur Unterschrift vom Arbeitgeber vorgelegt werden, grundsätzlich nicht ausreichen dürften.[773] „Sie basieren nämlich auf der subjektiven Einschätzung desjenigen, der den Zettel ausfüllt".[774]

Des Weiteren wird darüber gestritten, ob es sich bei dem System um ein technisches System handeln muss. So ist *Ulber*[775] der Meinung, dass der EuGH im Grundsatz ein möglichst manipulationssicheres System verlange und nur dort, wo eine Erfassung sonst effektiv nicht möglich sei, auf händische Systeme zurückgegriffen werden dürfe. Dies begründet er damit, dass andernfalls die Aufzeichnungen der Arbeitszeit auf der subjektiven Einschätzung des Arbeitnehmers beruhen.[776] Zukünftig seien technische Lösungen per Log-In oder zumindest per Zeiterfassungs-App erforderlich.[777] Zugleich weist er jedoch darauf hin, dass es Situationen geben kann, in denen eine „objektive" Erfassung ohne Mitwirkungshandlung des Arbeitnehmers nicht möglich ist.[778] Als Beispiel hierfür nennt er das Homeoffice, aber auch Tätigkeiten, die mit Reisezeiten verbunden sind.[779] Für den Fall des Homeoffice verlangt *Ulber*, dass die Zeiterfassung nicht durch einen Stundenzettel erfolgt, sondern beispielsweise elektronisch der Log-in protokolliert wird.[780] Bei Arbeitnehmern ohne festen Arbeitsplatz, wie solche im Außendienst, fordert er technische Lösungen, wie beispielsweise eine Arbeitszeiterfassung über Apps.[781]

Andere Stimmen im Schrifttum[782] hingegen sehen ein flächendeckendes elektronisches Zeiterfassungssystem als zu weitgehend an. Zur Begründung wird auf die Ausführungen des Generalanwalts *Pitruzzella* in seinen Schlussanträgen[783] hingewiesen, der darlegte, dass auch andere Systeme zur Messung der Arbeitszeit, wie etwa Aufzeichnungen in Papierform, je nach den Umständen genügen können. Auch die Richtlinie zur Arbeitszeit im Bereich des Straßentransports (Art. 9 Buchst. b RL 2002/15/EG) sowie im Bereich der Binnenschifffahrt (§ 12 RL 2014/112/EU) lasse ebenfalls nicht-elektronische Aufzeichnungen

773 *Ulber*, NZA 2019, 677 (678).
774 *Ulber*, NZA 2019, 677 (678).
775 Vgl. *Ulber*, NZA 2019, 677 (678).
776 Vgl. *Ulber*, NZA 2019, 677 (678), so auch BeckOK ArbR/*Kock*, ArbZG § 16 Rn. 4.
777 Vgl. *Ulber*, NZA 2019, 677 (678); so auch BeckOK ArbR/*Kock*, ArbZG § 16 Rn. 4.
778 Vgl. *Ulber*, NZA 2019, 677 (678).
779 Vgl. *Ulber*, NZA 2019, 677 (678).
780 Vgl. *Ulber*, NZA 2019, 677 (678).
781 Vgl. *Ulber*, NZA 2019, 677 (678).
782 Vgl. *Bayreuther*, NZA 2020, 1 (8 f.); *Krause*, NZA-Beilage 2019, 86 (93).
783 *Krause*, NZA-Beilage 2019, 86 (93).

genügen.[784] Die ungeschriebene und im Wesentlichen nur aus dem Gedanken der praktischen Wirksamkeit der ArbZRL hergeleitete Pflicht zur Arbeitszeiterfassung könne aber schwerlich weiter gehen als ausdrücklich geregelte Pflichten.[785] Auch *Bayreuther*[786] ist der Auffassung, dass es nicht die Intention des EuGH gewesen sei, den Mitgliedstaaten die Einführung einer ausschließlich informationstechnisch oder sonst wie automatisiert bzw. maschinell gesteuerten Zeiterfassung aufzugeben.[787] Auch verlange der EuGH nicht, dass die Messung der Arbeitszeit ausschließlich durch den Arbeitgeber gesteuert wird oder alleine durch informationstechnische Mittel vorgenommen werden könne.[788] Entscheidend sei nur, dass es nicht in das Belieben des Arbeitgebers gestellt ist, ob und. ggf. welche Arbeitszeiten dokumentiert werden sollen, und welche nicht.[789] Ebenso wenig darf den Beschäftigten eine Entscheidung dahin gehend eröffnet werden, ob sie geleistete Zeiten verbuchen oder, namentlich auf Drängen des Arbeitgebers, außen vorlassen.[790]

Wieder andere Stimmen[791] hingegen sehen das Erfordernis der Exaktheit der Daten in der Voraussetzung „verlässlich" verankert. Zu Begründung wird die Definition des Dudens herangezogen, wonach „verlässlich" auch „zuverlässig" bedeutet.[792] Dies wiederum heiße, dass das Zeiterfassungssystem so geartet sein müsse, dass sich Arbeitgeber und Arbeitnehmer darauf verlassen können.[793] Es müsse also in praktischer Hinsicht gewährleisten, dass die tatsächliche (objektive) Arbeitszeit der Arbeitnehmer unverfälscht wiedergegeben wird.[794] Dies setze zwangsläufig voraus, dass die Erfassung der Arbeitszeit zeitnah erfolgt, damit keine Zeiten verloren gehen.[795] Darüber hinaus soll es erforderlich sein, dass die erfassten Arbeitszeiten beiderseits kontrolliert werden können.[796] Bei Tätigkeiten, die ausschließlich in einem räumlich abgrenzbaren Betrieb ausgeübt

---

784 *Krause*, NZA-Beilage 2019, 86 (93).
785 *Krause*, NZA-Beilage 2019, 86 (93).
786 Vgl. *Bayreuther*, Rechtsgutachten für das BMAS, S. 34.
787 *Bayreuther*, Rechtsgutachten für das BMAS, S. 34.
788 *Bayreuther*, Rechtsgutachten für das BMAS, S. 34.
789 *Bayreuther*, Rechtsgutachten für das BMAS, S. 34.
790 *Bayreuther*, Rechtsgutachten für das BMAS, S. 34.
791 Vgl. *Schrader*, NZA 2019, 1035 (1038 f.); *Grimm/Freh*, ArbRB 2019, 278 (280).
792 Vgl. *Grimm/Freh*, ArbRB 2019, 278 (280).
793 *Grimm/Freh*, ArbRB 2019, 278 (280).
794 *Grimm/Freh*, ArbRB 2019, 278 (280).
795 *Grimm/Freh*, ArbRB 2019, 278 (280).
796 Vgl. *Schrader*, NZA 2019, 1035 (1038 f.); *Grimm/Freh*, ArbRB 2019, 278 (280).

werden, sei dies weniger ein Problem, obgleich hier heimliche Arbeitspausen die erfasste Arbeitszeit in die Höhe treiben können.[797] Bei Tätigkeiten, die außerhalb (etwa im Homeoffice) ausgeübt werden können, sei die Verlässlichkeit kaum in den Griff zu bekommen.[798] Das Erfordernis der Verlässlichkeit ist nach dieser Auffassung mithin nur dann gewährleistet, wenn der Arbeitnehmer mit allen technischen Mitteln rund um die Uhr überwacht werden würde[799]. Zugleich wird jedoch darauf hingewiesen, dass dies sowohl politisch als auch datenschutzrechtlich kaum vertretbar ist.[800] Arbeite ein Arbeitnehmer auch nach dem „Ausstempeln" noch weiter, dann helfe auch kein Zeiterfassungssystem.[801]

Auch hinsichtlich des Kriteriums „zugänglich" herrschen in der Literatur unterschiedliche Auffassungen. So ist *Latzel* der Meinung, dass ein System nur dann zugänglich ist, wenn es dem Arbeitgeber, dem jeweils betroffenen Arbeitnehmer, staatlichen Überwachungsbehörden und auch dem Betriebsrat Zugriff auf die erhobenen Daten gibt. Darüber hinaus setzt das Kriterium nach Ansicht von *Latzel* voraus, dass der Arbeitnehmer gegenüber dem Arbeitgeber das Recht hat, die Arbeitszeitaufzeichnungen unaufgefordert monatlich von diesem zur Verfügung gestellt zu bekommen (etwa mit der Gehaltsabrechnung).[802] Aber auch für den Arbeitgeber müsse die freie Verfügbarkeit der Aufzeichnung bestehen.[803] Dies sei insbesondere aus dem Grund erforderlich, weil ihm unter bestimmten Voraussetzungen die Verpflichtung zur Offenlegung der Daten gegenüber der zuständigen Aufsichtsbehörde obliegt.[804]

Auch *Bayreuther*[805] geht im Ergebnis davon aus, dass zugänglich bedeute, dass den Beschäftigten das Recht eingeräumt werden muss, Einsicht in die erfassten Daten nehmen zu können. Für diese Sichtweise spräche seiner Auffassung nach, dass es dem EuGH um die Kontrolle der Einhaltung der Vorgaben der Arbeitszeitrichtlinie geht, wozu es ohne Frage sinnvoll wäre, wenn sich auch die Beschäftigten selbst über ihr aktuelles Deputat informieren können.[806] Zwar könne zugänglich auch so verstanden werden, dass jeder Beschäftigte einen

797 Vgl. *Latzel*, EuZA 2019, 469 (479).
798 *Latzel*, EuZA 2019, 469 (479).
799 Vgl. *Schrader*, NZA 2019, 1035 (1038 f).
800 Vgl. *Schrader*, NZA 2019, 1035 (1038 f).
801 Vgl. *Latzel*, EuZA 2019, 469 (479).
802 Vgl. *Latzel*, EuZA 2019, 469 (479).
803 *Latzel*, EuZA 2019, 469 (479).
804 *Latzel*, EuZA 2019, 469 (479).
805 *Bayreuther*, NZA 2020, 1 (9 f.).
806 *Bayreuther*, NZA 2020, 1 (9 f.).

Anspruch auf Teilnahme am betrieblichen Zeiterfassungssystem haben muss, mithin also darauf, zu diesem zugelassen zu werden; die besseren Argumente sprechen allerdings dafür, dass sich das Kriterium auf den Zugriff auf die erhobenen Daten beziehe.[807]

Grimm und Freh[808] hingegen leiten aus der Definition im Duden zum Begriff „zugänglich" her, dass das System so geartet sein muss, dass die Arbeitszeit unabhängig vom jeweiligen Arbeitsort effizient aufgezeichnet werden kann. Dies ergebe sich draus, dass im Duden zugänglich u. a. mit „für die Benutzung o. Ä. zur Verfügung stehend" definiert wird.[809]

Hanau[810], der wie die hier vertretene Auffassung annimmt, dass der EuGH lediglich verlangt, dass der Arbeitgeber ein System zur Messung der täglichen Arbeitszeit vorhalten muss, weist darauf hin, dass es „Objektivität" bei Menschenwerk nicht geben kann. Das Merkmal der „Objektivität" könne nur so verstanden werden, dass eine Manipulation der Messung möglichst verhindert werden soll.[811] „Verlässlichkeit" erfordere Konsistenz in der Handhabung.[812] Und „Zugänglichkeit" Transparenz und Verfügbarkeit.[813] Dabei sieht er in Kleinbetrieben die Voraussetzungen durch ein registrierendes Nicken des Arbeitgebers mit Blick auf die Uhr bei Arbeitsbeginn und -ende des Arbeitnehmers als erfüllt an.[814] „Eine verlässliche Handhabung macht das Prozedere zu einem System, das durch den unmittelbaren Abgleich mit der Zeitwahrnehmung des Arbeitnehmers ‚Objektivität' durch Intersubjektivität sicherstellt", so *Hanau*.[815] Eine derartige Handhabung ist nach seiner Auffassung sogar gegenüber einer technischen Einrichtung überlegen, die ja „ausgetrickst" werden kann.[816]

(2) Erste Hinweise in der Rechtsprechung

Wie bereits oben angerissen,[817] hat sich bislang nur das Arbeitsgericht Emden[818] zu dem Urteil des EuGH geäußert. Das ArbG versteht das Erfordernis

807 *Bayreuther*, NZA 2020, 1 (9 f.).
808 Vgl. *Grimm/Freh*, ArbRB 2019, 278 (280).
809 *Grimm/Freh*, ArbRB 2019, 278 (280).
810 Vgl. *Hanau*, ZfA 2020, 129 (133).
811 *Hanau*, ZfA 2020, 129 (133).
812 *Hanau*, ZfA 2020, 129 (133).
813 *Hanau*, ZfA 2020, 129 (133).
814 Vgl. *Hanau*, ZfA 2020, 129 (134).
815 *Hanau*, ZfA 2020, 129 (134).
816 *Hanau*, ZfA 2020, 129 (134).
817 Unter C. II. 6. b) aa). ii).
818 Vgl. ArbG Emden, Urteil v. 20.02.2020 – 2 Ca 94/19 –, juris, Rn. 32.

„objektiv" dahin gehend, dass die Erfassung und Aufzeichnung in einer Art und Weise erfolgen muss, die es dem Arbeitnehmer möglich macht, die geleistete Arbeitszeit mithilfe der Aufzeichnungen objektiv nachzuweisen[819]. Das Merkmal „verlässlich" sei so zu verstehen, dass die Dokumentation der Arbeitszeit zuverlässig geschieht und etwaige Manipulationen ausgeschlossen sind[820]. Unter „zugänglich" versteht das ArbG Emden, dass die Arbeitnehmer die Möglichkeit haben, die Dokumente einzusehen und diese im Bedarfsfalle im Prozess als Beweismittel nutzen zu können.[821]

(3) Stellungnahme

Zuzustimmen ist der Auffassung,[822] wonach es vollständige „Objektivität" bei – um die Formulierung Hanaus aufzugreifen – „Menschenwerk" nicht geben kann. Das Erfordernis der Objektivität ist nicht isoliert, sondern zusammen mit dem Kontext EuGH-Entscheidung zu betrachten.[823] Danach ist eine „objektive und verlässliche Feststellung der Zahl der täglichen und wöchentlichen Arbeitsstunden" für die Beurteilung grundlegend, ob die arbeitszeitrechtlichen Grenzen nach Art. 3, 5 und 6 ArbZRL eingehalten wurden.[824] Der EuGH hat festgestellt, dass mit Beweismitteln, wie Zeugenaussagen, der Vorlage von E-Mails oder der Untersuchung von Mobiltelefonen oder Computern, die Zahl der von dem Arbeitnehmer täglich oder wöchentlich geleisteten Arbeitszeit nicht objektiv und verlässlich festgestellt werden kann, um Anhaltspunkte für eine Verletzung dieser Rechte beizubringen und so eine Beweislastumkehr zu bewirken.[825] Dies spricht dafür, dass es bei dem Erfordernis der Objektivität darum geht, ohne Ausforschungen von E-Mails, Computern oder Zeugenaussagen tatsächlich festzustellen, wann der Arbeitnehmer mit der Arbeit begonnen und diese wieder beendet hat. Das System, das der Arbeitgeber implementiert, muss tatsächlich funktionieren und gewährleisten, dass die Zeiten gemessen werden. Er muss demnach seinen Betrieb derart organisieren, dass die täglich erbrachte Arbeitszeit so gut wie möglich gemessen werden kann. Insoweit spricht der EuGH selbst

---

819 ArbG Emden, Urteil v. 20.02.2020 – 2 Ca 94/19 –, juris, Rn. 32.
820 Vgl. ArbG Emden, Urteil v. 20.02.2020 – 2 Ca 94/19 –, juris, Rn. 32.
821 Vgl. ArbG Emden, Urteil v. 20.02.2020 – 2 Ca 94/19 –, juris, Rn. 32.
822 Vgl. *Hanau*, ZfA 2020, 129 (134).
823 Ebenso *Bayreuther*, Rechtsgutachten für das BMAS, S. 3; *Ulber*, Vorgaben des EuGH zur Arbeitszeiterfassung, S. 36; *Hanau*, ZfA 2020, 129 (133).
824 EuGH Urteil v. 14.05.2019 – C-55/18, NZA 2019, 683, Rn. 49.
825 EuGH Urteil v. 14.05.2019 – C-55/18, NZA 2019, 683, 53 f.

von der Bereitstellung einer „Organisation und [der] erforderlichen Mittel zum Schutz der Sicherheit und der Gesundheit der Arbeitnehmer".[826]

Auch das LAG hat insoweit zutreffend festgestellt, dass der „Arbeitgeber einen Informationsfluss gewährleisten muss", damit er die Arbeitszeit seiner Arbeitnehmer „feststellen kann".[827] Entgegen einigen Auffassungen in der Literatur[828] reicht es hierfür aus, wenn er mit Blick auf die Uhr die tägliche Arbeitszeit selbst misst[829] oder die Arbeitnehmer dazu verpflichtet, dass sie ihre erbrachte Arbeitszeit messen und protokollieren (z. B. durch Stundenzettel), damit er kontrollieren kann, ob die arbeitszeitrechtlichen Grenzen eingehalten wurden.[830] Die entgegenstehende Auffassung,[831] wonach die Messung der Arbeitszeit nicht durch die Arbeitnehmer per Stundenzettel erfolgen darf, da sie auf der subjektiven Einschätzung desjenigen, der den Zettel ausfüllt, basiert, sondern soweit wie möglich elektronisch oder per Log-in protokolliert werden muss, überzeugt nicht. Hierfür lassen die Urteilsgründe keinerlei Anhaltspunkte zu. So hat der EuGH gerade die „Untersuchung von Mobiltelefonen oder Computern" als nicht objektiv und verlässlich angesehen, um die von dem Arbeitnehmer täglich oder wöchentlich geleistete Arbeitszeit festzustellen.[832] Obwohl gerade die Untersuchung von Mobiltelefonen oder Computern nicht von der subjektiven Einschätzung eines Arbeitnehmers abhängig ist, sondern objektive Daten liefert, hat der EuGH diese als nicht ausreichend erachtet. Ihm scheint es vielmehr darauf anzukommen, dass das System dazu geeignet ist, zuverlässig die tatsächlich erbrachte Arbeitszeit zu erfassen, um im Streitfall Verstöße aufdecken zu können. Auch in der Rechtssache Hälvä[833] hat er es für ausreichend erachtet, dass der Arbeitgeber seine Arbeitnehmer einen Bericht erstellen ließ, der offenbar ein dem Arbeitgeber zur Verfügung stehendes Kontrollmittel darstellte, das von ihm verwendet werden konnte, um zu prüfen, in welcher Weise seine Arbeitnehmer ihre Tätigkeiten ausüben, und so ihre Arbeitszeit zu messen.[834]

Zudem beruht auch das Einloggen oder Ausloggen des Arbeitnehmers in einem technischen System auf der subjektiven Einschätzung des Arbeitnehmers.

---

826 EuGH Urteil v. 14.05.2019 – C-55/18, NZA 2019, 683 (687), Rn. 62.
827 LAG Berlin-Brandenburg, Urteil v. 21.08.2019 – 15 Sa 575/19 –, juris, Rn. 94.
828 Vgl. *Ulber*, NZA 2019, 677 (678), BeckOK ArbR/*Kock*, ArbZG § 16 Rn. 4.
829 So auch *Hanau*, ZfA 2020, 129 (134).
830 So auch *Bayreuther*, NZA 2020, 1 (8 f.); *Krause*, NZA-Beilage 2019, 86 (93).
831 So etwa *Ulber*, NZA 2019, 677 (678).
832 Vgl. EuGH Urteil v. 14.05.2019 – C-55/18, NZA 2019, 683 (686), Rn. 53.
833 EuGH, Urteil v. 26.07.2017 – C-175/16, NZA 2017, 1113 (1115), Rn. 38.
834 EuGH, Urteil v. 26.07.2017 – C-175/16, NZA 2017, 1113 (1115), Rn. 38.

Schließlich hat es dieser selbst in der Hand, sich einzuloggen oder wieder auszuloggen. Auch die Feststellung des Herunterfahrens des Firmenlaptops bzw. Computers ist nicht zuverlässig für die Aufzeichnung der täglichen Arbeitszeit. Es kann Situationen geben, in denen der Arbeitnehmer den Computer/Laptop eingeschaltet hat und nicht arbeitet oder diesen bereits ausgeschaltet hat und dennoch arbeitet. Das Festhalten dieser Daten reicht dann nicht aus, um feststellen zu können, wann er tatsächlich gearbeitet hat. Eine vollständige Erfassung der tatsächlich geleisteten Arbeitszeit und ein vollkommener Ausschluss von Manipulation werden dadurch nicht gewährleistet. Ein vollkommen manipulationssicheres System existiert ohnehin nicht. Vielmehr ist der Arbeitgeber gerade in Situationen, in denen der Arbeitnehmer von zu Hause aus oder mobil arbeitet, darauf angewiesen, dass der Arbeitnehmer seine Arbeitszeit selbst korrekt misst.

Damit diese Messung so objektiv wie möglich erfolgt, müssen jedoch sowohl Arbeitgeber als auch Arbeitnehmer sich darüber im Klaren sein, welche Zeiten als Arbeitszeit zu qualifizieren sind.[835] Hierfür trägt der Arbeitgeber die volle Organisationslast. Dies bedeutet aber nicht zwangsläufig, dass die Messung der Arbeitszeit ausschließlich durch den Arbeitgeber bzw. durch Vorgesetzte vorzunehmen ist. Erforderlich dürfte nach wie vor eine Kontrollpflicht des Arbeitgebers sein, damit gewährleistet ist, dass das System auch zuverlässig ist. Vor diesem Hintergrund ist die Entscheidung des EuGH auch nicht als das Ende der Vertrauensarbeitszeit aufzufassen, soweit es dabei um das den Arbeitnehmern vom Arbeitgeber eingeräumte Recht geht, die konkrete Lage der Arbeitszeit selbst festzulegen und diese zu messen.[836]

Was das Erfordernis „zugänglich" betrifft, muss auch dies im Lichte des vom EuGH aufgegriffenen Sinn und Zweck des Systems zur Messung der täglichen Arbeitszeit ausgelegt werden. Hierzu hat der EuGH festgestellt, dass ein solches System erforderlich ist, damit die Arbeitnehmervertreter – die bei der Sicherheit und dem Gesundheitsschutz der Arbeitnehmer eine besondere Funktion haben – ihr in Art. 11 Abs. 3 ArbZRL vorgesehenes Recht ausüben können, den Arbeitgeber um geeignete Maßnahmen zu ersuchen und ihm Vorschläge zu unterbreiten.[837] Auch ging es in dem der Entscheidung CCOO zugrunde liegenden Sachverhalt u. a. darum, dass weder die Aufsichtsbehörde noch die Arbeitnehmervertreter (z. B. Gewerkschaft) einen Zugang zu den Messergebnissen hatten. Dies spricht dafür, dass der EuGH durch das Erfordernis der

835 Zur Frage welche Zeiten als Arbeitszeit zu qualifizieren sind vgl. Ausführungen unter
836 So auch *Krause*, NZA-Beilage 2019, 86 (93 f.).
837 EuGH Urteil v. 14.05.2019 – C-55/18, NZA 2019, 683 (687), Rn. 62.

Zugänglichkeit des Systems den Kontrollorganen und Arbeitnehmervertretern einen Zugang zu diesen schaffen möchte. Darüber hinaus hat er ausdrücklich festgestellt, dass zum Schutz der Sicherheit und Gesundheit der Arbeitnehmer die Bereitstellung eines Mittels und einer Organisation erforderlich sind.[838] Dies sieht er in einem zugänglichen, objektiven und verlässlichen System, mit dem die Arbeitszeit der Arbeitnehmer gemessen werden kann.[839] Daher ist „zugänglich" des Weiteren so zu verstehen, dass die Teilnahme aller Arbeitnehmer am System zur Messung der täglichen Arbeitszeit gewährleistet sein muss.

(ii) Delegation der Aufzeichnungspflicht auf die Arbeitnehmer

Im Zusammenhang mit der Frage, wann ein System im Sinne der EuGH-Entscheidung objektiv, verlässlich und zugänglich ist, lebte auch der Streit über die Möglichkeit zur Delegation der Aufzeichnungspflicht auf den Arbeitnehmer wieder auf.

Ein Teil des Schrifttums[840] vertritt hierzu die Auffassung, dass der Arbeitgeber die Aufzeichnungspflicht nicht auf die Arbeitnehmer delegieren darf. Den Anforderungen des EuGH an ein objektives und verlässliches Zeiterfassungssystem genügen die aktuell in vielen Betrieben gebräuchlichen handschriftlichen Stundenzettel per Eigenaufschrieb des Arbeitnehmers grundsätzlich nicht mehr.[841]

Andere Stimmen in der Literatur[842] sehen eine Delegation der Aufzeichnungspflicht auf die Arbeitnehmer als grundsätzlich zulässig an. Der Arbeitgeber sei auf deren Mitwirkung angewiesen.[843] Mit Blick auf den Schutzzweck der Arbeitszeitrichtlinie genüge es, dass der Arbeitgeber für die Aufzeichnungen seiner Arbeitnehmer gegenüber den Kontrollbehörden dieselbe Verantwortung trägt, wie für die von ihm selbst erhobenen Daten.[844] Um deren Richtigkeit sicherzustellen, stehe ihm das Direktionsrecht zur Verfügung, mit dem er die korrekte Zeiterfassung den Arbeitnehmern gegenüber anordnen müsse.[845] Zudem

---

838 EuGH Urteil v. 14.05.2019 – C-55/18, NZA 2019, 683 (687), Rn. 62.
839 EuGH Urteil v. 14.05.2019 – C-55/18, NZA 2019, 683 (687), Rn. 60.
840 Vgl. BeckOK ArbR/Kock, ArbZG § 16 Rn. 4; *Ulber*, NZA 2019, 677 (678).
841 BeckOK ArbR/Kock, ArbZG § 16 Rn. 4.
842 Vgl. *Heuschmid*, NJW 2019, 1853 (1853); *Sittard/Esser*, jM 2019, 284 (289); *Fuhlrott/Garden*, ArbRAktuell 2019, 263 (264); *Schrader*, NZA 2019, 1035 (1036); *Grimm/Freh*, ArbRB 2019, 278 (281).
843 *Grimm/Freh*, ArbRB 2019, 278 (281).
844 *Höpfner/Daum*, RdA 2019, 270 (279).
845 *Höpfner/Daum*, RdA 2019, 270 (279).

empfehlen sie den Arbeitgebern zur Sicherheit eine Schulung der betreffenden Arbeitnehmer in den Grundzügen des Arbeitszeitrechts, damit diese wissen, was überhaupt als Arbeitszeit anzusehen ist.[846] Hierzu wird auch Art. 6 Abs. 1 RL 89/391/EWG herangezogen, der Arbeitgeber zur Information und Unterweisung der Arbeitnehmer über Sicherheit und Gesundheitsschutz verpflichtet.[847] Es spräche einiges dafür, dass daraus auch eine Informationspflicht über die korrekte Aufzeichnung der Arbeitszeit folge.[848] Für eine Umsetzung im deutschen Recht böte sich die Regelung des § 7a Heimarbeitsgesetz (HAG) als Vorbild an, wonach der Auftraggeber den Heimarbeiter vor Aufnahme der Tätigkeit über die damit verbundenen Unfall- und Gesundheitsgefahren und sonstige Präventionsmaßnahmen unterrichten und dies dokumentieren muss.[849] Des Weiteren verweisen *Höpfner und Daum*[850] zur Begründung der Delegationsmöglichkeit auf die bereits oben aufgegriffene Entscheidung in der Rechtssache Hälvä,[851] in der der EuGH eine Berichtspflicht der Arbeitnehmer als Mittel zur Arbeitszeiterfassung anerkannt hat. In dieser wurde dem Gerichtshof die Frage vorgelegt, ob Kinderdorfeltern der Bereichsausnahme des Art. 17 Abs. 1 RL 2003/88/EG unterfallen.[852] Dies setzt voraus, dass die Arbeitszeit der betreffenden Personen nicht gemessen und/oder nicht im Voraus festgelegt werden kann. Der EuGH war der Auffassung, dass diese Voraussetzungen nicht vorliegen.[853] Er verwies u. a. darauf, dass der Vertreter der Kinderdorfeltern verpflichtet sei, einen Bericht darüber zu erstellen, wie er den für jedes Kind ausgearbeiteten Betreuungs- und Erziehungsplan angewendet hat.[854] Dieser Bericht stelle daher offenbar ein dem Arbeitgeber zur Verfügung stehendes Kontrollmittel dar, das von ihm verwendet werden könne, um zu prüfen, in welcher Weise seine Arbeitnehmer ihre Tätigkeiten ausüben und dabei ihre Arbeitszeit zu messen.[855]

Nach Auffassung von *Höpfner und Daum* lässt sich dieser Entscheidung, obwohl sie sich auf Art. 17 Abs. 1 ArbZRL und nicht auf die Art. 3 ff. ArbZRL bezieht, entnehmen, dass auch von Arbeitnehmern erstellte Aufzeichnungen

---

846 *Höpfner/Daum*, RdA 2019, 270 (279); so auch. *Grimm/Freh*, ArbRB 2019, 278 (281).
847 *Höpfner/Daum*, RdA 2019, 270 (279); so auch. *Grimm/Freh*, ArbRB 2019, 278 (281).
848 *Höpfner/Daum*, RdA 2019, 270 (279).
849 *Höpfner/Daum*, RdA 2019, 270 (279).
850 Vgl. *Höpfner/Daum*, RdA 2019, 270 (279).
851 Vgl. EuGH, Urteil v. 26.07.2017 – C-175/16, NZA 2017, 1113.
852 Vgl. EuGH, Urteil v. 26.07.2017 – C-175/16, NZA 2017, 1113 (1114).
853 Vgl. EuGH, Urteil v. 26.07.2017 – C-175/16, NZA 2017, 1113 (1115), Rn. 45.
854 Vgl. EuGH, Urteil v. 26.07.2017 – C-175/16, NZA 2017, 1113 (1115), Rn. 38.
855 EuGH, Urteil v. 26.07.2017 – C-175/16.

geeignet sein können, deren Arbeitszeit objektiv und verlässlich zu messen.[856] Zur Begründung wird weiterhin aufgeführt, dass eine Arbeitszeiterfassung durch die Arbeitnehmer selbst nicht per se weniger objektiv ist als eine solche durch den Arbeitgeber.[857] Die Gefahr der Manipulation von Aufzeichnungen bestehe auch in einem vom Arbeitgeber installierten System, indem sich die Arbeitnehmer etwa „ausstempeln" und anschließend weiterarbeiten oder sich Arbeit „mit nach Hause nehmen".[858] Ein System, das garantiert, dass geleistete und erfasste Arbeitszeit stets deckungsgleich ist, sei praktisch und rechtlich nicht umsetzbar.[859] Hierzu bedürfe es quasi mit Stechuhren verbundener Zugangsschranken am Arbeitsplatz, Taschenkontrollen beim Verlassen des Betriebs sowie einer lückenlosen Überwachung des Arbeitnehmers innerhalb und außerhalb des Betriebs.[860] Zudem müsse das System vollautomatisch und autark funktionieren und gegen jede Form von Eingriffen durch den Arbeitgeber und den Arbeitnehmer geschützt sein.[861] Bei „geistiger Arbeit" sei selbst das nicht ausreichend, wenn äußerlich nicht erkennbar ist, ob der Arbeitnehmer gerade arbeitet oder nicht.[862]

Bayreuther[863] hingegen weist darauf hin, dass die Delegation der Aufzeichnungspflicht auch für die Zeiterfassung nach §§ 16 Abs. 2 ArbZG und 21 ArbZG bzw. nach Mindestlohnrecht anerkannt ist.[864] Delegiere der Arbeitgeber – soweit nach dem Arbeitsvertrag bzw. § 106 GewO zulässig – die Erfassung auf die Beschäftigten, muss er diese anleiten und dafür Sorge tragen, dass auch tatsächlich aufgezeichnet wird. Gegebenenfalls möge er den Aufzeichnungsvorgang stichprobenartig kontrollieren.[865] Der Arbeitgeber müsse die ihm übermittelten Daten in angemessener Frist so aufbereiten, dass sie den einschlägigen Dokumentationsanforderungen genügen.[866]

---

856 Vgl. *Höpfner/Daum*, RdA 2019, 270 (279).
857 *Höpfner/Daum*, RdA 2019, 270 (279).
858 *Höpfner/Daum*, RdA 2019, 270 (279).
859 *Höpfner/Daum*, RdA 2019, 270 (279).
860 *Höpfner/Daum*, RdA 2019, 270 (279).
861 *Höpfner/Daum*, RdA 2019, 270 (279).
862 *Höpfner/Daum*, RdA 2019, 270 (279).
863 *Bayreuther*, NZA 2020, 1 (6).
864 *Bayreuther*, NZA 2020, 1 (6).
865 *Bayreuther*, NZA 2020, 1 (6).
866 *Bayreuther*, NZA 2020, 1 (6).

(1) Bisherige Rechtslage

Bereits vor dem Urteil des EuGH in Sachen CCOO war es in Deutschland umstritten, ob im Rahmen von § 16 Abs. 2 ArbZG der Arbeitgeber die Arbeitszeit selbst messen, erfassen und kontrollieren muss, oder ob er den Arbeitnehmer, insbesondere bei der Vertrauensarbeitszeit, rechtswirksam verpflichten kann, seine geleisteten Stunden aufzuzeichnen, um sich hierdurch gegenüber der Aufsichtsbehörde bei Verstößen gegen das Arbeitszeitgesetz zu entlasten.[867]

Wie eingangs erläutert, gilt die Aufzeichnungspflicht nach § 16 Abs. 2 ArbZG auch bei der Vertrauensarbeitszeit und wird in der Praxis auf die Arbeitnehmer delegiert.[868] Denn nach verbreiteter Auffassung in der Literatur[869] kann er diese Pflicht auf die Arbeitnehmer übertragen. Als Begründung wird hierfür aufgeführt, dass die Wahl des für die Erfüllung der Aufzeichnungspflicht geeigneten Mittels in der Organisations- und Leitungsmacht des Arbeitgebers liege.[870] Eine solche Anordnungsbefugnis beruhe seinem Weisungsrecht.[871] Dadurch werde aber keine Freizeichnung gegenüber der Aufsichtsbehörde bewirkt.[872] Adressat des Arbeitsschutzes sei weiterhin der Arbeitgeber.[873] Mache er von der Delegationsmöglichkeit Gebrauch, so müsse er dennoch durch geeignete organisatorische Maßnahmen, wie z. B. Stichproben, sicherstellen, dass die Arbeitnehmer seiner Anweisung zur Aufzeichnung auch tatsächlich ordnungsgemäß nachkommen.[874] Daher könne der Arbeitgeber, dem im Rahmen der Vertrauensarbeitszeit eine eigenständige Aufzeichnung nicht möglich ist, den Arbeitnehmer zur Aufzeichnung verpflichten; er müsse jedoch weiterhin stichprobenartig kontrollieren, ob der Arbeitnehmer dieser Verpflichtung nachkommt.[875]

---

867 Vgl. Küttner/*Poeche*, Personalbuch, 27. Aufl. 2020, öffentliches Arbeitszeitrecht, Rn. 26.

868 Schaub/ *Vogelsang*, Arbeitsrechts-Handbuch 18. Auflage 2019, § 160 Rn. 35.

869 Vgl. in Däubler/Hjort/Schubert/Wolmerath/*Ernst/Bartl*, Arbeitsrecht 4. Aufl. 2017; ErfK/*Wank*, 20. Aufl. 2020, ArbZG § 16 Rn. 5.; NK-ArbR/*Joachim Wichert*, 1. Aufl. 2016, ArbZG § 16 Rn. 9; Neumann/Biebl § 16 Rn. 7; *Schlottfeldt/Hoff* NZA 2001, 530 (532); *Henssler/Lunk* NZA 2016, 1425 (1430); BeckOK ArbR/*Kock*, § 16 ArbZG Rn. 8; MünchArbR/*Schüren*, Bd. 1, 4. Auflage 2018, § 47 Rn. 39.

870 NK-ArbR/*Joachim Wichert*, 1. Aufl. 2016, ArbZG § 16 Rn. 9.

871 NK-ArbR/*Joachim Wichert*, 1. Aufl. 2016, ArbZG § 16 Rn. 9.

872 NK-ArbR/*Joachim Wichert*, 1. Aufl. 2016, ArbZG § 16 Rn. 9.

873 NK-ArbR/*Joachim Wichert*, 1. Aufl. 2016, ArbZG § 16 Rn. 9.

874 Baeck/Deutsch/Winzer/*Baeck/Deutsch/Winzer*, 4. Aufl. 2020, ArbZG § 16 Rn. 28.

875 Vgl. Baeck/Deutsch/Winzer/*Baeck/Deutsch/Winzer*, 4. Aufl. 2020, ArbZG § 16 Rn. 28..

Andere Stimmen in der Literatur[876] verneinen eine Delegation der Aufzeichnungspflicht auf die Arbeitnehmer. Nach Auffassung von *Poeche*[877] könne allein dem Personenkreis des § 9 Abs 2 OWiG die Aufzeichnung übertragen werden. Hierzu zählen jedoch nur Personen, denen die selbstständige Betriebsleitung (ganz oder teilweise) übertragen ist oder die eigenverantwortlich Aufgaben wahrzunehmen haben, die an sich dem Arbeitgeber obliegen.[878] *Ulber*[879] äußert sich in diesem Zusammenhang sogar speziell zur Aufzeichnungsverpflichtung im Rahmen der Vertrauensarbeitszeit. Danach erfüllen im Rahmen flexibler Arbeitszeitsysteme und insbesondere der sog. Vertrauensarbeitszeit getroffene Vereinbarungen, wonach der Arbeitnehmer verpflichtet und berechtigt ist, im Wege der sog. Selbstaufschreibung die Einhaltung der gesetzlichen Grenzen der Arbeitszeit eigenständig zu überwachen und zu dokumentieren, nicht die öffentlich-rechtlichen Aufzeichnungspflichten des Arbeitgebers.[880] Zur Begründung verweist er auf die Entscheidung des EuGH in der Rechtssache CCOO, wonach verhindert werden muss, dass dem Arbeitnehmer als der schwächeren Partei des Arbeitsvertrages eine Beschränkung seiner Rechte auferlegt wird.[881] Die Dokumentation der Arbeitszeit durch den Arbeitgeber sei unerlässlich.[882] Vielmehr habe er auch hier seinen Dokumentations- und Aufzeichnungspflichten Rechnung zu tragen.[883] Er sei zudem verpflichtet, die vom Arbeitnehmer erstellten Aufzeichnungen der Arbeitszeit bei der Kontrolle abzuzeichnen.[884]

In der Rechtsprechung haben sich hierzu bislang lediglich das LAG Rheinland-Pfalz[885] und das LAG Berlin-Brandenburg[886] dazu geäußert. Diese stellten ohne

---

876 Vgl. Küttner/*Poeche*, Personalbuch, 27. Aufl. 2020, öffentliches Arbeitszeitrecht, Rn. 26; Buschmann/Ulber, § 16 ArbZG Rn. 22; vgl. zum Streitstand auch Grunewald, Grundlagen und Grenzen der Vertrauensarbeitszeit, 2005, S. 138 f.

877 Vgl. Küttner/*Poeche*, Personalbuch, 27. Aufl. 2020, öffentliches Arbeitszeitrecht, Rn. 26.

878 Vgl. Küttner/*Poeche*, Personalbuch, 27. Aufl. 2020, öffentliches Arbeitszeitrecht, Rn. 26.

879 Vgl. Buschmann/Ulber, § 16 ArbZG Rn. 22

880 Buschmann/Ulber, § 16 ArbZG Rn. 22.

881 Buschmann/Ulber, § 16 ArbZG Rn. 22.

882 Buschmann/Ulber, § 16 ArbZG Rn. 22.

883 Buschmann/Ulber, § 16 ArbZG Rn. 22.

884 Buschmann/Ulber, § 16 ArbZG Rn. 22.

885 Vgl. LAG Rheinland-Pfalz, Urteil v. 05.06.2013 – 8 Sa 571/12, BeckRS 2014, 65219, Rn.

886 Vgl.; LAG Berlin-Brandenburg, Teilurteil v. 03.06.2010 – 15 Sa 166/10, BeckRS 2010, 73659.

nähere Begründung fest, dass Eigenaufschreibungen der Beschäftigten sowie die Delegation der Aufzeichnungspflicht auf die Beschäftigten zulässig sind.[887]

Auch der Erlass des Ministeriums zur Durchführung des Arbeitszeitgesetzes vom 30.12.2013 schreibt vor, dass eine Übertragung der Führung der Arbeitszeitnachweise auf Arbeitnehmer möglich ist.[888] Entsprechend der überwiegenden Auffassung in der Literatur soll dies jedoch nur gelten, wenn stichprobenartige Kontrollen die Einhaltung dieser Verpflichtung sicherstellen.[889]

(2) Erste Hinweise in der Rechtsprechung

Erste Hinweise in der Rechtsprechung zu der Frage, ob ein objektives und verlässlichen System auch eine Delegation der Messungspflicht oder Aufzeichnungspflicht auf die Arbeitnehmer zulässt, können dem Urteil des LAG Berlin-Brandenburg vom 21.08.2019[890] entnommen werden. In der Sache stritten sich die Parteien u. a. darum, ob die Umkleidezeiten zu Hause als Arbeitszeit zu bewerten sind.[891] Das LAG hat insoweit entscheiden, dass das Umziehen im Betrieb, soweit eine auffällige Bekleidung anzulegen ist, nach der Rechtsprechung des BAG auf jeden Fall fremdnützig und mithin als Arbeitszeit zu werten sei, da es sich um eine Tätigkeit handelt, die als solche der Befriedigung eines fremden Bedürfnisses dient.[892] Keine Berücksichtigung fand insoweit das Bestreiten des beklagten Landes, dass der Arbeitnehmer sich zu Hause umgezogen hat.[893] Nach Auffassung des LAG hätte dem Land bekannt sein müssen, wann der Arbeitnehmer seine Arbeitskleidung angezogen hat.[894] Es handele sich um relevante Daten, die schon wegen § 16 Abs. 2 ArbZG hätten zur Kenntnis genommen werden müssen; denn nur wer die tatsächlichen Arbeitszeiten kennt,

887 Vgl. LAG Rheinland-Pfalz, Urteil v. 05.06.2013 – 8 Sa 571/12; LAG Berlin-Brandenburg, Teilurteil v. 03.06.2010 – 15 Sa 166/10.

888 Vgl. Erlass des MAIS NRW – III 2 – 8312 – v. 30.12.2013, 26.b

889 Vgl. Erlass des MAIS NRW – III 2 – 8312 – v. 30.12.2013, 26.b

890 Vgl. LAG Berlin-Brandenburg, Urteil v. 21.08.2019 – 15 Sa 575/19, BeckRS 2019, 28142.

891 Vgl. LAG Berlin-Brandenburg, Urteil v. 21.08.2019 – 15 Sa 575/19. BeckRS 2019, 28142.

892 Vgl. LAG Berlin-Brandenburg, Urteil v. 21.08.2019 – 15 Sa 575/19, BeckRS 2019, 28142, Rn. 39.

893 Vgl. LAG Berlin-Brandenburg, Urteil v. 21.08.2019 – 15 Sa 575/19, BeckRS 2019, 28142, Rn. 51.

894 Vgl. LAG Berlin-Brandenburg, Urteil v. 21.08.2019 – 15 Sa 575/19, BeckRS 2019, 28142, Rn. 51.

kann auch beurteilen, ob die werktägliche Arbeitszeit von acht Stunden überschritten wird.[895] Hierzu verweist das LAG auf die Entscheidung CCOO. Ohne konkret darauf einzugehen, was genau unter einem objektiven, verlässlichen und zugänglichen System zu verstehen ist, stellt das LAG jedoch fest, dass der Arbeitgeber einen Informationsfluss gewährleisten muss, damit er jeweils feststellen kann, wann und in welchem Umfang Arbeitszeiten bei seinen Beschäftigten anfallen.[896] Dazu führt es an, dass der Arbeitgeber diese Informationen durch Vorgesetzte, durch Aufzeichnungen der Beschäftigten selbst oder auf anderen Wegen ermitteln lassen könnte.[897]

(3) Stellungnahme

Die Auffassung[898], wonach ein objektives und verlässliches System nicht zulasse, dass die Arbeitszeit auch vom Arbeitnehmer selbst erfasst wird, ist nicht überzeugend. Die besseren Argumente sprechen dafür, dass der Arbeitgeber ein System bereitstellen kann, das den Arbeitnehmern ermöglicht, ihre Arbeitszeit selbst zu messen und aufzuzeichnen.

Zunächst einmal hat der EuGH nicht festgestellt, dass eine Erfassung der Arbeitszeit durch die Arbeitnehmer selbst nicht zulässig ist. Vielmehr hat er gerade betont, dass die Besonderheit eines Tätigkeitsberichts bei der Ausformung der konkreten Modalitäten eines solchen Systems Berücksichtigung finden soll.[899] Insbesondere bei Tätigkeiten, die außerhalb des Betriebs stattfinden oder bei Vertrauensarbeitszeit ist der Arbeitgeber darauf angewiesen, dass Arbeitnehmer ihre Arbeitszeiten selbst messen und erfassen.[900] Es ist für den Arbeitgeber kaum möglich, Arbeiten, die zu unterschiedlichen Zeiten, von zu Hause oder mobil erledigt werden, zu messen.[901]

Die Auffassung, wonach die Aufzeichnung der täglichen Arbeitszeit nicht auf die Arbeitnehmer delegiert werden kann, weil diese nicht zum Personenkreis des § 9 OWiG zählen, überzeugt ebenfalls nicht. Die Norm regelt lediglich

---

895 LAG Berlin-Brandenburg, Urteil v. 21.08.2019 – 15 Sa 575/19, BeckRS 2019, 28142, Rn. 51.

896 LAG Berlin-Brandenburg, Urteil v. 21.08.2019 – 15 Sa 575/19, BeckRS 2019, 28142, Rn. 51.

897 Vgl. LAG Berlin-Brandenburg, Urteil v. 21.08.2019 – 15 Sa 575/19, BeckRS 2019, 28142, Rn. 51.

898 Vgl. BeckOK ArbR/*Kock*, ArbZG § 16 Rn. 4; *Ulber*, NZA 2019, 677 (678).

899 EuGH, Urteil v. 14.05.2019 – C-55/18, NZA 2019, 683 (687), Rn. 63.

900 So auch *Bayreuther*, EuZW 2019, 446 (448 f.).

901 So auch *Bayreuther*, EuZW 2019, 446 (448 f.).

die bußgeldrechtliche Verantwortlichkeit der Unternehmensleitung, die jedoch durch eine Messung der täglichen Arbeitszeit durch die Arbeitnehmer nicht infrage gestellt wird. Eine Freizeichnung des Arbeitgebers gegenüber den Aufsichtsbehörden wird durch eine die eigenständige Messung oder Aufzeichnung der Arbeitszeit durch den Arbeitnehmer selbst nicht bewirkt. Adressat des Arbeitsschutzes bleibt weiterhin der Arbeitgeber.

Zurecht wird in diesem Zusammenhang auf die Ausführungen des Generalanwalts *Pitruzzella*[902] verwiesen, der in seinen Schlussanträgen erklärt, dass die Richtlinie 2003/88/EG das Bestehen eines Mittels zur Erfassung der Arbeitszeit, das eine einfache Aufzeichnung in Papierform, in elektronischer Form oder ein anderes Instrument, sofern es für das Ziel geeignet ist, sein kann, voraussetzt. Des Weiteren lässt auch die Richtlinie zur Arbeitszeit im Bereich des Straßentransports (Art. 9 Buchst. b RL 2002/15/EG) die Erfassung der Arbeitszeit durch die Arbeitnehmer selbst zu.[903] Nichts anderes kann für die Pflicht zur Einrichtung eines Systems gelten, das lediglich eine Messung der Arbeitszeit gewährleisten soll, und nicht deren Aufzeichnung.

Im Ausgangspunkt spricht all dies dafür, dass ein objektives und verlässliches System gegeben ist, wenn eine exakte Messung der täglichen Arbeitszeit möglich ist. Um diese zu ermöglichen, ist es bei einer Vertrauensarbeitszeit erforderlich, dass Arbeitnehmer umfassend darüber informiert werden, welche Zeiten als Arbeitszeiten zu qualifizieren sind. Die Organisationslast trägt allerdings weiterhin der Arbeitgeber. Zudem dürfte nach wie vor eine Kontrollpflicht des Arbeitgebers erforderlich sein. Nur hierdurch kann er sicherstellen, dass das „System" zur Erfassung der Arbeitszeit zuverlässig ist. Weiß der Arbeitnehmer nicht, was zur Arbeitszeit gehört, kann er diese auch nicht verlässlich aufzeichnen. Dies widerspricht auch nicht dem Grundgedanken der Vertrauensarbeitszeit, dass der Arbeitgeber „darauf vertraut, der betreffende Arbeitnehmer werde seine Arbeitsverpflichtung in zeitlicher Hinsicht auch ohne Kontrolle erfüllen". Er vertraut in dem Sinne lediglich darauf, dass der Arbeitnehmer seine Hauptleistungspflicht in zeitlicher Hinsicht erfüllt, ohne dass er diese kontrollieren muss.

---

902 Vgl. EuGH, Schlussantrag v. 31.01.2019 – C-55/18, BeckRS 2019, 667, Rn. 77.

903 So etwa Baeck/Deutsch/Winzer/*Baeck/Deutsch/Winzer* ArbZG § 21a Rn. 33; *Käckenmeister*/HK – ArbZR; § 21 a Rn. 16; BeckOK ArbR/*Kock* ArbZG § 21a Rn. 20; so auch im Gesetzesentwurf, wonach eine besondere Form für die Aufzeichnungen nicht vorgegeben ist. Der Nachweis kann auch mit dazu geeigneten vorhandenen Unterlagen (Schaublättern, Speicherdaten der Digitalen Kontrollgeräte) erbracht werden, wenn sich die geleisteten Arbeitszeiten vollständig entnehmen lassen: vgl. BT-Drucksache 16/1685, S. 13.

(iii) Zwischenergebnis

Der EuGH verlangt nur, dass der Arbeitgeber ein System zur Messung der Arbeitszeit einrichten muss. Eine allgemeine Verpflichtung zur Dokumentation der Arbeitszeit verlangt er nicht. Ein System ist objektiv und verlässlich, wenn es die Messung der tatsächlich erbrachten Arbeitszeit der Arbeitnehmer funktionsfähig gewährleistet. Dabei muss der Arbeitgeber eine Organisation in seinem Betrieb schaffen, in der er einen Informationsfluss gewährleistet, damit er die Arbeitszeit seiner Arbeitnehmer feststellen kann. Dabei muss es sich nicht zwangsläufig um ein technisches System handeln. Das System muss zugänglich sein, d. h. zum einen, dass Kontrollorgane, wie die Aufsichtsbehörde, Arbeitnehmervertreter (Betriebsrat und ggf. Gewerkschaften) Zugriff auf die Messergebnisse haben. Zum anderen bedeutet es, dass das System zur Messung der Arbeitszeit für alle Arbeitnehmer gilt.

Eine Delegation der Pflicht zur Messung der täglichen Arbeitszeit an die Arbeitnehmer ist weiterhin möglich. Bei Vertrauensarbeitszeit kann daher die selbstständige Messung und Protokollierung durch die Arbeitnehmer z. B. durch einen Handzettel, ein technisches System oder Apps weiterhin erfolgen. Den Arbeitgeber treffen jedoch Organisations- und Kontrollpflichten, d. h. stichprobenartige Kontrollen seinerseits sind bei einer Vertrauensarbeitszeit erforderlich. Nur dann kann gewährleistet werden, dass das System objektiv und verlässlich ist.

c) Folgen für das deutsche Recht

Welche Folgen die Entscheidung CCOO für das deutsche Recht hat, ist derzeit höchst umstritten. Es ist nach wie vor unklar, ob eine Umsetzung der CCOO-Entscheidung in das nationale Recht notwendig ist und inwieweit sich diese zukünftig auf den Arbeitsalltag in Deutschland auswirken wird. Daher soll im Folgenden untersucht werden, welche Folgen die Entscheidung CCOO tatsächlich für die deutsche Arbeitszeit und mithin für die Vertrauensarbeitszeit hat.

aa) Aufzeichnungspflicht nach § 16 ArbZG

(i) Bisherige Rechtslage zur Aufzeichnungspflicht nach § 16 ArbZG

Auch bislang war umstritten, in welchen Umfang der Arbeitgeber im Rahmen der Vertrauensarbeitszeit nach § 16 Abs. 2 ArbZG verpflichtet ist, die tägliche Arbeitszeit der Arbeitnehmer aufzuzeichnen. Unstreitig ist jedenfalls, dass er hiernach verpflichtet ist, die über die werktägliche Höchstarbeitszeit des § 3 S. 1 ArbZG hinausgehende Arbeitszeit aufzuzeichnen. Streitig ist und war allerdings auch bislang, ob eine Auslegung des § 16 Abs. 2 ArbZG ergibt, dass der Beginn und das Ende der täglichen Arbeitszeit sowie die Ausgleichszeiträume, die Pausen und die Arbeitszeiten an Sonn- und Feiertagen aufzuzeichnen sind und ob der Arbeitgeber diese Aufzeichnungspflicht auf die Arbeitnehmer delegieren kann.

(1) Beginn und Ende der täglichen Arbeitszeit

Die Frage, ob eine Auslegung des § 16 Abs. 2 ArbZG ergibt, dass auch der Beginn und das Ende der täglichen Arbeitszeit aufgezeichnet werden müssen, war auch bereits vor der Entscheidung CCOO umstritten.

Das Bundesarbeitsgericht hat hierzu, sogar konkret zur Vertrauensarbeitszeit, festgestellt, dass der Arbeitgeber jedenfalls auch im Rahmen einer Vertrauensarbeitszeit gem. § 16 Abs. 2 ArbZG die über § 3 S. 1 ArbZG hinausgehende Arbeitszeit aufzeichnen muss.[904] Ob dies auch für Beginn und Ende der täglichen Arbeitszeit gilt, wurde bislang einzig vom Landesarbeitsgericht Rheinland-Pfalz in seinem Urteil vom 05.06.2013[905] erwähnt. Danach ist der Arbeitgeber nach § 16 ArbZG lediglich verpflichtet, die über die werktägliche Arbeitszeit des § 3 S. 1 ArbZG, d. h. die über acht Stunden an einem Werktag hinausgehende Arbeitszeit aufzuzeichnen.[906] Diese Aufzeichnungspflicht beziehe sich jedoch ausschließlich auf diejenigen Arbeitsstunden, die der Arbeitnehmer über das in § 3 S. 1 ArbZG normierte Höchstmaß hinaus erbringt, nicht hingegen auf sämtliche Arbeitszeiten.[907]

Auch das LAG Berlin-Brandenburg[908] lehnte eine Verpflichtung des Arbeitgebers zur Aufzeichnung des jeweiligen Beginns und des Endes der täglichen Arbeitszeit ab. Allerdings ist nach seiner Auffassung der Arbeitgeber verpflichtet, den jeweiligen Beginn und das Ende der täglichen Arbeitszeit seiner Arbeitnehmer zu kennen.[909] „Es handelt sich um relevante Daten, die schon wegen § 16 Abs. 2 ArbZG hätten zur Kenntnis genommen werden müssen, denn nur wer die tatsächlichen Arbeitszeiten kennt, kann auch beurteilen, ob die werktägliche Arbeitszeit von 8 Stunden überschritten wird. Insofern geht es um die Zurechnung und Kenntnisnahme von Wissen in arbeitsteiligen Organisationen."[910]

---

904 BAG, Beschluss vom 06.05.2003 – 1 ABR 13/02, NZA 2003, 1348; so auch BAG, Urteil v. 26.6.2019 – 5 AZR 452/18, NZA 2019, 1361 (1364), Rn. 32.
905 Vgl. LAG Rheinland-Pfalz, Urteil v. 05.06.2013 – 8 Sa 571/12, BeckRS 2014, 65219.
906 Vgl. LAG Rheinland-Pfalz, Urteil v. 05.06.2013 – 8 Sa 571/12, BeckRS 2014, 65219.
907 LAG Rheinland-Pfalz, Urteil v. 05.06.2013 – 8 Sa 571/12, BeckRS 2014, 65219.
908 Vgl. LAG Berlin-Brandenburg, Urteil v. 21.08.2019 – 15 Sa 575/19, juris, Rn. 94.
909 LAG Berlin-Brandenburg, Urteil v. 21.08.2019 – 15 Sa 575/19, juris, Rn. 94.
910 LAG Berlin-Brandenburg, Urteil v. 21.08.2019 – 15 Sa 575/19, juris, Rn. 94.

Dies sei für die ordentliche Gerichtsbarkeit[911] schon lange ein Thema.[912] Rechtserhebliche Informationen müssten von ihren Entscheidungsträgern zur Kenntnis genommen werden. Ein Informationsfluss von unten nach oben und umgekehrt sei organisatorisch abzusichern. Komme die Organisation dem nicht nach, müsse sie sich das Wissen einzelner Arbeitnehmer zurechnen lassen, unabhängig davon, auf welcher Ebene diese tätig sind. Dem sei die Arbeitsgerichtsbarkeit – wenn auch nicht immer so ausführlich – gefolgt.[913] Insofern müsse der Arbeitgeber einen Informationsfluss so gewährleisten, dass er jeweils feststellen kann, wann und in welchem Umfang Arbeitszeiten bei seinen Beschäftigten anfallen.[914]

In der Literatur gehen die Meinungen hierzu bislang auseinander. Der überwiegende Teil der Literatur[915] verritt ebenfalls die Ansicht, dass § 16 Abs. 2 ArbZG lediglich vorschreibe, dass die über die werktägliche hinausgehende Arbeitszeit aufzuzeichnen ist. Solange ein Arbeitnehmer werktäglich nur bis zu acht Stunden arbeite, bestehe keine Aufzeichnungspflicht.[916] Zur Begründung wird auf die Intention des Gesetzgebers hingewiesen. Er habe mit der Beschränkung der Aufzeichnungspflicht unnötigen Verwaltungsaufwand vermeiden wollen.[917] Hierfür spreche zudem, dass es der Gesetzgeber anlässlich der Änderung des ArbZG zum 01.01.2004 nicht für notwendig hielt, § 16 Abs. 2 ArbZG zu ändern.[918]

Ernst und *Bartl*[919] hingegen vertraten ohnehin bislang die Auffassung, dass der Arbeitgeber jegliche tatsächlich geleistete Arbeitszeit, einschließlich Ruhezeit und Ruhepausen, jeweils mit Angaben von Beginn und Ende, einschließlich der Teilnahme an Betriebsversammlungen, aufzuzeichnen habe und eine

---

911 Vgl. BGH, Urteil v. 01.03.1984 – IX ZR 34/83, juris Rn. 20.

912 LAG Berlin-Brandenburg, Urteil v. 21.08.2019 – 15 Sa 575/19, juris, Rn. 94.

913 LAG Berlin-Brandenburg, Urteil v. 21.08.2019 – 15 Sa 575/19, juris, Rn. 94.

914 LAG Berlin-Brandenburg, Urteil v. 21.08.2019 – 15 Sa 575/19, juris, Rn. 94.

915 Vgl. ErfK/*Wank*, 20. Aufl. 2020, ArbZG § 16 Rn. 4; Baeck/Deutsch/Winzer/*Baeck/Deutsch/Winzer*, 4. Aufl. 2020, ArbZG § 16 Rn. 21; NK-ArbR/*Joachim Wichert*, 1. Aufl. 2016, ArbZG § 16 Rn. 6; *Schliemann*, FA 2016, 66 (68); *Schlottfeldt/Hoff*, NZA 2001, 530 (531).

916 Baeck/Deutsch/Winzer/*Baeck/Deutsch/Winzer*, 4. Aufl. 2020, ArbZG § 16 Rn. 21.

917 Vgl. Baeck/Deutsch/Winzer/*Baeck/Deutsch/Winzer*, 4. Aufl. 2020, ArbZG § 16 Rn. 24; BT-Drucksache 12/5888 S. 3.

918 Vgl. Baeck/Deutsch/Winzer/*Baeck/Deutsch/Winzer*, 4. Aufl. 2020, ArbZG § 16 Rn. 24.

919 Vgl. Däubler/Hjort/Schubert/Wolmerath/*Ernst/Bartl*, Arbeitsrecht § 16 ArbZG Rn. 5; ähnlich auch Neumann/Biebl § 16 Rn. 6.

wochen- oder monatsbezogene Erfassung nicht genüge.[920] Dies begründen sie damit, dass § 16 Abs. 2 ArbZG bezwecke, dass die Aufsichtsbehörde zur Verbesserung der Sicherheit und der Gesundheit der Arbeitnehmer die Möglichkeit zur Überschreitung der Höchstarbeitszeit unterbinden oder einschränken kann.[921]

Auch der Erlass des Ministeriums für Arbeit, Integration und Soziales NRW vom 30.12.2013 schrieb bereits vor der Entscheidung des EuGH vor, dass aus den Arbeitszeitnachweisen der Beginn und das Ende der Arbeitszeit und der Pausen hervorgehen „sollen".[922] Eine Begründung sieht der Erlass jedoch nicht vor.

(2) Ausgleichszeiträume

Ebenfalls ist bislang umstritten, ob auch die Ausgleichszeiten nach § 16 Abs. 2 ArbZG aufzeichnungspflichtig sind. Nach einer Ansicht[923] ist der erforderliche Ausgleich durch Verkürzung der Arbeitszeit innerhalb der Ausgleichszeiträume nicht aufzuzeichnen. Die von einem Teil des Schrifttums insofern vertretene erweiternde Auslegung über den Wortlaut und die europarechtlichen Vorgaben hinaus sei daher abzulehnen.[924]

Aus dem Sinn und Zweck der Aufzeichnungspflicht (Überwachung der Einhaltung des ArbZG durch die Aufsichtsbehörden) könne nach dieser Ansicht insbesondere keine weitergehende Verpflichtung des Arbeitgebers abgeleitet werden.[925] Eine solche Aufzeichnung von Ausgleichszeiten habe der Gesetzgeber mit der rein überschreitungsbezogenen Aufzeichnungsverpflichtung gerade nicht vorgesehen, sondern es bei einer möglichst einfach zu erfüllenden Aufzeichnungspflicht belassen wollen, da er es anlässlich der Änderung des ArbZG zum 01.01.2004 nicht für notwendig gehalten habe, die Aufzeichnungspflichten auszuweiten.[926]

Nur wenn im Einzelfall die Aufsichtsbehörde zu dem Ergebnis gelange, dass der erforderliche Ausgleich nicht auf diese Weise oder mithilfe anderer Unterlagen bzw. Hilfsmittel (z. B. Zeugenaussagen) nachgewiesen werden kann,

920 Däubler/Hjort/Schubert/Wolmerath/*Ernst/Bartl*, Arbeitsrecht § 16 ArbZG Rn. 5; Ähnlich auch Neumann/Biebl § 16 Rn. 6.

921 Däubler/Hjort/Schubert/Wolmerath/*Ernst/Bartl*, Arbeitsrecht § 16 ArbZG Rn. 5.

922 Erlass des MAIS NRW – III 2 – 8312 – v. 30.12.2013.

923 Vgl. ErfK/*Wank*, 20. Aufl. 2020, ArbZG § 16 Rn. 5; Baeck/Deutsch/Winzer/*Baeck/Deutsch/Winzer*, 4. Aufl. 2020, § 16, Rn. 24; NK-ArbR/*Joachim Wichert*, 1. Aufl. 2016, ArbZG § 16 Rn. 8.

924 NK-ArbR/*Joachim Wichert*, 1. Aufl. 2016, ArbZG § 16 Rn. 8.

925 Vgl. ErfK/*Wank*, 20. Aufl. 2020, ArbZG § 16 Rn. 5

926 Vgl. Baeck/Deutsch/Winzer/*Baeck/Deutsch/Winzer*, 4. Aufl. 2020, ArbZG § 16 Rn. 24.

bestehe über § 17 Abs. 2 ArbZG die Möglichkeit, soweit dies zur Abwendung einer konkreten Gefahr notwendig ist, eine entsprechende Aufzeichnungspflicht anzuordnen.[927] Eine generelle Ausdehnung der Aufzeichnungspflicht über den eindeutigen Gesetzeswortlaut hinaus sei nicht erforderlich.[928] Ferner würde sie – gerade auch im Hinblick auf die mit der Verletzung der Aufzeichnungsvorschriften verbundenen Sanktionen – dem rechtsstaatlichen Gebot der Normklarheit widersprechen.[929]

Nach einer anderen Ansicht[930] wird die Aufzeichnung der Ausgleichszeiten zum Zwecke der Überwachung der Einhaltung des ArbZG durch die Aufsichtsbehörden als unerlässlich angesehen. Die Pflicht erstrecke sich bei flexiblen Zeitsystemen auf den Ausgleich von Arbeitszeitverkürzungen im jeweiligen Ausgleichszeitraum. Zweck der Nachweispflicht sei es, die Überwachung des ArbZG durch die Aufsichtsbehörden sicherzustellen.[931] Die Aufsichtsbehörde müsse anhand von Unterlagen prüfen können, ob Überarbeit an einem Tag im Ausgleichszeitraum ausgeglichen wurde.[932] Dem stimmte bislang auch das Ministerium für Arbeit, Integration und Soziales des Landes NRW zu, das ebenfalls Ausgleichszeiten als aufzeichnungspflichtig ansah.[933]

(3) Arbeitszeiten an Sonn- und Feiertagen

In diesem Zusammenhang wurde bislang ebenfalls diskutiert, ob auch Arbeitszeiten an Sonn- und Feiertagen aufzeichnungspflichtig sind. Nach der Rechtsprechung[934], dem Erlass des Ministeriums für Arbeit, Integration und Soziales des Landes NRW vom 30. Dezember 2013 zur Ausführung des Arbeitszeitgesetzes[935] sowie einer verbreiteten Ansicht in der Literatur[936], sind die gesamten

---

927 ErfK/*Wank*, 20. Aufl. 2020, ArbZG § 16 Rn. 5; Baeck/Deutsch/Winzer/*Baeck/Deutsch/Winzer*, 4. Aufl. 2020, ArbZG § 16, Rn. 24.

928 ErfK/*Wank*, 20. Aufl. 2020, ArbZG § 16 Rn. 5; Baeck/Deutsch/Winzer/*Baeck/Deutsch/Winzer*, 4. Aufl. 2020, ArbZG § 16, Rn. 24.

929 Vgl. *Schlottfeldt*, NZA 2001, 530 (531).

930 Vgl. Neumann/Biebl/*Biebl*, 16. Aufl. 2012, ArbZG § 16 Rn. 6; *Schlottfeldt*, NZA 2001, 530 (531); HWK/*Gäntgen*, § 16 ArbZG, Rn. 6.

931 Neumann/Biebl/*Biebl*, 16. Aufl. 2012, ArbZG § 16 Rn. 6

932 Vgl. *Schlottfeldt*, NZA 2001, 530 (531).

933 Vgl. Erlass des MAIS NRW – III 2 – 8312 – v. 30.12.2013, S. 26.

934 Vgl. BAG, Beschluss v. 06.05.2003 – 1 ABR 13/02, NZA 2003, 1348 (1349)

935 Erlass des MAIS NRW – III 2 – 8312 – v. 30.12.2013.

936 Vgl. *ErfK/Wank*, 20. Aufl. 2020, ArbZG § 16 Rn. 4; *Neumann/Biebl*, 16. Aufl. 2012, ArbZG § 16, Rn. 5; Baeck/Deutsch/Winzer/*Baeck/Deutsch/Winzer*, 4. Aufl. 2020, ArbZG § 16 Rn. 23.

Arbeitszeiten an Sonn- und Feiertagen aufzeichnungspflichtig. Denn bei Sonn- und Feiertagen handelt es sich demnach auch um eine über die werktägliche Arbeitszeit hinausgehende Arbeitszeit im Sinne des § 3 S. 1 ArbZG.[937] Dies ergebe sich nach Ansicht von *Wank*[938] zudem aus dem Zweck des Gesetzes, das es der Aufsichtsbehörde ermöglichen solle, die Einhaltung der Arbeitszeit, also auch das grundsätzliche Verbot der Sonn- und Feiertagsbeschäftigung (§ 9 ArbZG), zu kontrollieren. Dies gelte auch für die Vertrauensarbeitszeit.[939] *Schliemann*[940] hingegen nimmt eine Aufzeichnungspflicht bei Sonn- und Feiertagen nur an, soweit die an den Tagen geleistete Arbeitszeit die werktägliche Arbeitszeit von acht Stunden überschreitet.

(ii) Zusammenfassung und Stellungnahme

Aus der vorangestellten Diskussion wird ersichtlich, dass man sich bereits vor der Entscheidung CCOO im Rahmen des § 16 Abs. 2 ArbZG darüber gestritten hat, ob der Arbeitgeber die gesamte tatsächlich geleistete Arbeitszeit, einschließlich Ruhezeit und Ruhepausen, jeweils mit Angaben von Beginn und Ende aufzuzeichnen hat. Dabei hat das BAG bislang lediglich festgestellt, dass § 16 Abs. 2 ArbZG vorschreibt, dass die über die werktägliche Arbeitszeit des § 3 S. 1 ArbZG hinausgehende Arbeitszeit der Arbeitnehmer aufzuzeichnen ist. Eine Aufzeichnung der gesamten täglichen Arbeitszeit ist nach allgemeiner Ansicht lediglich bei Arbeiten an Sonn- und Feiertagen gefordert.[941] Auch geht bislang die Rechtsprechung davon aus, dass der Arbeitgeber jedenfalls zur Messung der täglichen Arbeitszeit verpflichtet ist, da er andernfalls nicht beurteilen kann, ob die tägliche Höchstarbeitszeit überschritten wurde.[942] Dies hat das BAG, wenn auch nicht explizit zu § 16 Abs. 2 ArbZG, in seiner Entscheidung vom 06.05.2003[943] ausdrücklich festgestellt. Danach muss der Arbeitgeber, der über die tatsächlichen Arbeitszeiten seiner Mitarbeiter Auskunft geben soll, nach Auffassung des

937 ErfK/*Wank*, 20. Aufl. 2020, ArbZG § 16 Rn. 4; BAG, Beschluss v. 06.05.2003 – 1 ABR 13/02, NZA 2003, 1348 (1349).

938 Vgl. ErfK/*Wank*, 20. Aufl. 2020, ArbZG § 16, Rn. 4.

939 ErfK/*Wank*, 20. Aufl. 2020, ArbZG § 16, Rn. 4.

940 Vgl. *Schliemann* § 16 Rn. 6.

941 Vgl. BAG, Beschluss v. 06.05.2003 – 1 ABR 13/02, NZA 2003, 1348 (1349); Erlass des MAIS NRW – III 2 – 8312 – v. 30.12.2013; ErfK/*Wank*, 20. Aufl. 2020, ArbZG § 16 Rn. 4; Neumann/Biebl, 16. Aufl. 2012, ArbZG § 16, Rn. 5; Baeck/Deutsch/Winzer/*Baeck/Deutsch/Winzer*, 4. Aufl. 2020, ArbZG § 16 Rn. 23.

942 Vgl. BAG, Beschluss v. 06.05.2003 – 1 ABR 13/02, NZA 2003, 1348 (1352).

943 BAG, Beschluss v. 06.05.2003 – 1 ABR 13/02, NZA 2003, 1348 (1352).

BAG auf geeignete Weise dafür sorgen, dass die objektiv vorhandenen Daten im Betrieb zur Kenntnis genommen und mitteilbar gemacht werden.[944] Er ist zur Wahrnehmung der Arbeitszeitdaten verpflichtet.[945] Ein Verzicht auf die Erhebung von Arbeitszeitdaten der Arbeitnehmer sei keine zu respektierende Ausübung der betrieblichen Organisations- und Leitungsmacht des Arbeitgebers.[946] Diese bestehe nur im Rahmen der den Arbeitgeber bindenden normativen Vorgaben.[947] Er habe seinen Betrieb so zu organisieren, dass die gesetzlichen und tariflichen Höchstarbeitszeitgrenzen eingehalten werden.[948]

Eine Aufzeichnung des Beginns und des Endes der täglichen Arbeitszeit sieht das Gesetz allerdings nicht vor. Sofern man mit der vertretenen Auffassung zum Ergebnis gelangt, dass der EuGH in der Entscheidung CCOO lediglich ein System zur Messung der täglichen Arbeitszeit verlangt, bedarf es keiner unionsrechtskonformen Auslegung des § 16 ArbZG. Insoweit ergibt sich bereits aus dem ArbZG eine Verpflichtung zur Messung der täglichen Arbeitszeit. Das nationale Recht ist insoweit nicht unionsrechtswidrig.

bb) § 17 Abs. 2 ArbZG

Eine weitere Vorschrift, die die Einhaltung des ArbZG gewährleisten soll, ist § 17 Abs. 2 ArbZG. Anders als im spanischen Recht, kann die Aufsichtsbehörde nach dieser Norm die erforderlichen Maßnahmen treffen, um zuverlässig nachprüfen zu können, ob im Betrieb des Arbeitgebers Überschreitungen der werktäglichen Arbeitszeit i. S. d. §§ 3 und 4 ArbZG bzw. Verkürzungen der Mindestruhezeiten i. S. d. § 5 ArbZG vorgekommen sind und ob die gesetzlichen Voraussetzungen hierfür vorlagen.[949] Zu den zulässigen Maßnahmen, die der Arbeitgeber zur Erfüllung der sich aus diesem Gesetz ergebenden Pflichten zu treffen hat, kann es auch bei der Vertrauensarbeitszeit gehören, entsprechende Aufzeichnungen über die tägliche Ruhezeit und Arbeitszeit vorzunehmen. Insoweit ist die Behörde berechtigt, den Arbeitgeber zur Aufzeichnung der täglichen Arbeitszeiten und Ruhepausenzeiten zu verpflichten. Nach der verwaltungsgerichtlichen Rechtsprechung liegt dies sowohl im Interesse einzelner Arbeitnehmer im Hinblick

944 BAG, Beschluss v. 06.05.2003 – 1 ABR 13/02, NZA 2003, 1348 (1352).
945 BAG, Beschluss v. 06.05.2003 – 1 ABR 13/02, NZA 2003, 1348 (1352).
946 BAG, Beschluss v. 06.05.2003 – 1 ABR 13/02, NZA 2003, 1348 (1352).
947 BAG, Beschluss v. 06.05.2003 – 1 ABR 13/02, NZA 2003, 1348 (1352).
948 BAG, Beschluss v. 06.05.2003 – 1 ABR 13/02, NZA 2003, 1348 (1352).
949 VGH München, Beschluss vom 26.10.2011 – 22 CS 11.1989, BeckRS 2011, 56342, Rn. 15.

auf deren persönliche Gesundheit als auch im Interesse der Allgemeinheit, nicht für Krankheitskosten, die durch unverträgliche Arbeitszeiten verursacht wurden, einstehen zu müssen[950]. Zwar sei die Aufzeichnungspflicht im Gesetz nicht ausdrücklich vorgesehen, sie könne aber ebenfalls dazu dienen, die Erfüllung der gesetzlichen Pflichten, insbesondere aus §§ 3, 5 ArbZG sicherzustellen.[951] Erst bei hinreichendem Anlass soll eine über die gesetzlichen Anforderungen in § 16 Abs. 2 ArbZG hinausgehende Dokumentationsanordnung möglich sein.[952]

Anders als im Fall CCOO – in dem die Deutsche Bank gegenüber der Inspektion für Arbeit und soziale Sicherheit in Spanien (Arbeitsinspektion) nicht verpflichtet war, Aufzeichnungen durchzuführen und auszuhändigen – besteht eine solche Pflicht bei Vorliegen der Voraussetzungen des § 17 Abs. 2 ArbZG durchaus. Insoweit besteht über die Pflicht zur Messung der täglichen Arbeitszeit noch ein weiterer effektiver Schutz für den Arbeitnehmer im ArbZG. Arbeitnehmer können sogar anonym bei der Aufsichtsbehörde Arbeitszeitverstöße anzeigen und dafür sorgen, dass die Aufsichtsbehörde dies aktiv untersucht und Aufzeichnungen über den täglichen Beginn und das Ende der Arbeitszeit anfordert.

cc) § 80 Abs. 1 Nr. 1 BetrVG

Des Weiteren hat der Betriebsrat nach der Rechtsprechung des BAG auch bei einer Vertrauensarbeitszeit gegenüber dem Arbeitgeber ein Auskunftsrecht bzgl. Beginn und Ende der täglichen Arbeitszeit der Arbeitnehmer, um die Einhaltung der arbeitszeitrechtlichen Grenzen überprüfen zu können.[953] Der Arbeitgeber hat allerdings dem Betriebsrat die zur Durchführung seiner Aufgaben erforderlichen Unterlagen nur zur Verfügung zu stellen, wenn er sie tatsächlich besitzt.[954] Anders als im spanischen Recht kann er sich hingegen nicht darauf berufen, die tatsächlichen Arbeitszeiten nicht messen zu wollen bzw. zu müssen.[955] Insoweit hat das BAG sogar explizit für die Vertrauensarbeitszeit bereits 2003 entschieden, dass eine Pflicht des Arbeitgebers zur Erteilung der Auskünfte auch dann besteht, wenn er über die entsprechenden Kenntnisse selbst bislang nicht verfügt.[956] Der Arbeitgeber, der über die tatsächlichen Arbeitszeiten seiner

950 VG Augsburg, Urteil v. 18.04.2013 – Au 5 K 11.783, Rn. 40 f.
951 VG Augsburg, Urteil v. 18.04.2013 – Au 5 K 11.783, Rn. 40 f.
952 Vgl. VG Augsburg, Urteil v. 18.04.2013 – Au 5 K 11.783, Rn. 40 f.
953 Vgl. BAG, Beschluss v. 06.05.2003 – 1 ABR 13/02, NZA 2003, 1348 (1352).
954 Vgl. BAG, Beschluss v. 06.05.2003 – 1 ABR 13/02, NZA 2003, 1348 (1352).
955 Vgl. BAG, Beschluss v. 06.05.2003 – 1 ABR 13/02, NZA 2003, 1348 (1352).
956 Vgl. BAG, Beschluss v. 06.05.2003 – 1 ABR 13/02, NZA 2003, 1348 (1352).

Mitarbeiter Auskunft geben soll, muss nach Auffassung des BAG auf geeignete Weise dafür sorgen, dass die objektiv vorhandenen Daten im Betrieb zur Kenntnis genommen und mitteilbar gemacht werden.[957] Anders als im Fall nicht existierender Unterlagen brauche er dazu nichts herzustellen, sondern nur etwas Gegebenes wahrzunehmen.[958]

Zu einer solchen Wahrnehmung der anfallenden Daten sei er schon unabhängig von der Überwachungsaufgabe des Betriebsrats verpflichtet. Darauf, ob er die Daten erheben will, komme es nicht an.[959] Ein Verzicht auf die Erhebung von Arbeitszeitdaten der Arbeitnehmer sei keine zu respektierende Ausübung der betrieblichen Organisations- und Leitungsmacht des Arbeitgebers.[960] Diese bestehe nur im Rahmen der ihn bindenden normativen Vorgaben.[961] Er habe seinen Betrieb so zu organisieren, dass die gesetzlichen und tariflichen Höchstarbeitszeitgrenzen eingehalten werden.[962] Die von ihm geforderte Beachtung normativer Vorgaben mache es unumgänglich, den Betrieb so zu organisieren, dass er die Übereinstimmung betrieblicher Abläufe mit diesen Vorgaben selbst überprüfen und erforderlichenfalls korrigierend eingreifen kann.[963] Lediglich die Wahl der dafür geeigneten Mittel liege in seiner Organisations- und Leitungsmacht, nicht dagegen die Entscheidung, auf eine Kenntnisnahme der tatsächlichen Arbeitszeiten der Beschäftigten bewusst zu verzichten.[964]

dd) Zwischenergebnis

Zusammenfassend kann festgehalten werden, dass nach dem ArbZG – und auch nach der Rechtsprechung des BAG – bereits die Verpflichtung des Arbeitgebers existiert, ein System einzurichten, mit dem die tägliche Arbeitszeit der Arbeitnehmer gemessen werden kann. Der Arbeitgeber musste nach Auffassung des BAG[965] auch vor der Entscheidung CCOO schon auf geeignete Weise dafür sorgen, dass die „objektiv vorhandenen Daten im Betrieb zur Kenntnis genommen und mitteilbar gemacht werden".[966] Dies ist der deutschen Rechtsprechung nicht

957 Vgl. BAG, Beschluss v. 06.05.2003 – 1 ABR 13/02, NZA 2003, 1348 (1352).
958 BAG, Beschluss v. 06.05.2003 – 1 ABR 13/02, NZA 2003, 1348 (1352).
959 BAG, Beschluss v. 06.05.2003 – 1 ABR 13/02, NZA 2003, 1348 (1352).
960 BAG, Beschluss v. 06.05.2003 – 1 ABR 13/02, NZA 2003, 1348 (1352).
961 BAG, Beschluss v. 06.05.2003 – 1 ABR 13/02, NZA 2003, 1348 (1352).
962 BAG, Beschluss v. 06.05.2003 – 1 ABR 13/02, NZA 2003, 1348 (1352).
963 BAG, Beschluss v. 06.05.2003 – 1 ABR 13/02, NZA 2003, 1348 (1352).
964 BAG, Beschluss v. 06.05.2003 – 1 ABR 13/02, NZA 2003, 1348 (1352).
965 Vgl. BAG, Beschluss v. 06.05.2003 – 1 ABR 13/02, NZA 2003, 1348 (1352).
966 BAG, Beschluss v. 06.05.2003 – 1 ABR 13/02, NZA 2003, 1348 (1352).

fremd. Insbesondere wurde diese Pflicht explizit sogar für den Fall des Bestehens einer Vertrauensarbeitszeit entschieden.[967]

Darüber hinaus kann sich der Arbeitgeber auch, anders als im spanischen Recht, gegenüber der Aufsichtsbehörde und dem Betriebsrat nicht darauf berufen, er habe nicht die Verpflichtung, ein System einzurichten, das die Messung der täglichen Arbeitszeit jedes Arbeitnehmers ermöglicht. In Deutschland wäre es nicht möglich, nur eine Software zu nutzen, durch die lediglich die ganztägigen Abwesenheiten aufgezeichnet werden können.

Ebenfalls anders als in Spanien, kann die Aufsichtsbehörde von dem Arbeitgeber nicht nur die Einführung eines Systems, mit dem die tägliche Arbeitszeit gemessen werden kann, verlangen, sondern bei Vorliegen der Voraussetzungen des § 17 Abs. 2 ArbZG sogar eine Aufzeichnung der täglichen Arbeitszeit. Die derzeitige Rechtslage entspricht demnach vollständig den Vorgaben des EuGH in der Rechtssache CCOO und gewährleistet sogar einen weitergehenden Schutz. Denn neben der Verpflichtung zur Messung der Arbeitszeit besteht auch die Verpflichtung gem. § 16 Abs. 2 ArbZG, die über § 3 S. 1 ArbZG hinausgehende Arbeitszeit aufzuzeichnen und diese Aufzeichnungen für zwei Jahre aufzubewahren.

ee) Unionsrechtskonforme Auslegung des § 16 ArbZG?

Kommt man entgegen der hier vertretenen Auffassung[968] zum Ergebnis, dass der EuGH eine Erfassung der täglichen Arbeitszeit verlangt, stellt sich dennoch zunächst die Frage, ob und inwieweit das ArbZG angepasst werden muss. Denn nach ständiger Rechtsprechung des EuGH haben die nationalen Gerichte zunächst bei der Anwendung des innerstaatlichen Rechts zu versuchen, dieses so weit wie möglich anhand des Wortlauts und des Zwecks der ArbZRL auszulegen, um das in der Richtlinie festgelegte Ziel zu erreichen und damit Art. 288 Abs. 3 AEUV nachzukommen.[969] Der Grundsatz der unionsrechtskonformen Auslegung verlangt insoweit, dass die nationalen Gerichte unter Berücksichtigung des gesamten innerstaatlichen Rechts und unter Anwendung der dort anerkannten Auslegungsmethoden alles Mögliche unternehmen, was in ihrer Zuständigkeit liegt, um die volle Wirksamkeit der infrage stehenden Richtlinie zu gewährleisten und zu einem Ergebnis zu gelangen, das mit dem von der Richtlinie verfolgten Ziel im Einklang steht.[970]

967 BAG, Beschluss v. 06.05.2003 – 1 ABR 13/02, NZA 2003, 1348 (1352).
968 Vgl. die Stellungnahme unter C. II. 6. b) aa) (iii).
969 Vgl. EuGH, Urteil v. 04.07.2006 – C-212/04; NJW 2006, 2465 (2467).
970 Vgl. EuGH, Urteil v. 04.07.2006 – C-212/04; NJW 2006, 2465 (2467).

Vor diesem Hintergrund wird in der Literatur heftig diskutiert, ob man den Vorgaben der EuGH-Entscheidung CCOO nicht bereits durch eine unionsrechtskonforme Auslegung des § 16 Abs. 2 ArbZG ausreichend gerecht werden kann. Wäre die Norm auslegungsfähig, dann würde aufgrund der Pflicht zur unionsrechtskonformen Auslegung ab sofort für alle Arbeitsverhältnisse eine Pflicht zur Arbeitszeiterfassung gelten.[971] Eines Tätigwerdens des Gesetzgebers bedürfe es in dem Fall nicht mehr.

(i) Meinungsstand in der Literatur

Nach Auffassung von *Baeck/Winzer/Launer*[972] könne das ArbZG nicht im Sinne der Entscheidung CCOO ausgelegt werden. Aufgrund des klaren Wortlauts des § 16 Abs. 2 S. 1 ArbZG scheidet eine entsprechende richtlinienkonforme Auslegung aus.[973] Der klare und eindeutige Wortlaut des ArbZG setze auch einer richtlinienkonformen Auslegung Grenzen.[974] Auch eine richtlinienkonforme Rechtsfortbildung sei abzulehnen.[975] Diese verstieße gegen die Contra-legem-Grenze. Es fehle vorliegend angesichts der eindeutig feststellbaren Regelungsabsicht des Gesetzgebers an der dafür vorausgesetzten planwidrigen Regelungslücke; allein die fehlende Richtlinienkonformität begründet keine planwidrige Unvollständigkeit des Gesetzes.[976]

Auch *Ulber*[977] ist der Auffassung, dass der Wortlaut des § 16 Abs. 2 ArbZG gegen eine unionsrechtskonforme Auslegung spricht. Sowohl eine erweiternde als auch eine einschränkende Auslegung der Norm sei zwar möglich; diese bewege sich jedoch sehr nah an der Wortlautgrenze, wenn sie nicht sogar darüber hinaus gehe.[978] Zudem könne auch der vom EuGH betonte Gestaltungsspielraum der Mitgliedstaaten einer unionsrechtskonformen Auslegung im Wege stehen, da eine konkretisierende Regelung für die Arbeitszeiterfassung in Deutschland fehle.[979] Stelle man sich vor diesem Hintergrund auf den Standpunkt, dass es eines konkretisierenden Tätigwerdens des Gesetzgebers nicht (mehr) bedürfe, dann sei durchaus eine Möglichkeit gegeben, § 16 Abs. 2 ArbZG

971 Vgl. *Ulber*, NZA 2019, 677 (680); *Sittard/Esser*, jM 2019, 284 (286).
972 Vgl. *Baeck/Winzer/Launer*, NZG 2019, 858 (859).
973 Vgl. *Baeck/Winzer/Launer*, NZG 2019, 858 (859).
974 *Baeck/Winzer/Launer*, NZG 2019, 858 (859).
975 *Baeck/Winzer/Launer*, NZG 2019, 858 (859).
976 *Baeck/Winzer/Launer*, NZG 2019, 858 (859).
977 Vgl. *Ulber*, NZA 2019, 677 (680).
978 Vgl. *Ulber*, NZA 2019, 677 (680).
979 Vgl. *Ulber*, NZA 2019, 677 (680).

unionsrechtskonform auszulegen und sich schlicht darauf zu beschränken, zu überprüfen, ob das vom Arbeitgeber gewählte System die Erfordernisse der Objektivität, Verlässlichkeit und Zugänglichkeit einhalte.[980] Als Möglichkeit sieht er, im Wege einer einschränkenden Auslegung die Passage „über die werktägliche Arbeitszeit des § 3 S. 1 hinausgehende" aus der Norm herauszustreichen. Als Alternative schlägt er eine erweiternde Auslegung vor.[981] Diese sehe dann so aus, dass der Arbeitgeber verpflichtet ist, die über die werktägliche Arbeitszeit des § 3 S. 1 hinausgehende Arbeitszeit [und die Arbeitszeit] der Arbeitnehmer aufzuzeichnen.[982]

In seinem von dem Deutschen Gewerkschaftsbund geförderten Rechtsgutachten[983] kommt *Ulber* hingegen zum Ergebnis, dass § 16 Abs. 2 ArbZG unionsrechtskonform ausgelegt werden kann. Dies ergibt sich nach seiner Auffassung aus dem systematischen Zusammenhang von § 16 Abs. 2 ArbZG zu § 17 Abs. 4 ArbZG.[984] Die Vorschrift gebiete eine Erfassung von Beginn, Ende und Dauer der Arbeitszeit.[985] Hinzu komme, dass auch bislang eine arbeitsschutzrechtliche Pflicht des Arbeitgebers bestand, die Vorgaben des ArbZG einzuhalten und dafür zu sorgen, dass sein Arbeitszeitmodell und die bei ihm beschäftigten Arbeitnehmer die gesetzlichen Höchstarbeitszeiten einhalten.[986]

Nach Auffassung von *Ulber* ergibt sich dies zudem aus der Pflicht, „so weit wie möglich" unionsrechtskonform auszulegen. Das gelte insbesondere deshalb, weil der Gesetzgeber stets behauptet habe, das ArbZG diene der Umsetzung der Arbeitszeitrichtlinie.[987] Ein abweichender Wille sei zwar aufgrund vieler Vorschriften zu vermuten, aber nirgends ausdrücklich ausgesprochen, auch nicht

---

980 *Ulber*, NZA 2019, 677 (680).
981 *Ulber*, NZA 2019, 677 (680).
982 *Ulber*, NZA 2019, 677 (680).
983 *Ulber*, Vorgaben des EuGH zur Arbeitszeiterfassung, HSI-Schriftenreihe Band 32, S. 63.
984 *Ulber*, Vorgaben des EuGH zur Arbeitszeiterfassung, HSI-Schriftenreihe Band 32, S. 63.
985 *Ulber*, Vorgaben des EuGH zur Arbeitszeiterfassung, HSI-Schriftenreihe Band 32, S. 63.
986 *Ulber*, Vorgaben des EuGH zur Arbeitszeiterfassung, HSI-Schriftenreihe Band 32, S. 63.
987 *Ulber*, Vorgaben des EuGH zur Arbeitszeiterfassung, HSI-Schriftenreihe Band 32, S. 64.

bei § 16 Abs. 2 ArbZG.[988] Insofern seien die Vorschriften des ArbZG im Zweifel unionsrechtskonform auszulegen.[989]

Reinhardt[990] hingegen hält auch die Streichung des Nebensatzes oder den Einschub weiterer Wörter für eine unzulässige Überschreitung der Wortlautgrenze des § 16 Abs. 2 ArbZG und damit für eine unzulässige Auslegungsmethodik. Zur Begründung führt er den klaren Wortlaut des § 16 Abs. 2 ArbZG an, welcher lediglich die Erfassung von Überstunden fordere.[991] Zwar gebe der EuGH den mitgliedstaatlichen Gerichten die unionsrechtskonforme Auslegung der nationalen Regelungen auf, jedoch macht er klar, dass dafür „die im nationalen Recht anerkannten Auslegungsmethoden" anzuwenden seien.[992] Zudem ist er der Auffassung, dass sich auch im Umkehrschluss aus den umfassenden Aufzeichnungspflichten, wie § 21a Abs. 7 S. 1 ArbZG, ergebe, dass der Gesetzgeber lediglich eine Pflicht zur Aufzeichnung von Überstunden im Auge gehabt habe.[993]

Höpfner/Daum[994] weisen zudem daraufhin hin, dass der Gesetzgeber im Zuge der Änderungen des ArbZG zum 01.01.2004 einen Vorschlag der Thüringer Aufsichtsbehörde, § 16 Abs. 2 ArbZG zu einer umfassenden Aufzeichnungspflicht zu erweitern, nicht aufgegriffen habe. Angesichts dieses eindeutigen Willens des Gesetzgebers, der im Wortlaut der Norm überdies klar zum Ausdruck gekommen ist, scheide eine richtlinienkonforme Auslegung oder Rechtsfortbildung aus.[995]

Auch *Bayreuther*[996] vertritt in seinem für das Bundesministerium für Arbeit erstellten Gutachten die Auffassung, dass § 16 Abs. 2 ArbZG nicht richtlinienkonform ausgelegt werden kann. Danach sei der Wortlaut der Regelung eindeutig. Seiner Auffassung nach könne aus der Norm nicht entnommen werden, dass, wenn der Arbeitgeber Überstunden nachweisen muss, er dies notwendigerweise auch für die allgemeine Arbeitszeit tun müsse.[997] Es reicht demnach

---

988 *Ulber*, Vorgaben des EuGH zur Arbeitszeiterfassung, HSI-Schriftenreihe Band 32, S. 64.
989 *Ulber*, Vorgaben des EuGH zur Arbeitszeiterfassung, HSI-Schriftenreihe Band 32, S. 64.
990 *Reinhard*, NZA 2019, 1313 (1314).
991 *Reinhard*, NZA 2019, 1313 (1314).
992 Reinhard, NZA 2019, 1313 (1314).
993 *Reinhard*, NZA 2019, 1313 (1314).
994 *Höpfner/Daum*, RdA 2019, 270 (276 f.).
995 *Höpfner/Daum*, RdA 2019, 270 (276 f.).
996 *Bayreuther*, Rechtsgutachten für das BMAS, S. 19 f.
997 Vgl. *Bayreuther*, Rechtsgutachten für das BMAS, S. 19 f.

die Kenntnis des Arbeitgebers darüber, dass das Regeldeputat der Beschäftigten erschöpft ist.[998] Dokumentieren müsse er dieses deshalb noch lange nicht.[999] Im Übrigen ergebe sich auch aus der Gesetzesbegründung und der Systematik des Gesetzes kein anderes Ergebnis.[1000]

Schrader[1001] hingegen ist der Auffassung, dass die besseren Argumente dafür sprechen, dass es des Tätigwerdens des Gesetzgebers nicht bedarf. Nach seiner Meinung kann § 16 Abs. 2 ArbZG unionsrechtskonform ausgelegt werden, indem man sich schlicht darauf beschränkt, zu überprüfen, ob das vom Arbeitgeber gewählte System die Erfordernisse der Objektivität, Verlässlichkeit und Zugänglichkeit einhält, die der EuGH verlangt.[1002] Als Begründung führt er zunächst auf, dass die Gesetzesbegründung nur deutlich mache, dass es grundsätzlich einer Dokumentation bedarf und diese als Arbeitgeberpflicht notwendig ist, vor dem Hintergrund, die Überwachung durch die Aufsichtsbehörden zu ermöglichen.[1003] Zwar sieht auch er das Problem, dass der Gesetzeswortlaut nur die Dokumentation der „Überstunden" fordert.[1004] Allerdings sei es nach einhelliger Auffassung in der Literatur Sinn und Zweck von Dokumentation und Aufbewahrung, den Aufsichtsbehörden eine Überprüfung zu ermöglichen, ob die arbeitszeitrechtlichen Bestimmungen eingehalten werden.[1005] Ohne einen solchen Arbeitszeitnachweis sei eine Überwachung der Vorschriften des Arbeitszeitgesetzes nicht zu gewährleisten.[1006] Allerdings finde sich in der Literatur auch teilweise der Hinweis, dass zu einer wirksamen Umsetzung der Richtlinie die Arbeitszeit insgesamt erfasst werden müsse, also letztendlich das, was der EuGH in dem hier angeführten Urteil auch entschieden habe.[1007]

(ii) Stellungnahme

Die Auffassung, wonach § 16 Abs. 2 S. 1 ArbZG im Sinne der EuGH-Entscheidung CCOO unionsrechtskonform ausgelegt werden kann, vermag

998 *Bayreuther*, Rechtsgutachten für das BMAS, S. 19 f.
999 *Bayreuther*, Rechtsgutachten für das BMAS, S. 19 ff.
1000 *Bayreuther*, Rechtsgutachten für das BMAS, S. 19 ff.
1001 Vgl. *Schrader*, NZA 2019, 1035 (1036).
1002 Vgl. *Schrader*, NZA 2019, 1035 (1036).
1003 *Schrader*, NZA 2019, 1035 (1036).
1004 *Schrader*, NZA 2019, 1035 (1036).
1005 *Schrader*, NZA 2019, 1035 (1036).
1006 *Schrader*, NZA 2019, 1035 (1036).
1007 *Schrader*, NZA 2019, 1035 (1036).

nicht zu überzeugen.[1008] Die besseren Argument sprechen gegen die Möglichkeit einer unionsrechtskonformen Auslegung. Dies ergibt sich aus dem Wortlaut, der Entstehungsgeschichte, der Systematik sowie dem Sinn und Zweck des § 16 ArbZG.

Zunächst einmal steht der Wortlaut von § 16 Abs. 2 ArbZG einer richtlinienkonformen Auslegung entgegen, nach der der Arbeitgeber verpflichtet ist, die tägliche Arbeitszeit der Arbeitnehmer aufzuzeichnen.[1009] Er beschränkt die Aufzeichnungspflicht des Arbeitgebers auf die über die werktägliche Arbeitszeit des § 3 S. 1 ArbZG hinausgehende Arbeitszeit der Arbeitnehmer und lässt damit keinen Auslegungsspielraum. Aus dem Wortlaut des § 16 Abs. 2 ArbZG folgt in keiner Weise, dass Beginn und Ende der täglichen Arbeitszeit aufzuzeichnen sind. Anders kann der Wortlaut der Norm auch nicht verstanden werden. Vielmehr spricht der Wortlaut des § 21a Abs. 7 ArbZG dafür, dass § 16 Abs. 2 ArbZG nicht die Aufzeichnung der vollständigen täglichen Arbeitszeit umfasst. Nach § 21a Abs. 7 ArbZG ist der Arbeitgeber verpflichtet, die Arbeitszeit der Arbeitnehmer aufzuzeichnen. Anders als § 16 Abs. 2 ArbZG, ist der Wortlaut des § 21a Abs. 7 ArbZG in dieser Hinsicht eindeutig. Dieser spricht, anders als § 16 Abs. 2 ArbZG, von der „Arbeitszeit des Arbeitnehmers“. Unstreitig ist der Arbeitgeber hiernach verpflichtet, die gesamte Arbeitszeit seines Fahrpersonals aufzuzeichnen. Im Gegensatz zu § 16 Abs. 2 ArbZG, setzt § 21a Abs. 7 ArbZG die RL 2002/15/EG vollständig in das deutsche Arbeitszeitrecht um, in der eine ausdrückliche Verpflichtung zur Aufzeichnung der täglichen Arbeitszeit und mithin Umsetzungspflicht (Art. 9 b der RL 2002/15/EG) unmittelbar folgt. Die Mitgliedstaaten haben danach ausdrücklich dafür Sorge zu tragen, dass „über die Arbeitszeit von Personen, die Fahrtätigkeiten im Bereich des Straßentransports ausüben, unbeschadet der Bestimmungen von Art. 2 Abs. 1 Buch geführt wird“. Zudem heißt es dort ausdrücklich: „Die Arbeitgeber sind für die Aufzeichnung der Arbeitszeit des Fahrpersonals verantwortlich. Der Arbeitgeber ist gehalten, dem Fahrpersonal auf Anfrage eine Kopie der Aufzeichnung der geleisteten Stunden auszuhändigen.“ Bei der RL 2003/88/EG hingegen ergibt sich eine

1008 ebenso *Baeck/Winzer/Launer*, NZG 2019, 858 (859 f.); *Bayer*, GWR 2019, 198; *Bayreuther*, EuZW 2019, 446 (448 f.); *Forst*, EWiR 2019, 379 (380); *Fuhlrott/Garden*, ArbRAktuell 2019, 263 (264 f.); *Sittard/Esser*, JM 2019, 284 (286 f.); *Ulber*, NZA 2019, 677 (680 f.); a. A. bis zu einem Tätigwerden des Gesetzgebers *Heuschmid*, NJW 2019, 1853 (1854).

1009 ebenso *Bayreuther*, EuZW 2019, 446 (447 f.); *Fuhlrott/Garden*, ArbRAktuell 2019, 263 (263).

derartige Verpflichtung nicht unmittelbar aus einer Regelung der Richtlinie selbst. Aus der Betrachtung des Wortlautes von § 21a ArbZG muss daher folgen, dass der Gesetzgeber eine derartige Verpflichtung durch § 16 Abs. 2 ArbZG gerade nicht wollte; andernfalls hätte er auch hier denselben Wortlaut wie in § 21 a ArbZG verwendet. Eine andere Auslegung würde zu erheblichen Widersprüchen führen und wäre mit dem Wortlaut des § 16 ArbZG nicht vereinbar. Zwar ist der Gesetzeswortlaut nicht die Grenze der Rechtsanwendung.[1010] Ihm kommt – neben Systematik und Gesetzesmaterialien – lediglich eine „Indizwirkung" für die Beantwortung der Frage zu, welche Regelungskonzeption dem Gesetz zugrunde liegt.[1011] Welche Konzeption dem Gesetz zugrunde liegt, muss sich nicht zwingend aus dem Gesetzeswortlaut ergeben, sondern kann ebenso durch die Gesetzesmaterialien und die Entstehungsgeschichte des Gesetzes aufgezeigt werden.[1012] Aber auch diese lassen kein anderes Ergebnis zu.[1013]

Demnach solle eine Aufzeichnungspflicht ausdrücklich erst dann entstehen, wenn die werktägliche Arbeitszeit überschritten ist. In der Gesetzesbegründung zu § 16 Abs. 2 ArbZG heißt es: „Die Nachweispflicht der Arbeitgeber ist notwendig, um die Überwachung des Gesetzes durch die Aufsichtsbehörden sicherzustellen. Wegen der Erweiterung des Ausgleichszeitraums zur Erreichung der durchschnittlichen täglichen Höchstarbeitszeit und der umfangreichen Möglichkeiten, durch Tarifvertrag und Betriebsvereinbarung abweichende Regelungen festzulegen, ist die Überwachung durch die Aufsichtsbehörden anderenfalls nicht gewährleistet. Durch die Beschränkung der Nachweispflicht auf ‚über die werktägliche Arbeitszeit des § 3 S. 1 ArbZG hinausgehende Arbeitszeiten' wird unnötiger Aufwand vermieden."[1014]

Hieraus wird ersichtlich, dass zwar auch der deutsche Gesetzgeber bei der Schaffung des § 16 ArbZG die wirksame Gewährleistung der Kontrolle der Einhaltung des ArbZG durch die Aufsichtsbehörde vor Augen hatte. Allerdings scheint er die Sicherstellung der Überwachung und Einhaltung des ArbZG als gegeben anzusehen, wenn nur die „über die werktägliche Arbeitszeit des § 3 S. 1 ArbZG hinausgehenden Arbeitszeiten" erfasst werden. Dazu stellt er ausdrücklich klar, dass die Aufzeichnungspflicht „beschränkt" ist auf die Zeiten, die über die werktägliche Arbeitszeit hinausgehen. Dies bezweckt offenkundig

1010 Vgl. *Höpfner*, RdA 2018, 321 (325).
1011 Vgl. *Höpfner*, RdA 2018, 321 (325).
1012 Vgl. *Höpfner*, RdA 2018, 321 (325).
1013 So auch *Bayreuther*, Rechtsgutachten für das BMAS, S. 20 ff.
1014 Vgl. BT-Drucksache 12/5888 S. 31.

die Vermeidung von Verwaltungsaufwand. Mit Verwaltungsaufwand kann nur gemeint sein, dass der Arbeitgeber nicht den täglichen Beginn und das Ende der Arbeitszeit erfassen muss. Auch hat der Gesetzgeber bei der letzten Novellierung des Arbeitszeitgesetzes, trotz Kenntnis der unterschiedlichen Auffassungen zum Umfang der Aufzeichnungspflicht, keine Ergänzung vorgenommen.[1015]

Zudem ergibt sich die hier vertretene Auffassung auch aus dem systematischen Zusammenhang von § 16 Abs. 2 ArbZG und § 17 Abs. 2 ArbZG sowie aus dem Sinn und Zweck der Regelungen.[1016] Das Arbeitszeitgesetz beschränkt in § 16 Abs. 2 ArbZG die Aufzeichnungspflicht auf die Arbeitszeiten, welche die tägliche Höchstarbeitszeit überschreiten. Anders als die ArbZRL sieht das deutsche Arbeitszeitgesetz eine tägliche Höchstarbeitszeit von acht Stunden und keine wöchentliche Höchstarbeitszeit vor, sodass durch die Aufzeichnung der Überstunden eine Überschreitung der werktäglichen Arbeitszeit wirksam festgestellt wird. Sofern hinreichender Anlass für eine über die gesetzlichen Anforderungen in § 16 Abs. 2 ArbZG hinausgehende Dokumentationsanordnung besteht, kann die zuständige Aufsichtsbehörde gem. § 17 Abs. 2 ArbZG die erforderlichen Maßnahmen treffen, um zuverlässig die Nachprüfung zu ermöglichen, ob im Betrieb des Arbeitgebers Überschreitungen der werktäglichen Arbeitszeit i. S. d. §§ 3 und 4 ArbZG bzw. Verkürzungen der Mindestruhezeiten i. S. d. § 5 ArbZG vorgekommen sind und ob die gesetzlichen Voraussetzungen hierfür vorlagen.[1017] Gleichzeitig ermöglicht dies den Arbeitgebern, ihre Aufzeichnungs- und auch die Aufbewahrungspflicht durch verbesserte innerbetriebliche Kontrollen aufgrund des Arbeitszeitgesetzes besser als bisher zu erfüllen.[1018] Während die Pflicht aus § 17 Abs. 2 ArbZG der Behörde eine zeitnahe Überprüfung der im Aufzeichnungszeitraum angefallenen Arbeits- bzw. Pausenzeiten und notfalls eine umgehende Reaktion auf Missstände ermöglicht, soll die Pflicht aus § 16 Abs. 2 ArbZG zu einer Verbesserung der innerbetrieblichen Kontrollen beitragen.[1019] Daraus folgt, dass der Gesetzgeber eine vollständige Aufzeichnung der Arbeitszeit lediglich bei Vorliegen eines Anlasses,

---

1015 Ebenso *Höpfner/Daum*, RdA 2019, 270 (276 f.).

1016 Ebenso *Bayreuther*, Rechtsgutachten für das BMAS, S. 20 ff.

1017 Vgl. VGH München, Beschluss v. 26.10.2011 – 22 CS 11.1989, BeckRS 2011, 56342; VG Augsburg, Urteil v. 25.01.2008 – Au 4 K 07.973, BeckRS 2008, 44200; Vgl. BeckOK ArbR/*Kock*, ArbZG § 17 Rn. 4.1.

1018 Vgl. VGH München, Beschluss v. 26.10.2011 – 22 CS 11.1989, BeckRS 2011, 56342; VG Augsburg, Urteil v. 25.01.2008 – Au 4 K 07.973, BeckRS 2008, 44200; Vgl. BeckOK ArbR/*Kock*, ArbZG § 17 Rn. 4.1.

1019 VGH München, Beschluss v. 26.10.2011 – 22 CS 11.1989, BeckRS 2011, 56342

wie bei Hinweisen von Beschäftigten, die auch ohne Angaben der persönlichen Daten des Beschäftigten erfolgen können, zur Gewährleistung der Rechte aus dem Arbeitszeitgesetz sowie aus der RL 2003/88/EG für erforderlich hielt.[1020] Insgesamt ist daher den Stimmen in der Literatur, die eine unionsrechtskonforme Auslegung des § 16 Abs. 2 ArbZG im Sinne der EuGH-Rechtsprechung verneinen, zuzustimmen.

ff) Horizontale Wirkung nach Art. 31 Abs. 2 GRC

Da § 16 Abs. 2 ArbZG nicht unionsrechtskonform ausgelegt werden kann, stellt sich die Frage, ob Art. 31 Abs. 2 GRC i. V. m. Art. 3, 5 und 6 ArbZRL unmittelbar zwischen Privatpersonen geltend gemacht werden kann, sodass ein nationales Gericht die entgegenstehende nationale Regelung unangewendet zu lassen und dafür Sorge zu tragen hat, dass der Arbeitgeber ein System zur Erfassung der täglichen Arbeitszeit einführt. In diesem Fall müssten Arbeitgeber bereits jetzt ein System zur Erfassung der täglichen Arbeitszeit der Arbeitnehmer einrichten.

Wie bereits unter C. I. 1. c) bb) erwähnt, hat der EuGH offengelassen, ob die nationalen Gerichte in dem Fall, dass eine nationale Regelung nicht im Einklang mit Art. 31 Abs. 2 GRC i. V. m. Art. 3, 5 und 6 ArbZRL ausgelegt werden kann, die nationale Regelung unangewendet zu lassen und dafür Sorge zu tragen haben, dass der Arbeitnehmer seine Ansprüche auf Schaffung eines Systems zur Arbeitszeiterfassung durchsetzen kann. Denn die Vorlagefrage des spanischen Gerichts gab zur Klärung dieser Frage keinen Anlass.

(i) Erste Hinweise in der Rechtsprechung

Bislang hat sich lediglich das ArbG Emden[1021] zu der Frage, ob sich aus Art. 31 Abs. 2 GRC eine Verpflichtung zur Aufzeichnung der täglichen Arbeitszeit ergibt, geäußert. Danach ergebe sich eine Verpflichtung des Arbeitgebers zur Einrichtung eines Systems zur Arbeitszeiterfassung aus einer unmittelbaren Anwendung von Art. 31 Abs. 2 GRC.[1022] Die Art. 3, 5 und 6 der RL 2003/88/EG seien nach der Rechtsprechung des EuGH im Lichte des Art. 31 Abs. 2 GRC dahin gehend auszulegen, dass sich aus ihnen die Pflicht des Arbeitgebers zur Einrichtung eines Systems zur Arbeitszeiterfassung entnehmen lässt.[1023] Die genannte Verpflichtung zur Erfassung der Arbeitszeiten treffe diesen aufgrund

1020 *Heuschmid*, NJW 2019, 1853 (1853 f.).
1021 ArbG Emden, Urteil v. 20.02.2020 – 2 Ca 94/19 –, juris, Rn. 24.
1022 ArbG Emden, Urteil v. 20.02.2020 – 2 Ca 94/19 –, juris, Rn. 25.
1023 ArbG Emden, Urteil v. 20.02.2020 – 2 Ca 94/19 –, juris, Rn. 25.

der unmittelbaren Anwendbarkeit von Art. 31 Abs. 2 GRC, auch ohne dass es hierzu einer richtlinienkonformen Auslegung des § 16 Abs. 2 ArbZG oder einer Umsetzung durch den deutschen Gesetzgeber bedürfte.[1024] Zur Begründung führt das ArbG Emden auf, dass der EuGH bereits zum ebenfalls in Art. 31 Abs. 2 GRC verbrieften Recht auf bezahlten Jahresurlaub entschieden hat, dass sich allein hieraus schon ein entsprechender Anspruch des Arbeitnehmers gegen seinen Arbeitgeber ergibt.[1025] Angesichts der identischen Struktur der Bestimmungen, der Verankerung in demselben Absatz derselben Norm und der Identität des verfolgten Ziels, nämlich der Gewährleistung gesunder, sicherer und würdiger Arbeitsbedingungen, sei es nicht nachvollziehbar, dass eine unmittelbare Wirkung des Art. 31 Abs. 2 GRC im Hinblick auf die Begrenzung der Höchstarbeitszeit und der täglichen und wöchentlichen Ruhezeiten ausscheiden sollte.[1026] Auch steht nach Auffassung des ArbG Emden § 16 Abs. 2 ArbZG einer unmittelbar aus Art. 31 Abs. 2 GRC folgenden Verpflichtung des Arbeitgebers zur Erfassung der Arbeitszeit nicht entgegen, da dieser lediglich eine Aufzeichnungspflicht bzgl. der über die werktägliche Arbeitszeit des § 3 S. 1 ArbZG (acht Stunden) hinausgehende Arbeitszeit der Arbeitnehmer vorschreibt.[1027] Im Übrigen hat sich bislang noch kein Gericht mit dieser Frage auseinandergesetzt.

(ii) Meinungsstand in der Literatur

In der Literatur wird diese Frage uneinheitlich beantwortet. Ein Teil des Schrifttums[1028] bejaht wie das ArbG Emden ebenfalls eine unmittelbare horizontale Drittwirkung im Verhältnis zu den privaten Arbeitgebern. Danach schließt die Entscheidung CCOO jede Auslegung nationalen Rechts aus, wonach keine Verpflichtung des Arbeitgebers bestehen soll, ein System zur Erfassung bzw. Messung der täglichen Arbeitszeit jedes Arbeitnehmers und jeder Arbeitnehmerin zum Einsatz zu bringen oder den Vertretern bzw. Vertreterinnen der Beschäftigten Zugang zu den in diesem System verfügbaren Informationen zu gewähren.[1029] Insoweit bedürfe die vom EuGH vorgenommene Auslegung der RL 2003/88/EG keiner Umsetzung durch den Erlass von Vorschriften im nationalen

---

1024 ArbG Emden, Urteil v. 20.02.2020 – 2 Ca 94/19 –, juris, Rn. 26.

1025 ArbG Emden, Urteil v. 20.02.2020 – 2 Ca 94/19 –, juris, Rn. 27.

1026 ArbG Emden, Urteil v. 20.02.2020 – 2 Ca 94/19 –, juris, Rn. 27.

1027 ArbG Emden, Urteil v. 20.02.2020 – 2 Ca 94/19 –, juris, Rn. 29.

1028 Vgl. von *Roetteken*, jurisPR-ArbR 23/2019 Anm. 1; *Heuschmid*, NJW 2019, 1853 (1853 f.); *Ulber*, NZA 2019, 677 (680).

1029 von *Roetteken*, jurisPR-ArbR 23/2019 Anm. 1.

Recht.[1030] Der Anspruch auf Einführung und Anwendung eines entsprechenden Systems zur Messung der täglichen Arbeitszeiten ergebe sich bereits unmittelbar aus Art. 31 Abs. 2 GRC in Verbindung mit den beiden Richtlinien.[1031] Zur Begründung wird teilweise auf die Ausführungen des Generalanwalts *Pitruzzella*, der diese Frage in seinem Schlussantrag bereits bejahte, verwiesen.[1032]

Tatsächlich ist der Generalanwalt *Pitruzzella* der Auffassung gewesen, dass die durch Art. 31 Abs. 2 GRC gewährleisteten Rechte auf eine Begrenzung der Höchstarbeitszeit und auf Ruhezeiten des Arbeitnehmers und die entsprechenden Verpflichtungen des Arbeitgebers inhaltlich auch die Einführung eines Systems zur Messung der Arbeitszeiten umfassen.[1033] In seinem Schlussantrag vom 31.01.2019[1034] bekräftigt er, dass, sofern eine unionsrechtskonforme Auslegung durch die nationalen Gerichte nicht möglich ist, zu prüfen wäre, ob Art. 31 Abs. 2 GRC angewendet werden kann, um die Unternehmen zu einem System zur Messung der täglichen Anwesenheit zu verpflichten. Zur Begründung verweist er auf die oben unter C. I. 1. c) bb) genannte und dargestellte Entscheidung des EuGH[1035], in der dieser die unmittelbare Wirkung von Art. 31 Abs. 2 GRC in den horizontalen Beziehungen zwischen Privatpersonen in Bezug auf das Recht auf bezahlten Jahresurlaub bereits anerkannt hat.[1036] Da das Recht auf Begrenzung der Höchstarbeitszeit und auf (tägliche und wöchentliche) Ruhezeiten dieselbe Struktur aufweise, wie das Recht auf bezahlten Jahresurlaub, und es sich um eng verbundene Rechte handele, die beide die Gewährleistung gesunder, sicherer und würdiger Arbeitsbedingungen zum Ziel haben und in derselben Bestimmung der Charta verankert sind, sei seines Erachtens die Rechtsprechung des Gerichtshofs zur unmittelbaren Wirkung von Art. 31 Abs. 2 GRC in den horizontalen Beziehungen auch in Bezug auf die Rechte auf Begrenzung der Höchstarbeitszeit und auf Ruhezeiten des Arbeitnehmers anwendbar.[1037] Diese Rechte könnten daher unmittelbar gegenüber dem Arbeitgeber geltend gemacht werden, vorausgesetzt, es handelt sich um eine Situation, die in den

---

1030 von *Roetteken*, jurisPR-ArbR 23/2019 Anm. 1.

1031 von *Roetteken*, jurisPR-ArbR 23/2019 Anm. 1; vgl. auch *Heuschmid*, NJW 2019, 1853 (1853 f.).

1032 Vgl. von *Roetteken*, jurisPR-ArbR 23/2019 Anm. 1; *Heuschmid*, NJW 2019, 1853 (1854).

1033 Vgl. Schlussantrag v. 31.01.2019 – C-55/18, BeckRS 2019, 667, Rn. 95 f.

1034 EuGH, Urteil. v. 06.11.2018 – C-569/16, NZA 2018, 1467 (1470 f.).

1035 Schlussantrag v. 31.01.2019 – C-55/18, BeckRS 2019, 667, Rn. 95 f.

1036 Schlussantrag v. 31.01.2019 – C-55/18, BeckRS 2019, 667, Rn. 95 f.

1037 Schlussantrag v. 31.01.2019 – C-55/18, BeckRS 2019, 667, Rn. 95 f.

Anwendungsbereich des Unionsrechts fällt, was hier der Fall ist, da die nationale Regelung die Umsetzung der Richtlinie 2003/88/EG über bestimmte Aspekte der Arbeitszeitgestaltung darstelle.[1038]

Auch nach der Ansicht von *Ulber*[1039] ist Art. 31 Abs. 2 GRC nicht nur hinsichtlich des Urlaubsrechts, sondern auch hinsichtlich des Arbeitszeitrechts zwischen Privaten aufgrund der Horizontalwirkung unmittelbar anwendbar. Auch er ist der Auffassung, dass die Ausführungen des EuGH in dem Urteil zum Urlaubsrecht[1040] sich ohne Weiteres auf Art. 31 Abs. 2 GRC übertragen lassen.[1041] Zur Begründung führt er aus, dass auch in der Rechtssache CCOO das Konkretisierungsverhältnis zwischen dem Unionsgrundrecht in Art. 31 Abs. 2 GRC und der RL 2003/88/EG betont werde.[1042]

Andere Stimmen in der Literatur[1043] hingegen lehnen eine unmittelbare Wirkung des Art. 31 Abs. 2 GRC unter Privatpersonen ab. Zur Begründung wird aufgeführt, dass der EuGH in Bezug auf die Verpflichtung zur Aufzeichnung der täglichen Arbeitszeit lediglich eine unionsrechtskonforme Auslegung der innerstaatlichen Vorschriften verlangt und keinen „Unanwendbarkeitsbefehl" ausgesprochen hat.[1044] Er habe die Ausführungen des Generalanwalts zu Art. 31 Abs. 2 GRC bewusst nicht aufgegriffen und es bei der beschränkten Wirkung der RL 2003/88/EG belassen wollen.[1045] Dafür spreche die Regelungsstruktur der RL 2003/88/EG, die in den Art. 3 ff. ArbZRL ausdrücklich die Mitgliedstaaten verpflichtet, erforderliche Maßnahmen zur Gewährleistung der Arbeitnehmerrechte zu treffen.[1046] Hieran könne auch Art. 31 Abs. 2 GRC nichts ändern, der lediglich das Recht auf eine Begrenzung der Höchstarbeitszeit, auf tägliche und wöchentliche Ruhezeiten sowie auf bezahlten Jahresurlaub verbrieft, ohne deren Dauer und die Modalitäten für ihre Inanspruchnahme festzulegen.[1047] Hierdurch unterscheide sich Art. 31 Abs. 2 GRC insbesondere

---

1038 Schlussantrag v. 31.01.2019 – C-55/18, BeckRS 2019, 667, Rn. 95 f.

1039 *Ulber*, NZA 2019, 677 (680).

1040 EuGH, Urteil. v. 06.11.2018 – C-569/16, NZA 2018, 1467 (1470 f.).

1041 *Ulber*, NZA 2019, 677 (680).

1042 *Ulber*, NZA 2019, 677 (680).

1043 Vgl. *Baeck/Winzer/Launer*, NZG 2019, 858.; EuArbR/*Gallner*, 3. Aufl. 2020, RL 2003/88/EG Art. 1 Rn. 1.; *Höpfner/Daum*, RdA 2019, 270 (275); *Reinhard*, NZA 2019, 1313 (1314); *Bayreuther*, NZA 2020, 1 (3 f.).

1044 EuArbR/*Gallner*, 3. Aufl. 2020, RL 2003/88/EG Art. 1 Rn. 1.

1045 *Höpfner/Daum*, RdA 2019, 270 (275).

1046 *Höpfner/Daum*, RdA 2019, 270 (275).

1047 *Höpfner/Daum*, RdA 2019, 270 (275).

vom klar umrissenen Regelungsgehalt des in Art. 21 Abs. 1 GRC enthaltenen Diskriminierungsverbots.[1048]

Nach *Fuhlrott und Garden*[1049] hat sich der EuGH bewusst für eine Umsetzung der Aufzeichnungspflicht durch die Mitgliedstaaten ausgesprochen und gegen eine unmittelbare Anwendbarkeit. Dies ergebe sich daraus, dass der EuGH mehrfach betone, dass die Mitgliedstaaten die Arbeitgeber zur Schaffung eines Systems verpflichten müssten und dass den nationalen Gesetzgebern hierbei ein Spielraum hinsichtlich der Ausgestaltung zustehe.[1050] Zudem fehle es auch an der hinreichenden Genauigkeit der Regelungen, weil – wie vom EuGH explizit ausgeführt – weder der GRC noch der Richtlinie konkrete Vorgaben an ein Zeiterfassungssystem zu entnehmen seien.[1051] Schließlich weisen *Fuhlrott/Garden*[1052] darauf hin, dass sich die bisherige Rechtsprechung des EuGH bzgl. der Wirkung der GRC im Wesentlichen mit der Wirkung der Grundrechte als Abwehrrechte befasse.[1053] Aus der Funktion als Abwehrrecht folge, dass grundrechtswidrige nationale Regelungen unangewendet bleiben müssen.[1054] Wie aber zu verfahren sei, wenn sich ein grundrechtskonformer Zustand nicht durch die Unanwendbarkeit grundrechtswidriger nationaler Normen herstellen lässt, also die bloße negative Wirkung der GRC nicht ausreicht, scheine bislang ungeklärt zu sein.[1055] Nach deren Auffassung erkläre diese ungeklärte Frage auch die umständlich anmutende Formulierung des Tenors im EuGH-Urteil, der eine doppelte Verneinung enthält, indem er feststellt, dass die europäischen Regelungen einer nationalen Regelung entgegenstehen, die die Arbeitgeber nicht verpflichtet, ein System zur umfassenden Arbeitszeiterfassung einzurichten.[1056]

Reinhard[1057] verneint ebenfalls eine unmittelbare Wirkung des Art. 31 Abs. 2 GRC. Zur Begründung führt er allerdings auf, dass es sich bei der Verpflichtung, Arbeitszeit aufzuzeichnen, nicht um einen wesentlichen Grundsatz des

---

1048 *Höpfner/Daum*, RdA 2019, 270 (275).

1049 Vgl. *Fuhlrott/Garden*, ArbRAktuell 2019, 263 (264).

1050 *Fuhlrott/Garden*, ArbRAktuell 2019, 263 (264); so auch *Bayreuther*, NZA 2020, 1 (3 f.)

1051 *Fuhlrott/Garden*, ArbRAktuell 2019, 263 (264); so auch *Bayreuther*, NZA 2020, 1 (3 f.).

1052 *Fuhlrott/Garden*, ArbRAktuell 2019, 263 (264).

1053 *Fuhlrott/Garden*, ArbRAktuell 2019, 263 (264).

1054 *Fuhlrott/Garden*, ArbRAktuell 2019, 263 (264).

1055 *Fuhlrott/Garden*, ArbRAktuell 2019, 263 (264).

1056 *Fuhlrott/Garden*, ArbRAktuell 2019, 263 (264).

1057 Vgl. *Reinhard*, NZA 2019, 1313 (1314).

Unionsrechts handele.[1058] Dies sei jedoch erforderlich, damit eine unmittelbare Wirkung angenommen werden können.[1059] Zudem weist auch er ebenfalls darauf hin, dass der EuGH die Mitgliedstaaten als Verpflichtete ansieht.[1060]

Anders als *Reinhard*[1061] betont *Gallner*[1062], dass der EuGH den Grundrechtscharakter der von Art. 31 Abs. 2 GRC verbürgten Rechte unmissverständlich in der Entscheidung CCOO anerkannt habe und damit eine unmittelbare Wirkung der Grundrechte auf die Begrenzung der Höchstarbeitszeit und auf Mindestruhezeiten – nicht nur auf bezahlten Jahresurlaub – auch gegenüber privaten Arbeitgebern anerkennt. Entgegenstehendes nationales Recht müsse auch im Privatrechtsverhältnis unangewendet bleiben.[1063] Die Pflicht zur Schaffung eines allgemeinen[1064] Arbeitszeiterfassungssystems – also des Kontrollinstruments – sieht er von dieser unmittelbaren Wirkung jedoch nicht erfasst.[1065]

gg) *Stellungnahme*

Aus Art. 31 Abs. 2 GRC i. V. m. Art. 3, 5 und 6 ArbZRL ergibt sich nicht, dass die nationalen Gerichte in dem Fall, dass eine nationale Regelung nicht im Einklang mit ihnen ausgelegt werden kann, die nationale Regelung unangewendet zu lassen und dafür Sorge zu tragen haben, dass der Arbeitnehmer seine Ansprüche auf Schaffung eines Systems zur Arbeitszeiterfassung durchsetzen kann.[1066]

Wie bereits unter C. I. 1) c) festgestellt, ergibt sich aus Art. 31 Abs. 2 GRC[1067] ein unmittelbarer Anspruch des Arbeitnehmers auf eine Begrenzung der Höchstarbeitszeit und auf tägliche und wöchentliche Ruhezeiten, den er auch gegenüber seinem Arbeitgeber geltend machen kann. D. h., sofern eine nationale Regelung nicht richtlinienkonform ausgelegt werden kann, haben die nationalen Gerichte sie unangewendet zu lassen und dafür Sorge zu tragen, dass der Arbeitnehmer seine Ansprüche auf die Begrenzung der Höchstarbeitszeit und

---

1058 Vgl. *Reinhard*, NZA 2019, 1313 (1314).
1059 Vgl. *Reinhard*, NZA 2019, 1313 (1314).
1060 Vgl. *Reinhard*, NZA 2019, 1313 (1314).
1061 Vgl. *Reinhard*, NZA 2019, 1313 (1314).
1062 Vgl. EuArbR/*Gallner*, 3. Aufl. 2020, RL 2003/88/EG Art. 1 Rn. 1; ebenso *Bayreuther*, NZA 2020, 1 (3f.).
1063 Vgl. EuArbR/*Gallner*, 3. Aufl. 2020, RL 2003/88/EG Art. 1 Rn. 1.
1064 Vgl. EuArbR/*Gallner*, 3. Aufl. 2020, RL 2003/88/EG Art. 1 Rn. 1d.
1065 Vgl. EuArbR/*Gallner*, 3. Aufl. 2020, RL 2003/88/EG Art. 1 Rn. 1d.
1066 Ebenso *Bayreuther*, NZA 2020, 1 (3f.); EuArbR/*Gallner*, 3. Aufl. 2020, RL 2003/88/EG Art. 1 Rn. 1 f.
1067 Vgl. Kriterien unter C. I. 1) c).

auf tägliche und wöchentliche Ruhezeiten nicht verliert. Ein derartiges Recht ergibt sich unmittelbar aus Art. 31 Abs. 2 GRC.

Aus Art. 31 Abs. 2 GRC ergibt sich jedoch kein Recht des Arbeitnehmers auf Aufzeichnung der täglichen Arbeitszeit.[1068] Hierfür spricht bereits, dass die vom EuGH aufgestellten Kriterien für die Annahme einer unmittelbaren Geltung der Grundrechte aus der GRC zwischen Privaten nicht erfüllt sind. Für die Annahme einer unmittelbaren Wirkung der Regelungen des Art. 31 Abs. 2 GRC setzt der EuGH zunächst voraus, dass es sich bei dieser um ein echtes Grundrecht handelt, welches sich aus dem Wortlaut selbst oder jedenfalls aus den Erläuterungen zu der Regelung ergibt. Diesbezüglich kann der Auffassung,[1069] nach der es sich bei Art. 31 Abs. 2 GRC nicht um einen wesentlichen Grundsatz des Unionsrechts handelt, nicht gefolgt werden. Der EuGH hat bereits in der Entscheidung CCOO ausdrücklich festgestellt, dass Art. 31 Abs. 2 GRC mit der zwingenden Formulierung, dass „jede Arbeitnehmerin und jeder Arbeitnehmer" das „Recht" auf „eine Höchstarbeitszeit und Ruhezeit" hat, den wesentlichen in Art. 2 verankerten Grundsatz des Sozialrechts der Union widerspiegelt, von dem nur unter den in Art. 52 Abs. 1 der GRC vorgesehenen strengen Bedingungen und insbesondere nur unter Achtung des Wesensgehalts des Grundrechts abgewichen werden kann.[1070] Nach der Rechtsprechung des EuGH[1071] handelt es sich bei den in Art. 3, 5 und 6 ArbZRL geregelten Rechten um besonders wichtige Regeln des Sozialrechts der Union, die jedem Arbeitnehmer als ein zum Schutz seiner Sicherheit und Gesundheit bestimmter Mindestanspruch zugutekommen müssen. Der EuGH misst dieser Vorschrift eine hohe Bedeutung zu und stuft sie zurecht als Grundrecht ein.[1072] Allerdings ergibt sich aus dem Wortlaut des Art. 31 Abs. 2 GRC selbst lediglich ein Grundrecht „auf eine Begrenzung der Höchstarbeitszeit, auf tägliche und wöchentliche Ruhezeiten sowie auf bezahlten Jahresurlaub".[1073] Von einem Grundrecht auf Schaffung eines Systems zur Erfassung der täglichen Arbeitszeit spricht die Norm jedoch offensichtlich nicht. Daher ergibt sich mangels Vorliegens eines Grundrechts auf eine Erfassung der täglichen Arbeitszeit bereits keine Verpflichtung des Arbeitgebers zur

---

1068 Ebenso EuArbR/*Gallner*, 3. Aufl. 2020, RL 2003/88/EG Art. 1 Rn. 1d.
1069 Vgl. *Reinhard*, NZA 2019, 1313 (1314).
1070 Ebenso EuArbR/*Gallner*, 3. Aufl. 2020, RL 2003/88/EG Art. 1 Rn. 1d.
1071 Vgl. EuGH, Urteil v. 14.5.2019 – C-55/18, NZA 2019, 683 (684) Rn. 31.
1072 Ebenso EuArbR/*Gallner*, 3. Aufl. 2020, RL 2003/88/EG Art. 1 Rn. 1d.
1073 Ebenso EuArbR/*Gallner*, 3. Aufl. 2020, RL 2003/88/EG Art. 1 Rn. 1d.

Einrichtung eines Systems zur Arbeitszeiterfassung aus einer unmittelbaren Anwendung von Art. 31 Abs. 2 GRC.

Darüber hinaus müsste für die Annahme einer unmittelbaren Wirkung unter Privaten das Recht auf Erfassung der täglichen Arbeitszeit zwingend sein und nicht von Bedingungen abhängen. Dies ist nicht der Fall, wenn es durch unionsrechtliche oder nationalrechtliche Bestimmungen konkretisiert werden muss. Auch hieran fehlt es vorliegend. Dem Art. 31 Abs. 2 GRC sind keine Vorgaben an ein Zeiterfassungssystem zu entnehmen.[1074] Diesbezüglich hat der EuGH selbst eine Umsetzung der konkreten Modalitäten für ein System zur Arbeitszeiterfassung durch die Mitgliedstaaten für notwendig erachtet.[1075] Das Recht auf eine Erfassung der Arbeitszeit müsste demnach noch durch nationalrechtliche Bestimmungen konkretisiert werden. Damit ist dieser Anspruch auf eine Arbeitszeiterfassung noch von weiteren Bedingungen abhängig. Zurecht hat daher der EuGH die Ausführungen des Generalanwalts zu Art. 31 Abs. 2 GRC nicht aufgegriffen.[1076]

Ein derartiges Recht ergibt sich auch nicht im Zusammenspiel mit der Richtlinie. Auch diese sieht keine ausdrückliche konkrete Verpflichtung zur Erfassung der Arbeitszeit vor. Vielmehr gesteht sie den Mitgliedstaaten das Recht zu, selbst zu bestimmen, wie die Wirksamkeit der Rechte, die sich aus der Richtlinie ergeben, sichergestellt werden kann. Die Richtlinie verpflichtet ausdrücklich die Mitgliedstaaten, die „erforderlichen Maßnahmen" zur Gewährleistung der Arbeitnehmerrechte zu treffen (Art. 3 ArbZRL). Da Art. 31 Abs. 2 GRC selbst nicht ausreicht, um dem Einzelnen ein Recht auf die Aufzeichnung seiner täglichen Arbeitszeit zu gewähren, reicht auch eine Betrachtung im Zusammenhang mit der Richtlinie nicht aus.

Im Übrigen weisen *Fuhlrott und Garden*[1077] zurecht darauf hin, dass sich der EuGH bislang nur mit der Wirkung der Grundrechte als Abwehrrechte befasst hat. Allein aus der Unanwendbarkeit einer Norm, die gegen eine Aufzeichnungspflicht der täglichen Arbeitszeit ist, lässt sich kein grundrechtskonformer Zustand herstellen.[1078]

1074 *Fuhlrott/Garden*, ArbRAktuell 2019, 263 (264); ebenso *Bayreuther*, NZA 2020, 1 (3 f.).

1075 Vgl. EuGH, Urteil v. 14.5.2019 – C-55/18, NZA 2019, 683 (687) Rn. 63.

1076 Ebenso *Höpfner/Daum*, RdA 2019, 270 (275).

1077 Vgl. *Fuhlrott/Garden*, ArbRAktuell 2019, 263 (264).

1078 Vgl. *Fuhlrott/Garden*, ArbRAktuell 2019, 263 (264).

Sofern man daher die Auffassung vertritt, dass der EuGH eine Aufzeichnungspflicht verlangt, müsste der deutsche Gesetzgeber zunächst tätig werden und ein entsprechendes System zur Arbeitszeiterfassung umzusetzen.[1079]

d) Ausnahmen für Arbeitnehmer in Vertrauensarbeitszeit

Für den Fall, dass der Gesetzgeber ein entsprechendes System zur Arbeitszeiterfassung umsetzt, stellt sich die Frage, ob und welche Ausnahmen von der Pflicht zur vollständigen Arbeitszeiterfassung bei Arbeitnehmern mit einer Vertrauensarbeitszeit möglich sind. Denn der EuGH hat in der Entscheidung CCOO ausdrücklich hervorgehoben, dass auf der Grundlage des Art. 17 ArbZRL „die Mitgliedstaaten unter Beachtung der allgemeinen Grundsätze des Schutzes der Sicherheit und der Gesundheit der Arbeitnehmer Ausnahmen u.a. von den Art. 3 – 6 dieser Richtlinie vornehmen dürfen, wenn die Dauer der Arbeitszeit wegen besonderer Merkmale der ausgeübten Tätigkeit nicht bemessen und/oder vorherbestimmt ist oder von den Arbeitnehmern selbst bestimmt werden kann".[1080] Fraglich ist daher, ob auf der Grundlage des Art. 17 ArbZRL im deutschen Recht Raum für eine Ausnahmeregelung für Mitarbeiter in Vertrauensarbeitszeit besteht.

aa) Derzeitige Rechtslage, § 18 Abs. 1 ArbZG

Derzeit wird Art. 17 Abs. 1 ArbZRL durch § 18 Abs. 1 ArbZG umgesetzt. Danach werden bestimmte Beschäftigtengruppen vollständig von der Geltung des ArbZG ausgenommen. Dies sind leitende Angestellte i. S. v. § 5 Abs. 3 BetrVG, Chefärzte, Leiter von öffentlichen Dienststellen und deren Vertreter sowie Arbeitnehmer im öffentlichen Dienst, die zu selbstständigen Entscheidungen in Personalangelegenheiten befugt sind, Arbeitnehmer, die in häuslicher Gemeinschaft mit den ihnen anvertrauten Personen zusammenleben und sie eigenverantwortlich erziehen, pflegen oder betreuen, und der liturgische Bereich der Kirchen und der Religionsgemeinschaften. Für sie gelten die Grenzen des ArbZG nicht. So können z. B. leitende Angestellte im Sinne des § 5 Abs. 3 BetrVG ohne jegliche Grenzen nach dem ArbZG (auch in Vertrauensarbeitszeit) arbeiten, was in der Praxis der Regelfall ist. Der Ausschluss insbesondere von leitenden Angestellten bzw. von Führungskräften aus dem Arbeitszeitgesetz ist auch sinnvoll, da gerade

---

1079 Vgl. hierzu die Gesetzesentwürfe: von *Bayreuther*, Rechtsgutachten für das BMAS, S.63 ff. und von *Thüsing/Flink/Jänsch*, ZfA 2019, 456 (485).

1080 Vgl. EuGH, Urteil v. 14.5.2019 – C-55/18, NZA 2019, 683 (687), Rn. 63.

in diesem Bereich eine hohe zeitliche Flexibilität zur Wahrnehmung der Führungsaufgaben notwendig ist.

(i) Art. 17 Abs. 1 ArbZRL

Der Ausschluss der vorgenannten Arbeitnehmergruppen nach § 18 Abs. 1 ArbZG beruht, wie eingangs erwähnt, auf Art. 17 Abs. 1 ArbZRL. Dieser erlaubt es den Mitgliedstaaten, für sog. autonome Arbeitnehmer[1081] von den Arbeitszeitgrenzen abzuweichen, wenn die Arbeitszeit wegen besonderer Merkmale der Tätigkeit nicht gemessen oder nicht im Voraus festgelegt wird oder von den Arbeitnehmern selbst festgelegt werden kann. Diese Kriterien beziehen sich nach der Rechtsprechung des EuGH auf die gesamte Arbeitszeit.[1082] Dabei sei der Anwendungsbereich des Art. 17 Abs. 1 ArbZRL auf das zur Wahrung der Interessen, deren Schutz die abweichenden Bestimmungen ermöglichen, unbedingt Erforderliche begrenzt.[1083]

Nach Auffassung der Europäischen Kommission[1084] gilt die Ausnahmeregelung für zwei wesentliche Arten von Situationen, die beide „wegen der besonderen Merkmale der ausgeübten Tätigkeit" bewertet werden müssen. Eine solche Ausnahmeregelung könne daher nach ihrem Dafürhalten nicht in vollem Umfang auf eine ganze Arbeitnehmergruppe angewendet werden.[1085]

Insoweit werden in Art. 17 Abs. 1 ArbZRL u. a. „leitende Angestellte oder sonstige Personen mit selbstständiger Entscheidungsbefugnis" als nicht abschließende Beispiele genannt.[1086] Weshalb die Richtlinie gerade diese Arbeitnehmer als Beispiele benennt, wird unterschiedlich beantwortet. So ist die Europäische Kommission der Auffassung, dass diese Arbeitnehmer genannt werden, da sie in der Regel weitgehend selbst entscheiden können, wie sie ihre Arbeitszeit regeln, und als autonome Arbeitnehmer betrachtet werden könnten.[1087]

In der Literatur hingegen wird vertreten, dass es sich um Beschäftigte handelt, „die der Richtliniengeber aufgrund ihrer hervorgehobenen Position für weniger schutzbedürftig hält und deshalb insofern wie Selbstständige behandeln

1081 Amtsblatt der Europäischen Union, C 165/44.
1082 Vgl. EuGH, Urteil v. 26.07.2017 – C-175/16, NZA 2017, 1113, Rn. 34; EuGH, Urteil v. 14.10.2010 –C-428/09, Rn. 41.
1083 Vgl. Amtsblatt der Europäischen Union, C 165/45.
1084 Vgl. Amtsblatt der Europäischen Union, C 165/44.
1085 Vgl. Amtsblatt der Europäischen Union, C 165/44.
1086 Vgl. EuGH, Urteil vom 14.10.2010 – C-428/09, BeckRS 2010, 91197, Rn. 48
1087 Vgl. Amtsblatt der Europäischen Union, C 165/44.

kann, für die bekanntlich keinerlei Arbeitszeitschutz besteht".[1088] So etwa bei Führungskräften, die unternehmerische Mitverantwortung tragen.[1089] Wer über selbstständige wesentliche Entscheidungsbefugnisse verfüge und seine Arbeit selbst organisieren könne, wer fachlich unabhängig ist, gehöre zu dieser Gruppe.[1090] Die Richtlinie erlaube es, den Begriff des leitenden Angestellten in diesem Sinne weiter zu fassen.[1091]

Nach der ersten Voraussetzung des Art. 17 Abs. 1 ArbZRL ist eine Abweichung möglich, „wenn die Arbeitszeit nicht gemessen und/oder nicht im Voraus festgelegt wird". Die zweite Voraussetzung verlangt, dass die Arbeitnehmer die Arbeitszeit selbst festlegen können. Der EuGH[1092] sah bisher die Arbeitszeit als „festgelegt" an, wenn die Anzahl der jährlich abzuleistenden Arbeitszeiträume (z. B. Zeiträume von 24 Stunden, in denen der Arbeitnehmer mit der Betreuung eines Kinderdorfhauses betraut ist),[1093] vertraglich vereinbart ist. Nicht ausreichend sind hingegen Schwierigkeiten des Arbeitgebers bei der Kontrolle der täglichen Ausübung der Tätigkeiten seiner Arbeitnehmer, soweit er sowohl den „Beginn als auch das Ende der Arbeitszeit im Voraus festlegt".[1094] Dabei ist es nach der Entscheidung des EuGH unerheblich, ob der Arbeitnehmer in den Zeiträumen, in denen er mit der Arbeit betraut ist, über eine gewisse Autonomie in der Gestaltung seiner Arbeitszeit und insbesondere bei der Organisation seiner täglichen Aufgaben, seiner Unternehmungen und seiner Zeiten der Untätigkeit verfügen kann, ohne dass es praktisch eine Kontrolle durch den Arbeitgeber zu geben scheint.[1095]

Fraglich ist, ob der EuGH die Festlegung der Arbeitszeit auf die Lage oder auch auf die Dauer der Arbeitszeit bezieht. *Ulber*[1096] ist insoweit der Auffassung, dass dem EuGH zufolge die Arbeitszeit nur dann nicht festgelegt sei, wenn der Arbeitnehmer über Zeitpunkt und Umfang der Erbringung der Arbeitsleitung selbst bestimmten könne.[1097] So auch die EU-Kommission, die aus der

---

1088 *Hanau*, EuZA 2019, 423 (431).
1089 Vgl. *Hanau*, EuZA 2019, 423 (431).
1090 *Hanau*, EuZA 2019, 423 (431) unter Verweis auf *Henssler/Lunk*, NZA 2016, 1425 (1429) und *Bissels/Krings*, NJW 2016, 3418 (3420).
1091 *Hanau*, EuZA 2019, 423 (431).
1092 EuGH, Urteil v. 26.07.2017 – C-175/16, NZA 2017, 1113 (1114), Rn. 33.
1093 EuGH, Urteil v. 26.07.2017 – C-175/16, NZA 2017, 1113 (1114), Rn. 33.
1094 Vgl. EuGH, Urteil v. 26.07.2017 – C-175/16, NZA 2017, 1113 (1115), Rn. 35 f.
1095 Vgl. EuGH, Urteil v. 26.07.2017 – C-175/16, NZA 2017, 1113 (1115), Rn. 35 f.
1096 Preis/Sagan/*Ulber*, EuArbR, 2. Aufl. 2019, Rn. 7.227.
1097 Preis/Sagan/*Ulber*, EuArbR, 2. Aufl. 2019, Rn. 7.227.

Entscheidung Isère[1098] des EuGH den Schluss zieht, dass die Möglichkeit des Arbeitnehmers, nicht nur über die Einteilung, sondern auch über den Umfang seiner Arbeitszeit zu entscheiden, von wesentlicher Bedeutung ist.[1099] Daher könnten unter die Ausnahmeregelung bestimmte hochrangige Führungskräfte fallen, deren gesamte Arbeitszeit nicht gemessen oder nicht im Voraus festgelegt wird, da sie nicht verpflichtet sind, zu festgesetzten Zeiten am Arbeitsplatz anwesend zu sein, sondern über ihre Arbeitszeiteinteilung selbst entscheiden können.[1100] Auch könne die Ausnahmeregelung beispielsweise für bestimmte Experten, erfahrene Anwälte in einem Beschäftigungsverhältnis oder Wissenschaftler gelten, die ihre Arbeitszeit weitgehend selbst festlegen.[1101]

(ii) Meinungsstand in der Literatur

Ob Arbeitnehmer in Vertrauensarbeitszeit unter die zuvor aufgezeigte Bereichsausnahme des Art. 17 Abs. 1 ArbZRL fallen und mithin aus dem Anwendungsbereich des Arbeitszeitgesetzes herausgenommen werden können, wird in der Literatur unterschiedlich gesehen.

Einige Stimmen[1102] vertreten die Auffassung, dass bei einer Vertrauensarbeitszeit, die sich durch einen kompletten Kontrollverzicht des Arbeitgebers auszeichnet, die Voraussetzungen des Art. 17 Abs. 1 ArbZRL erfüllt sind. Für solche Arbeitnehmer könnten demnach Aufzeichnungspflichten im deutschen Recht sogar abgeschafft werden. *Hanau*[1103] beschränkt dies allerdings auf solche Vertrauensarbeitszeitmodelle, in denen der Kontrollverzicht durch korrespondierende substanzielle inhaltliche Freiheiten des Arbeitnehmers eine innere Rechtfertigung findet. Arbeitszeitautonomie allein macht das Kontrollerfordernis hingegen nicht obsolet.[1104] Sei die Tätigkeit des Arbeitnehmers durch weitgehende fachliche Autonomie geprägt, müsse sich diese Selbstständigkeit gerade bei Führungskräften auch in einem Zuwachs an Arbeitszeitsouveränität niederschlagen, der es sogar erlauben kann, auf die Messung der Arbeitszeit zu verzichten.[1105] Zudem weist er darauf hin, dass die Arbeitszeitrichtlinie mit

---

1098 Vgl. hierzu EuGH, Urteil vom 14.10.2010 – C-428/09, BeckRS 2010, 91197, Rn. 42.

1099 Vgl. Amtsblatt der Europäischen Union, C 165/1 S. 45.

1100 Vgl. Amtsblatt der Europäischen Union, C 165/1 S. 45.

1101 Vgl. Amtsblatt der Europäischen Union, C 165/1 S. 45.

1102 Vgl. *Hanau*, EuZA 2019, 423 (434); *Zumkeller*, BB 2019, Heft 25, Umschlagteil, I; *Hüpers/Reese*, RdA 2020, 53 (53 f.); *Höpfner/Daum*, RdA 2019, 270 (279).

1103 Vgl. *Hanau*, EuZA 2019, 423 (434).

1104 *Hanau*, EuZA 2019, 423 (434).

1105 *Hanau*, ZfA 2020, 129 (140).

der weiteren Kategorie des autonomen Arbeitnehmers in Art. 17 Abs. 1 ArbZRL diesen Anforderungen besser gewachsen ist, als das engere deutsche Arbeitszeitgesetz, das in § 18 Abs. 1 Nr. 1 ArbZG leitende Angestellte unglücklich nur als solche im Sinne der Betriebsverfassung versteht.[1106]

Höpfner und Daum[1107] sind der Auffassung, dass Vertrauensarbeitszeit, in der die Arbeitnehmer aus organisatorischen Gründen (Einbindung in Projekte, Arbeit nach Kundenwünschen) den Arbeitgeber über ihre Arbeit bzw. Arbeitszeit informieren müssen, nicht unter die Bereichsausnahme des Art. 17 Abs. 1 ArbZRL fällt, da diese vom EuGH restriktiv ausgelegt wird.[1108] So stehe die freie Verteilung der Arbeitszeit durch den Arbeitnehmer häufig unter dem Vorbehalt der betrieblichen Interessen.[1109] Zudem habe eine Vielzahl der in Vertrauensarbeitszeit beschäftigten Arbeitnehmer den Arbeitgeber darüber zu informieren, ob und wo sie zu den klassischen Bürozeiten erreichbar sind.[1110] Der Bereichsausnahme des Art. 17 Abs. 1 ArbZRL nach komme somit allenfalls für eine extensive Form der Vertrauensarbeitszeit in Betracht, wie sie vorwiegend von Arbeitnehmern hoher Hierarchieebenen praktiziert werde.[1111]

(iii) Stellungnahme

Ob Arbeitnehmer mit einer Vertrauensarbeitszeit unter die Bereichsaufnahme des Art. 17 Abs. 1 ArbZRL fallen, hängt letztlich vom konkreten Vertrauensarbeitszeitmodell ab. Wie bereits unter B. I. dargestellt, bedeutet Vertrauensarbeitszeit nur, dass der Arbeitnehmer über die Lage seiner Arbeitszeit selbst bestimmen kann und der Arbeitgeber auf die Kontrolle der Einhaltung der arbeitsvertraglichen Verpflichtung verzichtet.[1112] Der Arbeitnehmer schuldet dennoch die Ableistung eines vereinbarten Arbeitszeitvolumens.[1113] Die gesamte Arbeitszeit der Arbeitnehmer kann in diesem Vertrauensarbeitszeitmodell gemessen werden, denn der Arbeitnehmer darf lediglich darüber entscheiden, wann er mit der Arbeit beginnt und wann er aufhört. Eine Messung der Arbeitszeit ist dem Arbeitgeber aber möglich. Auf diese kann er auch im Rahmen der

---

1106 *Hanau*, ZfA 2020, 129 (140).
1107 Vgl. *Höpfner/Daum*, RdA 2019, 270 (279).
1108 Vgl. *Höpfner/Daum*, RdA 2019, 270 (279).
1109 Vgl. *Höpfner/Daum*, RdA 2019, 270 (279).
1110 Vgl. *Höpfner/Daum*, RdA 2019, 270 (279).
1111 Vgl. *Höpfner/Daum*, RdA 2019, 270 (279).
1112 Vgl. *Höpfner/Daum*, RdA 2019, 270 (279).
1113 Vgl. BAG, Urteil v. 24.05.2012 – 2 AZR 124/11, NZA 2012, 1223 (126 f.).

Vertrauensarbeitszeit nach derzeitigem geltenden Recht nicht verzichten.[1114] Die Arbeitszeitautonomie bezieht sich demnach lediglich auf die Lage der Arbeitszeit, und nicht auf deren Dauer. Da es nach der Rechtsprechung des EuGH[1115] unerheblich ist, „ob der Arbeitnehmer in den Zeiträumen, in denen er mit der Arbeit betraut ist, über eine gewisse Autonomie in der Gestaltung seiner Arbeitszeit und insbesondere bei der Organisation seiner täglichen Aufgaben, seiner Unternehmungen und seiner Zeiten der Untätigkeit verfügen kann, ohne dass es praktisch eine Kontrolle durch den Arbeitgeber zu geben scheint", fällt ein Arbeitnehmer, der lediglich über die Lage seiner Arbeitszeit bestimmen kann, nicht in die Bereichsausnahme des Art. 17 Abs. 1 ArbZRL.

Ungeachtet dessen ist Art. 17 Abs. 1 ArbZRL so zu verstehen, dass nur dort, wo wegen der besonderen Merkmale der Tätigkeit eine Festlegung oder Messung der Arbeitszeit nicht möglich ist, Ausnahmen erlaubt sein sollen, damit die Ausübung dieser Tätigkeit ermöglicht wird.[1116] Anderenfalls hätte es der Arbeitgeber selbst in der Hand, die Voraussetzungen dafür zu schaffen, dass für den Arbeitnehmer Abweichungen von der Höchstarbeitszeit und der Ruhezeit auf der Grundlage des Art. 17 Abs. 1 ArbZRL möglich sind. Er müsste demnach nur mit den Arbeitnehmern vereinbaren, dass sie über die Lage ihrer Arbeitszeit selbst bestimmen könnten und somit Raum für Abweichungsmöglichen schaffen. Die Voraussetzung des Art. 17 Abs. 1 ArbZRL „wegen besonderer Merkmale der Tätigkeit" soll jedoch offensichtlich gerade dies verhindern.

Dabei ist es nach der Entscheidung des EuGH unerheblich, ob der Arbeitnehmer in den Zeiträumen, in denen er mit der Arbeit betraut ist, über eine gewisse Autonomie in der Gestaltung seiner Arbeitszeit und insbesondere bei der Organisation seiner täglichen Aufgaben, seiner Unternehmungen und seiner Zeiten der Untätigkeit verfügen kann, ohne dass es praktisch eine Kontrolle durch den Arbeitgeber zu geben scheint.[1117]

Lediglich Arbeitnehmer, die notwendigerweise wegen der besonderen Merkmale der auszuübenden Tätigkeit in einer Vertrauensarbeitszeit arbeiten, in der sie auch über die Dauer ihrer Arbeitszeit bestimmen können müssen, dürften unter den Anwendungsbereich des Art. 17 Abs. 1 ArbZRL fallen. *Däubler* zufolge sei sogar vor der Verabschiedung des Arbeitszeitgesetzes bereits die Vorstellung vorhanden gewesen, Personen vom gesetzlichen Schutz auszunehmen, die über

---

1114 Vgl. BAG, Beschluss v. 06.05.2003 – 1 ABR 13/02, NZA 2003, 1348 (1352).
1115 Vgl. EuGH, Urteil v. 26.07.2017 – C-175/16, NZA 2017, 1113 (1115), Rn. 35 f.
1116 Ebenso Amtsblatt der Europäischen Union, C 165/1 S. 45.
1117 Vgl. EuGH, Urteil v. 26.07.2017 – C-175/16.

Lage und Dauer ihrer Arbeitszeit selbst entscheiden können.[1118] Dies sei jedoch nicht Gesetz geworden.[1119] Dabei wurde von dem Gesetzgeber verkannt, dass es Mitarbeitergruppen gibt, deren Schutzbedürftigkeit nicht derjenigen der „klassischen" Zielgruppe des ArbZG entspricht, die in der Unternehmenshierarchie aber dennoch unter den leitenden Angestellten i. S. d. § 5 Abs. 3 BetrVG angesiedelt sind und folglich vom Anwendungsbereich des ArbZG erfasst werden.

bb) Herausnahme aus dem Anwendungsbereich des ArbZG

Nachdem nunmehr geklärt wurde, dass es durchaus Vertrauensarbeitszeitmodelle bei bestimmten Tätigkeiten gib, in denen die Arbeitnehmer in die Bereichsausnahme des Art. 17 Abs. 1 ArbZRL fallen, stellt sich die Frage, ob diese vollständig vom Anwendungsbereich des ArbZG ausgenommen werden können, oder ob Art. 17 Abs. 1 ArbZRL dahin auszulegen ist, dass er einer nationalen Regelung – wie der in § 18 ArbZG – entgegensteht, in der ein bestimmter Personenkreis komplett aus dem Anwendungsbereich des ArbZG herausgenommen wird. Die Rechtsprechung hat sich hierzu bislang noch nicht geäußert. In der Literatur finden sich unterschiedliche Auffassungen.

(i) Diskussion im Schrifttum

So ist nach Ansicht von *Baeck/Deutsch*[1120] die Herausnahme bestimmter Arbeitnehmergruppen aus dem Geltungsbereich des ArbZG von Art. 17 Abs. 1 ArbZRL gedeckt. Dieser eröffne den Mitgliedstaaten ausdrücklich die Möglichkeit, für bestimmte Arbeiternehmergruppen Abweichungen von den Arbeitsschutzbestimmungen vorzusehen.[1121] Bei diesen Abweichungen müssten nur die allgemeinen Grundsätze des Schutzes, der Sicherheit und der Gesundheit der Arbeitnehmer beachtet werden.[1122] Art. 17 Abs. 1 ArbZRL lasse daher die völlige Herausnahme dieser Arbeitnehmergruppen aus dem Geltungsbereich des ArbZG zu und stehe daher dem § 18 ArbZG nicht entgegen.[1123]

Henssler und *Lunk*[1124] sind ebenfalls der Auffassung, dass eine vollständige Herausnahme aus dem Anwendungsbereich des ArbZG auf der Grundlage des

1118 *Däubler*, Digitalisierung und Arbeitsrecht, 6. Aufl. § 5 Rn. 4.
1119 *Däubler*, Digitalisierung und Arbeitsrecht, 6. Aufl. § 5 Rn. 4.
1120 Baeck/Deutsch/Winzer/*Baeck/Deutsch/Winzer*, 4. Aufl. 2020, ArbZG § 18 Rn. 12.
1121 Baeck/Deutsch/Winzer/*Baeck/Deutsch/Winzer*, 4. Aufl. 2020, ArbZG § 18 Rn. 12.
1122 Baeck/Deutsch/Winzer/*Baeck/Deutsch/Winzer*, 4. Aufl. 2020, ArbZG § 18 Rn. 12.
1123 Baeck/Deutsch/Winzer/*Baeck/Deutsch/Winzer*, 4. Aufl. 2020, ArbZG § 18 Rn. 12.
1124 *Henssler/Lunk*, NZA 2016, 1425 (128).

Art. 17 Abs. 1 ArbZRL möglich ist. Zudem weisen sie auf die Reglungen anderer Mitgliedstaaten hin, wie Frankreich, in denen Führungskräfte nach Maßgabe der Öffnungsklausel des Art. 17 Abs. 1 ArbZRL ausgenommen werden, sofern sie die Autonomie haben, ihre Arbeitszeit und Organisation im Wesentlichen selbst festzulegen.[1125] Zudem stehe auch Art. 31 Abs. 2 GRC dem nicht entgegen.[1126] Ein Erfordernis für eine Abweichung sei, zumindest in Bezug auf die leitenden Angestellten, vor dem Hintergrund der in Art. 16 GRC gleichfalls geschützten unternehmerischen Freiheit anzunehmen.[1127] Denn diese lasse sich nicht umsetzen, wollte man jedenfalls einen bestimmten Kreis von Führungskräften – teils mit strafrechtlich sanktionierten Folgen – faktisch daran hindern, zur Umsetzung des Unternehmenswohls Arbeitszeitgrenzen, wie sie für „normale Arbeitnehmer" gelten, zu überschreiten.[1128] Zudem sei das Betreiben eines Unternehmens in unserer vernetzten und globalisierten Welt faktisch nicht möglich, wenn nicht in ausreichendem Maße Führungspersonal vorhanden sei, das auch über starre zeitliche Grenzen hinaus zur Verfügung stehe.[1129] Bei Dienstleistern (wie Anwaltskanzleien) würde kein Kunde verstehen, wenn der Projektverantwortliche mitten in schwierigen Verhandlungen unter Hinweis auf Ruhens- oder Höchstarbeitszeiten den Raum verließe und ihn allein lasse oder auf einem nicht eingearbeiteten Substituenten verweise.[1130] Der Bedarf an einem flexibleren Einsatz einer bestimmten Führungsschicht sei nicht ernsthaft zu bestreiten.[1131] Die unternehmerische Freiheit wäre ohne arbeitszeitrechtliche Flexibilität dieses Führungskreises in weiten Bereichen nicht umsetzbar.[1132]

Andere Stimmen[1133] in der Literatur sind hingegen der Auffassung, das Art. 17 Abs. 1 ArbZRL nicht von der Anwendung der Richtlinie dispensiert, sondern lediglich Abweichungen gestattet sind. Sie sehe lediglich vor, dass die Mitgliedstaaten von den dort benannten Vorschriften abweichen dürfen und nicht, dass sie von der Anwendung jeder Schutzvorschrift des ArbZG ausgenommen werden dürfen.[1134] Demnach widerspricht § 18 Abs. 1 ArbZG dem

---

1125 *Henssler/Lunk*, NZA 2016, 1425 (128).
1126 *Henssler/Lunk*, NZA 2016, 1425 (128).
1127 *Henssler/Lunk*, NZA 2016, 1425 (128).
1128 *Henssler/Lunk*, NZA 2016, 1425 (128).
1129 *Henssler/Lunk*, NZA 2016, 1425 (128).
1130 *Henssler/Lunk*, NZA 2016, 1425 (128).
1131 *Henssler/Lunk*, NZA 2016, 1425 (128).
1132 *Henssler/Lunk*, NZA 2016, 1425 (128).
1133 Vgl. Preis/Sagan/*Ulber*, EuArbR, 2. Aufl. 2019, Rn. 7.229 f; EuArbR/*Gallner*, 3. Aufl. 2020, RL 2003/88/EG Art. 17 Rn. 5.
1134 EuArbR/*Gallner*, 3. Aufl. 2020, RL 2003/88/EG Art. 17 Rn. 5.

Art. 17 Abs. 1 ArbZRL, da für die dort genannten Berufsgruppen nicht nur von Art. 3–6, Art. 8 und 16 abgewichen wird, sondern alle Vorgaben der Arbeitszeitrichtlinie „abbedungen“ werden.[1135] Arbeitnehmer öffentlicher Arbeitgeber könnten deshalb verlangen, dass § 18 Abs. 1 ArbZG unangewendet bleibt.[1136] Die Vorgaben der Richtlinie sind demnach konkret genug, um eine unmittelbare Anwendung gegenüber dem staatlichen Arbeitgeber zu erlauben.[1137] Darüber hinaus könne auch der private Arbeitgeber gegenüber seinen Arbeitnehmern gem. Art. 31 Abs. 2 GRC die Unanwendbarkeit des § 18 Abs. 2 ArbZG geltend machen.[1138]

(ii) Stellungnahme

Die völlige Herausnahme von Arbeitnehmern aus dem Anwendungsbereich der RL 2003/88/EG wird zurecht kritisiert. Denn Art. 17 Abs. 1 ArbZRL ist so auszulegen, dass lediglich von Art. 3–6, Art. 8 und 16 abgewichen werden darf.

Zunächst einmal spricht Art. 17 Abs. 1 ArbZRL ausdrücklich davon, dass lediglich von den Art. 3–6, Art. 8 und 16 ArbZRL abgewichen werden darf. Dabei bezieht er sich nicht auf die vollständige Arbeitszeitrichtlinie, sondern nur auf einzelne Vorschriften. Dies unterstreicht, dass die dort benannten Arbeitnehmer nicht vollkommen aus dem Schutz der ArbZRL herausgezogen werden sollen, sondern nur bzgl. der ausdrücklich genannten Normen. Darüber hinaus sollen Abweichungen nach Art. 17 Abs. 1 ArbZRL nur „unter Beachtung der allgemeinen Grundsätze des Schutzes der Sicherheit und der Gesundheit der Arbeitnehmer“ möglich sein. Auch dies deutet darauf hin, dass die Abweichungen auf das Erforderliche begrenzt werden müssen.

Auch steht Art. 31 Abs. 2 GRC einer vollständigen Herausnahme bestimmter Arbeitnehmergruppen aus dem Anwendungsbereich der RL 2008/88/EG entgegen.[1139] Denn er räumt jedem Arbeitnehmer, d. h. auch leitenden Angestellten, das Recht auf eine Begrenzung der Höchstarbeitszeit sowie die täglichen und wöchentlichen Ruhezeiten ein. Hierbei handelt es sich, wie bereits oben[1140]

1135 EuArbR/*Gallner*, 3. Aufl. 2020, RL 2003/88/EG Art. 17 Rn. 5.

1136 Vgl. EuArbR/*Gallner*, 3. Aufl. 2020, RL 2003/88/EG Art. 17 Rn. 5; Vgl. Preis/Sagan/*Ulber*, EuArbR, 2. Aufl. 2019, Rn. 7.230.

1137 Vgl. EuArbR/*Gallner*, 3. Aufl. 2020, RL 2003/88/EG Art. 17 Rn. 5; Preis/Sagan/*Ulber*, EuArbR, 2. Aufl. 2019, Rn. 7.230.

1138 EuArbR/*Gallner*, 3. Aufl. 2020, RL 2003/88/EG Art. 17 Rn. 5.

1139 ebenso EuArbR/*Schubert*, 3. Aufl. 2020, GRCh Art. 31 Rn. 29; *Hanau* NZA 2010, 1 (2).

1140 unter C. I. 1.

dargestellt, um ein Grundrecht der Arbeitnehmer. Zwar dürfen gemäß Art. 51 Abs. 1 GRC, worauf bereits *Henssler* und *Lunk*[1141] zurecht hingewiesen haben, Einschränkungen bzgl. der Ausübung der in Art. 31 Abs. 2 GRC anerkannten Rechte und Freiheiten vorgenommen werden. Diese müssen jedoch gesetzlich vorgesehen sein und den Wesensgehalt dieser Rechte und Freiheiten achten. Eine den Wesensgehalt achtende Einschränkung kann jedoch nicht eine vollständige Verwehrung dieser Rechte sein.[1142] Arbeitnehmer in Vertrauensarbeitszeit könnten demnach nicht komplett aus dem Anwendungsbereich des ArbZG herausgenommen werden. Allerdings könnten insoweit Abweichungen vorgesehen werden für Arbeitnehmer, die in einer Vertrauensarbeitszeit arbeiten, welche sowohl die Flexibilisierung der Lage als auch der Dauer der Arbeitszeit vorsehen. Eine derartige Abweichung könnte beispielsweise die Erweiterung der Höchstarbeitszeit auf zwölf Stunden, die Reduzierung der Ruhezeit sowie die Möglichkeit, diese zu unterbrechen, sein, um den Arbeitnehmern mehr Flexibilität zu ermöglichen.

Im Übrigen ist zu beachten, dass, nach der hier vertretenen Auffassung, ein nationales Gericht konsequenterweise nach Art. 31 Abs. 2 GRC den § 18 Abs. 1 ArbZG unangewendet zu lassen und dafür Sorge zu tragen hätte, dass der Arbeitnehmer seine Ansprüche auf Höchstarbeitszeit und Ruhezeit behält. Des Weiteren dürfte Art. 31 Abs. 2 GRC in diesem Zusammenhang auch unmittelbar zwischen Privatpersonen wirken, sodass sich der jeweilige Arbeitnehmer auch gegenüber seinem privaten Arbeitgeber auf die Unwirksamkeit des § 18 Abs. 1 ArbZG berufen und die Einhaltung der Höchstarbeitszeit und Ruhezeiten verlangen könnte. Denn wie bereits oben dargestellt, ergibt sich aus Art. 31 Abs. 2 GRC ein unmittelbares Recht des Arbeitnehmers auf die Beschränkung der Höchstarbeitszeit und eine Mindestruhezeit.[1143]

e) Kein Ende der Vertrauensarbeitszeit

Wie bereits einleitend erläutert, wird im Schrifttum darüber diskutiert, ob die Entscheidung CCOO das Ende der Vertrauensarbeitszeit zur Folge hat.

1141 Vgl. *Henssler/Lunk*, NZA 2016, 1425 (128).

1142 ähnlich EuArbR/*Schubert*, 3. Aufl. 2020, GRCh Art. 31 Rn. 29 f.

1143 unter C. I. 1.

aa) Diskussion im Schrifttum

So ist ein Teil des Schrifttums[1144] der Auffassung, dass Vertrauensarbeit in ihrer bisherigen Form zukünftig nicht mehr möglich sein wird. Diesen Auffassungen liegt überwiegend die Meinung zugrunde, dass der Arbeitgeber bei der Vertrauensarbeitszeit keine Zeiterfassung seiner Arbeitnehmer vornimmt.

Ein System, nach dem der Arbeitgeber die Arbeitszeit nicht erfasst und nicht überwacht, sei definitiv nicht objektiv.[1145] Auch dann, wenn der Arbeitnehmer seine Arbeitszeit selbst einteilen kann, sei der Arbeitgeber zu einer Erfassung der geleisteten Arbeitszeit verpflichtet. Übrig bleibe lediglich die Befugnis des Arbeitnehmers, sich diese selbst einzuteilen.[1146] Zwar hätte der Arbeitgeber auch bisher dafür Sorge zu tragen, dass die Grenzen des ArbZG eingehalten werden.[1147] Nun werde er jedoch auch zur Erfassung der Arbeitszeit verpflichtet.[1148]

Eine weitergehende Freiheit bei der Arbeitszeitgestaltung werde es zukünftig nur noch dort geben, wo der Gesetzgeber von Art. 17 Abs. 1 ArbZRL Gebrauch macht[1149]. Die Vorschrift nenne u. a. leitende Angestellte, die allerdings nach § 18 Abs. 1 ArbZG ohnehin von der Geltung des ArbZG ausgenommen seien, und sonstige Personen mit selbstständiger Entscheidungsbefugnis. Aus dem Wortlaut („insbesondere“) werde jedoch deutlich, dass die Mitgliedstaaten weitere Ausnahmeregelungen treffen können.[1150] Arbeitszeitmodelle, die keine feste wöchentliche Arbeitszeit vorsehen – auch so wird Vertrauensarbeitszeit z. T. verstanden – könnte der deutsche Gesetzgeber daher von der Aufzeichnungspflicht ausnehmen.[1151]

Eine vermittelnde Ansicht[1152] macht das weitere Bestehen der Vertrauensarbeitszeit davon abhängig, was man genau unter dieser versteht.[1153] Mache der Arbeitgeber dem Arbeitnehmer lediglich keine Vorgaben zu Beginn, Ende bzw. Lage seiner Arbeitszeit, spreche überhaupt nichts dagegen, auch weiterhin so zu verfahren.[1154] Dagegen würden Modelle an Grenzen stoßen, bei denen

1144 Vgl. *Ulber*, NZA 2019, 677 (680); *Fuhlrott*, NZA-RR 2019, 343; *Schrader*, NZA 2019, 1035 (1039); *Grimm/Freh*, ArbRB 2019, 278; Küttner/*Poeche*, Personalbuch, 27. Aufl. 2020, Arbeitszeitmodelle, Rn. 16 b.

1145 *Schrader*, NZA 2019, 1035 (1039).

1146 *Schrader*, NZA 2019, 1035 (1039).

1147 Vgl. Küttner/*Poeche*, Personalbuch, 26. Aufl. 2019, Arbeitszeitmodelle, Rn. 16 b.

1148 Vgl. Küttner/*Poeche*, Personalbuch, 26. Aufl. 2019, Arbeitszeitmodelle, Rn. 16 b.

1149 *Grimm/Freh*, ArbRB 2019, 278 (281).

1150 *Grimm/Freh*, ArbRB 2019, 278 (281).

1151 *Grimm/Freh*, ArbRB 2019, 278 (281).

1152 Vgl. *Bayreuther* NZA 2020, 1 (8).

1153 *Bayreuther* NZA 2020, 1 (8).

1154 *Bayreuther* NZA 2020, 1 (8).

der Arbeitgeber auf jede Zeiterfassung verzichte und darauf vertraue, dass der Arbeitnehmer seine Arbeitspflicht auch ohne Erstellung von Zeitnachweisen erfülle.[1155] Dessen ungeachtet könne der Arbeitgeber aber schon nach geltendem Recht zur Aufzeichnung der Arbeitszeit verpflichtet sein.[1156] Das sei dann der Fall, wenn der Betriebsrat dies fordere (§ 80 BetrVG), wenn – wie in solchen Arbeitsverhältnissen häufig der Fall – Arbeit über die Zeitgrenze des § 3 ArbZG hinaus geleistet werde (§ 16 Abs. 2 ArbZG) oder aber, wenn das Arbeitsverhältnis dem Mindestlohnrecht unterfalle.[1157] Insgesamt erweise sich die Vertrauensarbeitszeit als der wunde Punkt der Anordnung einer Erfassungspflicht und gerade deshalb sei das Urteil des EuGH, teils auch recht deutlich, kritisiert worden („aus der Zeit gefallen").[1158]

Andere wiederum sehen auch bei einer Aufzeichnungspflicht kein Ende der Vertrauensarbeitszeit.[1159] Zur Begründung wird auf die jüngste Entscheidung des BAG[1160] verwiesen, in der ausgeführt wurde, dass Vertrauensarbeitszeit nur bedeutet, dass der Arbeitgeber auf die Festlegung von Beginn und Ende der täglichen Arbeitszeit verzichtet und darauf vertraut, dass der betreffende Arbeitnehmer seine Arbeitspflicht in zeitlicher Hinsicht auch ohne Kontrolle erfüllen wird.[1161] Zwar werde in der Praxis bei der Vereinbarung von Vertrauensarbeitszeit oftmals auch auf die Dokumentation der Arbeitszeiten verzichtet.[1162] Doch auch nach der bisherigen Rechtslage steht der Vereinbarung von Vertrauensarbeitszeit die Führung eines Arbeitszeitkontos und damit allgemein die Dokumentation der Arbeitszeiten nicht entgegen.[1163] Vertrauensarbeitszeit bedeutet daher nicht, dass Arbeitszeiten grundsätzlich nicht dokumentiert werden (müssen).[1164] Demnach bestehen bereits nach der bisherigen Rechtslage – auch mit Vereinbarung von Vertrauensarbeitszeit – Ausnahmen, die den Arbeitgeber dazu verpflichten, die Arbeitszeiten zu dokumentieren.[1165] Vertrauensarbeitszeit werde daher auch in Zukunft möglich bleiben.[1166] Hinsichtlich

---

1155 *Bayreuther* NZA 2020, 1 (8).
1156 *Bayreuther* NZA 2020, 1 (8).
1157 *Bayreuther* NZA 2020, 1 (8).
1158 *Bayreuther* NZA 2020, 1 (8).
1159 *Bettinghausen*, BB 2019, 2740 (2742); ebenso *Heuschmid*, NJW 2019, 1853 (1854).
1160 Vgl. BAG, Urteil v. 26.06.2019 –5 AZR 452/18, BB 2019, 2355.
1161 *Bettinghausen*, BB 2019, 2740 (2742)-
1162 *Bettinghausen*, BB 2019, 2740 (2742).
1163 *Bettinghausen*, BB 2019, 2740 (2742).
1164 *Bettinghausen*, BB 2019, 2740 (2742).
1165 *Bettinghausen*, BB 2019, 2740 (2742).
1166 *Bettinghausen*, BB 2019, 2740 (2742).

der Aufzeichnungspflicht der Arbeitszeiten kommt es darauf an, wie der Gesetzgeber die Entscheidung umsetzen wird.[1167] Da nach bisherigem Recht die Dokumentationspflicht auch auf den Arbeitnehmer delegiert werden kann, erscheine es nicht ausgeschlossen und eher wahrscheinlich, dass dies auch nach Umsetzung der EuGH-Rechtsprechung zukünftig möglich sein werde.[1168]

bb) Stellungnahme

Der letztgenannten Auffassung ist zuzustimmen. Denn wie bereits unter B. I. ausgeführt, bedeutet Vertrauensarbeitszeit nur, dass der Arbeitgeber auf die Festlegung von Beginn und Ende der täglichen Arbeitszeit verzichtet und darauf vertraut, dass der betreffende Arbeitnehmer seine Arbeitspflicht in zeitlicher Hinsicht auch ohne Kontrolle erfüllen wird.[1169] Zutreffend ist zwar, dass in der Praxis häufig im Rahmen der Vertrauensarbeitszeit irrtümlicherweise auch auf die Aufzeichnung der über die werktägliche Arbeitszeit hinausgehenden Zeit und sogar auf die Messung der Arbeitszeiten verzichtet wird. Ein derartiger Verzicht ist jedoch auch vor der Rechtslage der Entscheidung CCOO bei einer Vereinbarung von Vertrauensarbeitszeit rechtlich nicht zulässig gewesen.[1170] Dies war und ist nach der Rechtsprechung des BAG keine zu respektierende Ausübung der betrieblichen Organisations- und Leitungsmacht des Arbeitgebers.[1171] Der Arbeitgeber musste schon immer seinen Betrieb so organisieren, dass die gesetzlichen und tariflichen Höchstarbeitszeitgrenzen eingehalten werden und diese entsprechend kontrollieren.[1172] Ungeachtet dessen konnte er auch bislang durch die Aufsichtsbehörde unter den Voraussetzungen des § 17 Abs. 2 ArbZG nicht nur zur Messung der Arbeitszeit, sondern auch zu deren Aufzeichnung verpflichtet sein. Vertrauensarbeitszeit wird daher auch in Zukunft nach wie vor möglich bleiben.

Der Arbeitgeber ist demnach weiterhin nur dazu verpflichtet, die über die werktägliche Arbeitszeit hinausgehende tägliche Arbeitszeit nach § 16 Abs. 2 ArbZG aufzuzeichnen und die Aufzeichnungen für zwei Jahre aufzubewahren.[1173] Auch bei der Einführung von Vertrauensarbeitszeit muss er die

---

1167 *Bettinghausen*, BB 2019, 2740 (2742).
1168 *Bettinghausen*, BB 2019, 2740 (2742).
1169 Vgl. BAG, Urteil v. 23.09.2015 – 5 AZR 767/13, NZA 2016, 295 (298), Rn. 31.
1170 So auch *Hanau*, ZfA 2020, 129 (138).
1171 Vgl. BAG, Beschluss v. 06.05.2003 – 1 ABR 13/02, NZA 2003, 1348 (1352).
1172 Vgl. BAG, Beschluss v. 06.05.2003 – 1 ABR 13/02, NZA 2003, 1348 (1352).
1173 Vgl. ErfK/*Wank*, 20. Aufl. 2020, ArbZG § 16 Rn. 7

Arbeitszeiten überwachen und messen.[1174] Die Aufzeichnungen muss er jedoch nicht persönlich vornehmen. Dies kann er auf die Arbeitnehmer delegieren.[1175] Die Arbeitszeitnachweise können auch formlos geschehen, beispielsweise durch Stundenzettel oder per App.[1176] Er muss jedoch dafür sorgen, dass die Aufzeichnungspflicht nach § 16 Abs. 2 ArbZG ordnungsgemäß erfüllt wird und der Arbeitnehmer seine Arbeitszeit tatsächlich misst.[1177] Insbesondere ist wichtig, dass der Arbeitgeber durch geeignete organisatorische Maßnahmen und regelmäßige Kontrollen (z. B. Stichproben) sicherstellt, dass die Arbeitnehmer der entsprechenden Anweisung auch tatsächlich nachkommen, um dem Erfordernis eines objektiven, verlässlichen und zugänglichen Systems zur Messung der Arbeitszeit gerecht zu werden.[1178] Da der Arbeitgeber die Aufzeichnungspflicht und die Messung durch die Arbeitnehmer selbst vornehmen lässt, benötigen diese die entsprechenden Informationen darüber, wann Arbeitszeit vorliegt und was die Grenzen nach dem ArbZG sind.[1179]

Kommt man entgegen der hier vertretenen Auffassung[1180] zum Ergebnis, dass der EuGH eine Erfassung der täglichen Arbeitszeit verlangt, so bedeutet auch dies nicht das Ende der Vertrauensarbeitszeit. Denn auch bei einem objektiven, verlässlichen und zugänglichen System zur Erfassung der Arbeitszeit kann der Arbeitgeber die Dokumentation der Arbeitszeit auf die Arbeitnehmer delegieren. Das BAG hat bereits in seiner Entscheidung vom 23.09.2015 klargestellt, dass der Vereinbarung von Vertrauensarbeitszeit die Führung eines Arbeitszeitkontos nicht entgegensteht. Von der Gegenansicht wird verkannt, dass sich das im Rahmen einer Vertrauensarbeitszeit dem Arbeitnehmer durch den Arbeitgeber entgegengebrachte Vertrauen auf die Erfüllung der arbeitsvertraglichen Hauptpflicht bezieht, seine Arbeit in der geschuldeten Zeit zu erledigen. Auf eine Kontrolle der Einhaltung der arbeitsschutzrechtlichen Bestimmungen kann der Arbeitgeber jedoch nicht verzichten.

1174 So auch *Hanau*, ZfA 2020, 129 (138).

1175 Vgl. LAG RhPf, Urteil v. 05.06.2013 – 8 Sa 571/12, BeckRS 2014, 65219.

1176 Vgl. ErfK/*Wank*, 20. Aufl. 2020, ArbZG § 16 Rn. 5.

1177 So auch *Thüsing/Flink/Jänsch*, ZfA 2019, 456 (472) allerdings bezogen auf eine Aufzeichnungspflicht der gesamten Arbeitszeit.

1178 Vgl. ErfK/*Wank*, 20. Aufl. 2020, ArbZG § 16 Rn. 5.

1179 Vgl. *Höpfner/Daum*, RdA 2019, 270 (278).

1180 Vgl. die Stellungnahme unter C. II. 6. b) aa) (iii).

D. Arbeitsvertragliche Grenzen der Vertrauensarbeitszeit

Nachdem die arbeitszeitgesetzlichen Grenzen der Vertrauensarbeitszeit dargestellt wurden, ist auch auf deren arbeitsvertraglichen Grenzen einzugehen. Dabei ist weiterhin zu berücksichtigen, dass der Arbeitgeber auch bei der (arbeitsvertraglichen) Vereinbarung von Vertrauensarbeitszeit dazu verpflichtet ist, dafür Sorge zu tragen, dass die gesetzlichen Vorgaben des ArbZG tatsächlich eingehalten werden.[1181]

I. Rechtsnatur des Vertragsverhältnisses

Bevor im Einzelnen auf die Grenzen der Vertrauensarbeitszeit im Arbeitsvertrag eingegangen wird, muss jedoch zunächst die Rechtsnatur des Vertragsverhältnisses, dem eine Vertrauensarbeitszeit zugrunde liegt, geklärt werden. Aufgrund der Erfolgsbezogenheit eines Arbeitsauftrags im Rahmen der Vertrauensarbeitszeit werden in der Literatur die Wesenszüge eines Arbeitsverhältnisses als besonderes Dienstverhältnis im Rahmen einer vereinbarten Vertrauensarbeitszeit infrage gestellt.[1182]

1. Diskussionsstand im Schrifttum

Es herrscht zum Teil die Auffassung, dass bei der Vertrauensarbeitszeit nur noch das Arbeitsergebnis relevant ist und nicht die geleistete Arbeitszeit.[1183] So stehe, laut *Compensis*, bei der Vertrauensarbeitszeit das Arbeitsergebnis im Vordergrund und diene als Messlatte für die Arbeitsleistung, während die zeitliche Arbeitsleistung in den Hintergrund gedrängt werde.[1184] Der Schwerpunkt der Leistungsbeurteilung verschiebe sich komplett auf die Arbeitsergebnisse.[1185] Den Arbeitgeber „interessiert dabei nur das Arbeitsergebnis, nicht aber wo bzw.

1181 BAG, Urteil v. 15.05.2013 – 10 AZR 325/12, NZA-RR 2014, 519.

1182 dies sehen auch *Günther/Böglmüller*, NZA 2015, 1025 (1029).

1183 *Compensis*, NJW 2007, 3089 (3089); *Steffan*, NZA 2015, 1409 (1413); Stefan Sträßer in: Besgen/Prinz, Arbeiten 4.0 – Arbeitsrecht und Datenschutz in der digitalisierten Arbeitswelt, 4. Aufl. 2018, § 3 Herausforderungen der Digitalisierung für das Arbeitszeitrecht Rn. 95; Hahn, Flexible Arbeitszeit, Rn 838.

1184 Vgl. *Compensis*, NJW 2007, 3089 (3089).

1185 *Compensis*, NJW 2007, 3089 (3089).

wann dieses erzielt wird".[1186] Deshalb sei die vom jeweiligen Arbeitnehmer tatsächlich geleistete Arbeitszeit unerheblich, solange das Projekt innerhalb der vorgegebenen Parameter bearbeitet werde.[1187]

Die Folge dieser Rechtsauffassung wäre, dass das Rechtsverhältnis, auf dem die Vertrauensarbeitszeit beruht, kein Dienst- oder Arbeitsverhältnis ist, sondern ein Werkvertrag. Schließlich unterscheiden sich Werkvertrag und Dienstverhältnis dadurch, dass beim Werkvertrag ein durch Arbeit herbeizuführender Erfolg geschuldet (§ 631 Abs. 2 BGB) wird.[1188] Bei einem Dienst- und Arbeitsverhältnis ist dagegen das Tätigsein als solches und nicht der Erfolg der Tätigkeit geschuldet.[1189] So sieht *Compensis*[1190] das Rechtsverhältnis, auf dem die Vertrauensarbeitszeit beruht, „auf den ersten Blick" eher als Werkvertragsverhältnis an. Für interessengerechter hält er jedoch eine auf dem Grundsatz der Vertragsfreiheit beruhende Kombination zwischen Arbeitsvertrag einerseits und Werkvertrag andererseits.[1191] Daher läge bei einem auf das Vertrauen gestützten Arbeitsverhältnis (wie bei der Vertrauensarbeitszeit) ein Arbeitsvertrag mit werkvertragsähnlichem Charakter zugrunde.[1192]

Andere Stimmen in der Literatur[1193] lehnen die Auffassung von *Compensis*, Vertrauensarbeitszeit bedeute, dass nicht mehr die geschuldete Arbeitszeit maßgeblich sei, sondern nur noch das Ergebnis, entschieden ab. Nicht zuletzt aufgrund derlei Ansichten stünden Gewerkschaften und Betriebsräte der Vertrauensarbeitszeit vollkommen zurecht überwiegend ablehnend gegenüber.[1194] Dies wird damit begründet, dass nur der Werkunternehmer ein Ergebnis schulde.[1195] Das Arbeitsverhältnis hingegen sei gekennzeichnet durch den

---

1186 *Compensis*, NJW 2007, 3089 (3089).

1187 *Compensis*, NJW 2007, 3089 (3089).

1188 Vgl. ErfK/*Preis*, 20. Aufl. 2020, BGB § 611a Rn. 96.

1189 Vgl. ErfK/*Preis*, 20. Aufl. 2020, BGB § 611a Rn. 96.

1190 *Compensis*, NJW 2007, 3089 (3091).

1191 *Compensis*, NJW 2007, 3089 (3091).

1192 *Compensis*, NJW 2007, 3089 (3091).

1193 *Lukas/Dahl* in: Lukas/Dahl, Mitbestimmung in sozialen Angelegenheiten, 1. Aufl. 2016, VIII. Vertrauensarbeitszeit in der Betriebsräteberatung; MünchArbR/Schüren, Band 1: Individualarbeitsrecht I, 4. Aufl. 2018, § 47 Rn. 25; ähnlich *Greiner* RdA 2015, 218 (219 f.); vgl. auch Hahn, Flexible Arbeitszeit Rn. 83.

1194 Lukas/Dahl in: Lukas/Dahl, Mitbestimmung in sozialen Angelegenheiten, 1. Aufl. 2016, VIII. Vertrauensarbeitszeit in der Betriebsräteberatung

1195 Lukas/Dahl in: Lukas/Dahl, Mitbestimmung in sozialen Angelegenheiten, 1. Aufl. 2016, VIII. Vertrauensarbeitszeit in der Betriebsräteberatung.

synallagmatischen Austausch von Arbeitsleistung gegen Arbeitsentgelt, wobei das wesentliche Maß für die Arbeitsleistung die Zeit sei und der Grundsatz der subjektiven Leistungsfähigkeit gelte:[1196] Der Inhalt des Leistungsversprechens des Arbeitnehmers richte sich nach dessen persönlichem, subjektivem Leistungsvermögen.[1197] Der einzelne Arbeitnehmer müsse während der vereinbarten Arbeitszeit seine persönliche Leistungsfähigkeit ausschöpfen.[1198] Er schulde auch bei der Vertrauensarbeitszeit keinen Erfolg.[1199] Er schulde nur ordentliche Arbeit.[1200] Es gäbe keine Verpflichtung, unbegrenzt Arbeitszeit zu investieren, um ein vom Arbeitgeber vorgegebenes Ziel zu erreichen.[1201]

2. Rechtsprechung

Die Rechtsprechung hat sich zu dieser Frage bislang noch nicht explizit geäußert. Im Rahmen eines Kündigungsschutzprozesses hat das BAG jedoch in seiner Entscheidung vom 29.08.2013[1202] festgestellt, dass der Umstand einer etwaigen Vertrauensarbeitszeit den betroffenen Beschäftigten nicht von der Ableistung eines bestimmten Arbeitszeitvolumens entbindet, sondern nur dessen konkrete Festlegung und Verteilung auf bestimmte Tage flexibilisiert. Der Entscheidung lag zusammenfassend folgender Sachverhalt zugrunde: Die Klägerin war bei der Beklagten im Betrieb als AT-Mitarbeiterin angestellt.[1203] Im Arbeitsvertrag war keine bestimmte Arbeitszeit festgelegt.[1204] Für AT-Mitarbeiter galt im Betrieb der Beklagten Vertrauensarbeitszeit, bei der die tatsächlich geleisteten Zeiten lediglich zu Dokumentationszwecken erfasst wurden.[1205] Nachdem die Arbeitnehmerin ein Stundendefizit von 686 Stunden ansammelte, fordert sie der Arbeitgeber auf, künftig mindestens 38 Stunden wöchentlich zu arbeiten.[1206]

1196 Lukas/Dahl in: Lukas/Dahl, Mitbestimmung in sozialen Angelegenheiten, 1. Aufl. 2016, VIII. Vertrauensarbeitszeit in der Betriebsräteberatung.

1197 Lukas/Dahl in: Lukas/Dahl, Mitbestimmung in sozialen Angelegenheiten, 1. Aufl. 2016, VIII. Vertrauensarbeitszeit in der Betriebsräteberatung.

1198 Lukas/Dahl in: Lukas/Dahl, Mitbestimmung in sozialen Angelegenheiten, 1. Aufl. 2016, VIII. Vertrauensarbeitszeit in der Betriebsräteberatung.

1199 MünchArbR/*Schüren*, Band 1: Individualarbeitsrecht I, 4. Aufl. 2018, § 47 Rn. 25.

1200 MünchArbR/*Schüren*, Band 1: Individualarbeitsrecht I, 4. Aufl. 2018, § 47 Rn. 25.

1201 MünchArbR/*Schüren*, Band 1: Individualarbeitsrecht I, 4. Aufl. 2018, § 47 Rn. 25.

1202 BAG, Urteil v. 29.08.2013 – 2 AZR 273/12, NZA-RR 2014, 519 (521).

1203 BAG, Urteil v. 29.08.2013 – 2 AZR 273/12, NZA-RR 2014, 519 (521).

1204 BAG, Urteil v. 29.08.2013 – 2 AZR 273/12, NZA-RR 2014, 519 (521).

1205 BAG, Urteil v. 29.08.2013 – 2 AZR 273/12, NZA-RR 2014, 519 (521).

1206 BAG, Urteil v. 29.08.2013 – 2 AZR 273/12, NZA-RR 2014, 519 (521).

Dies lehnt die Arbeitnehmerin mit der Begründung ab, die Beklagte beschäftige die außertariflichen Mitarbeiter nicht nach Maßgabe einer konkreten Wochenarbeitszeit, sondern erwarte von ihnen – im Rahmen einer Vertrauensarbeitszeit ohne Anwesenheitsverpflichtung – lediglich bestimmte Arbeitsergebnisse.[1207] D. h., sie ging davon aus, dass es ausreicht, wenn sie einen Arbeitserfolg, wie er werkvertraglich besteht, abliefert. Nachdem die Arbeitnehmerin wiederholt die geforderte Mindestarbeitszeit unterschritt, sprach der Arbeitgeber die fristlose Kündigung aus.[1208] Dagegen erhob die Arbeitnehmerin Kündigungsschutzklage.[1209] Nach Auffassung des BAG entbinde der Umstand einer etwaigen „Vertrauensarbeitszeit" die betroffenen Beschäftigten nicht von der Ableistung eines bestimmten Arbeitszeitvolumens, sondern flexibilisiert nur dessen konkrete Festlegung und Verteilung auf bestimmte Tage.[1210] Dies sei für die Klägerin ebenso erkennbar wie der Umstand, dass die Erreichung von Zielen nach dem Arbeitsvertrag lediglich für die Höhe ihrer variablen Vergütung relevant sei.[1211] Daraus folgt, dass auch das BAG der Auffassung ist, dass ein Beschäftigter im Rahmen von Vertrauensarbeitszeit gerade keinen Erfolg bzw. kein Ergebnis schulde, sondern die Ableistung eines bestimmten Arbeitszeitvolumens.

Auch in seinem Urteil vom 15.05.2013[1212] entschied das BAG, dass durch die Vereinbarung von Vertrauensarbeitszeit nicht die Pflicht des Arbeitnehmers entfalle, Arbeitszeit in einem nach Stunden bemessenen Umfang abzuleisten. Die Einhaltung dieser Verpflichtung werde lediglich nicht kontrolliert.[1213] In einer weiteren Entscheidung sah das BAG sogar die Orientierung der vom Auftragnehmer zu erbringenden Leistungen nach dem jeweiligen Bedarf des Auftraggebers, was bei Vertrauensarbeitszeit regelmäßig gegeben ist, als ein mögliches Indiz gegen eine werk- und für eine arbeitsvertragliche Beziehung.[1214] Dies soll etwa dann der Fall sein, wenn mit der Bestimmung von Leistungen auch über Inhalt, Durchführung, Zeit, Dauer und Ort der Tätigkeit entschieden wird.[1215] Wesentlich sei, inwiefern Weisungsrechte ausgeübt werden und in welchem Maß

1207 BAG, Urteil v. 29.08.2013 – 2 AZR 273/12, NJW 2014, 1323 (1325), Rn. 35.
1208 BAG, Urteil v. 29.08.2013 – 2 AZR 273/12, NJW 2014, 1323 (1325), Rn. 35.
1209 BAG, Urteil v. 29.08.2013 – 2 AZR 273/12, NJW 2014, 1323 (1325), Rn. 35.
1210 BAG, Urteil v. 29.08.2013 – 2 AZR 273/12, NJW 2014, 1323 (1325), Rn. 35.
1211 BAG, Urteil v. 29.08.2013 – 2 AZR 273/12, NJW 2014, 1323 (1325), Rn. 35.
1212 BAG, Urteil v. 15.05.2013 – 10 AZR 325/12, NZA-RR 2014, 519 (521), Rn. 26.
1213 BAG, Urteil v. 15.05.2013 – 10 AZR 325/12, NZA-RR 2014, 519 (521), Rn. 26.
1214 BAG, Urteil v. 15.05.2013 – 10 AZR 325/12, NZA-RR 2014, 519 (521), Rn. 26.
1215 BAG, Urteil v. 15.05.2013 – 10 AZR 325/12, NZA-RR 2014, 519 (521), Rn. 26.

der Auftragnehmer in einen organisierten Produktionsprozess eingegliedert ist.[1216]

3. Stellungnahme

Dem ist auch zuzustimmen. Für die Abgrenzung des Werkvertrages zum Dienstvertrag ist maßgebend, ob ein bestimmtes Arbeitsergebnis bzw. ein bestimmter Arbeitserfolg oder nur eine bestimmte Dienstleistung als solche geschuldet wird. Allein der Wunsch des Arbeitgebers, der Arbeitnehmer werde durch die gewonnene Zeitautonomie effektiver und ergebnisorientierter arbeiten, führt nicht zur Verpflichtung des Arbeitnehmers, unbegrenzt Arbeitszeit zu investieren, um ein vom Arbeitgeber vorgegebenes Arbeitsziel zu erreichen.[1217] Zurecht führt *Schüren*[1218] an, dass, anders als bei einem Werkvertrag, der Arbeitnehmer bei der Vertrauensarbeitszeit nicht frei darin ist, zu entscheiden, ob er eine bestimmte Aufgabe zu einem bestimmten Preis übernimmt oder nicht annimmt. Da der Arbeitnehmer diese Entscheidungsmacht nicht innehat, kann es auch keine „Ergebnisverantwortung“ geben.[1219] Einen Erfolg, wie im Werkvertragsrecht, schuldet er gerade nicht.[1220] Die Gegenansicht verkennt, dass es bei der Vertrauensarbeitszeit nicht um das auf zeitlicher Selbsteinteilung beruhende Leistungsergebnis geht, sondern um die effektivere Zeiteinteilung. Bei der Vertrauensarbeitszeit soll der Arbeitnehmer seine Arbeitskraft bedarfsorientiert einsetzen und die zur Verfügung stehende bzw. die geschuldete Arbeitspflicht in zeitlicher Hinsicht effektiver und ergebnisorientierter verwenden. So auch das BAG[1221], das ebenfalls bereits festgestellt hat, dass der Arbeitnehmer auch im Rahmen einer Vertrauensarbeitszeit nach wie vor zur Ableistung eines Arbeitszeitvolumens verpflichtet ist.

II. Dauer der Arbeitszeit

Im Rahmen der Vertrauensarbeitszeit stellt sich in der Praxis regelmäßig die Frage, ob der Arbeitgeber auf die vertragliche Vereinbarung einer festen Dauer

---

1216 BAG, Urteil v. 25.09.2013 – 10 AZR 282/12, NZA 2013, 1348 (1350), Rn. 17.
1217 BAG, Urteil v. 29.08.2013 – 2 AZR 273/12, NJW 2014, 1323.
1218 MünchArbR/*Schüren*, Band 1: Individualarbeitsrecht I, 4. Aufl. 2018, § 47 Rn. 24.
1219 MünchArbR/*Schüren*, Band 1: Individualarbeitsrecht I, 4. Aufl. 2018, § 47 Rn. 24.
1220 So auch MünchArbR/*Schüren*, Band 1: Individualarbeitsrecht I, 4. Aufl. 2018, § 47 Rn. 24.
1221 BAG, Urteil v. 29.08.2013 – 2 AZR 273/12, NJW 2014, 1323.

der Arbeitszeit verzichten und lediglich bestimmen kann, dass sich diese im Umfang nach dem anfallenden Arbeitsbedarf richtet. Hierdurch könnte er sich z. B. Reaktionsmöglichkeiten auf die Anforderungen des Marktes, der Kunden und der Umwelt erhalten und minder ausgelastete Arbeitszeit reduzieren.

1. AGB-Kontrolle bei Klauseln bzgl. der Dauer der Arbeitszeit

Arbeitszeitvereinbarungen – soweit sie die Dauer der Arbeitszeit betreffen – unterfallen als einseitig vorformulierte Abreden der AGB-Kontrolle nach Maßgabe der §§ 305 ff. BGB.[1222] Da sie jedoch grundsätzlich die geschuldete Arbeitszeit und die hierfür geschuldete Vergütung regeln, handelt es sich um Hauptabreden, die nach § 307 Abs. 3 S. 2 BGB lediglich einer Transparenzkontrolle unterliegen.[1223] Eine Angemessenheitskontrolle ist nicht vorzunehmen. Etwas anderes gilt jedoch, soweit der Arbeitgeber sich in der Arbeitszeitabrede ein Leistungsbestimmungsrecht einräumt und die entsprechende Klausel hierdurch von gesetzlichen Bestimmungen abweicht.[1224]

Dies wird von der Rechtsprechung bei den infrage stehenden Klauseln angenommen:[1225] Eine Regelung, die den Umfang der Arbeitszeit vom anfallenden Arbeitsbedarf abhängig mache, weiche von Rechtsvorschriften ab und unterliege deshalb gemäß § 307 Abs. 3 S. 1 BGB der Inhaltskontrolle nach § 307 Abs. 1 BGB und § 307 Abs. 2 BGB.[1226] Denn hierdurch werde ein Teil des den Arbeitgeber nach § 615 BGB treffenden Wirtschaftsrisikos auf den Arbeitnehmer verlagert.[1227]

Des Weiteren seien solche Klauseln gemäß § 307 Abs. 1 BGB unwirksam.[1228] Die infrage stehende Klausel benachteilige den Arbeitnehmer, weil sie zu seinen Lasten von § 615 BGB abweiche, nach dessen Maßgabe der Arbeitgeber das Risiko trägt, den Arbeitnehmer beschäftigen zu können, bzw. ihn bei Nichtbeschäftigung wegen Auftragsmangels gleichwohl vergüten zu müssen.[1229] Zudem erlaubt sie dem Arbeitgeber, den Arbeitnehmer wöchentlich zwischen null und

---

1222 Vgl. Hümmerich/Reufels/*Borgmann* Gestaltung von Arbeitsverträgen, 4. Aufl. 2019, § 1 Rn. 909.

1223 Vgl. Preis/*Preis*, Der Arbeitsvertrag, II A 90, Rn. 43 ff.

1224 Vgl. BAG, Urteil v. 10.12.2014 – 7 AZR 1009/12, AP BGB § 307 Nr. 70.

1225 Vgl. BAG, Urteil v. 07.12.2005 – 5 AZR 535/04, NZA 2006, 423.

1226 BAG, Urteil v. 07.12.2005 – 5 AZR 535/04, NZA 2006, 423 (427).

1227 BAG, Urteil v. 07.12.2005 – 5 AZR 535/04, NZA 2006, 423 (427).

1228 BAG, Urteil v. 07.12.2005 – 5 AZR 535/04, NZA 2006, 423 (427).

1229 LAG Düsseldorf, Urteil v. 17.04.2012 – 8 Sa 1334/11, NZA-RR 2012, 563 (565).

den nach dem Arbeitszeitgesetz höchstens zulässigen 48, ggf. sogar 60 Stunden zu beschäftigen.[1230] Zwar habe der Arbeitgeber ein berechtigtes Interesse an einer gewissen Flexibilität der Arbeitsbedingungen, da die Erbringung von Arbeit in starren Arbeitszeitrastern heute kaum noch möglich sei.[1231] Kurzfristige Auftragsschwankungen erfordern flexible Arbeitszeitsysteme.[1232]

Selbst unter Berücksichtigung des berechtigten Wunsches des Arbeitgebers nach einer Flexibilisierung der Arbeitszeit ist eine derartige Klausel jedoch nicht zuzulassen, da sonst dem Arbeitnehmer jegliche Planungssicherheit hinsichtlich des zukünftig zu erzielenden Arbeitseinkommens genommen wird.[1233]

2. Rechtsfolge der Unwirksamkeit der Arbeitszeitabrede

Die durch die Unwirksamkeit der vereinbarten Arbeitszeitregelung im Arbeitsvertrag entstandene Lücke ist nach Auffassung des 5. Senates des BAG[1234] im Wege der ergänzenden Vertragsauslegung zu schließen, soweit keine Tarifbindung vorhanden ist.[1235] Es sei die im Verlauf des Arbeitsverhältnisses tatsächlich geleistete Durchschnittsstundenzahl fest vereinbart.[1236]

Anders hat der 5. Senat des BAG allerdings in einer späteren Entscheidung befunden.[1237] Dem Rechtsstreit lag die folgende Klausel zugrunde: „Es ist eine Festbeschäftigung mit flexibler Arbeitszeit nach den betrieblichen Erfordernissen vereinbart". Er hat hier ebenfalls die Klausel als unwirksam angesehen und die entstandene Lücke im Wege der ergänzenden Vertragsauslegung gefüllt.[1238] Jedoch hat er sie dahin gehend interpretiert, dass es sich nicht um die Vereinbarung einer Vollzeitbeschäftigung handle.[1239] Ausgehend vom Wortlaut der Klausel hätten die Parteien ausdrücklich keine Vollzeitbeschäftigung, sondern ein Teilzeitarbeitsverhältnis in der Form der Arbeit auf Abruf gemäß § 12 TzBfG vereinbart.[1240] Diese sieht bei Nichtvereinbarung der Dauer der wöchentlichen Arbeitszeit eine Arbeitszeit von zehn Stunden als vereinbart an.

1230 LAG Düsseldorf, Urteil v. 17.04.2012 – 8 Sa 1334/11, NZA-RR 2012, 563 (565).
1231 LAG Düsseldorf, Urteil v. 17.04.2012 – 8 Sa 1334/11, NZA-RR 2012, 563 (565).
1232 LAG Düsseldorf, Urteil v. 17.04.2012 – 8 Sa 1334/11, NZA-RR 2012, 563 (565).
1233 LAG Düsseldorf, Urteil v. 17.04.2012 – 8 Sa 1334/11, NZA-RR 2012, 563 (565).
1234 BAG, Urteil v. 07.12.2005 – 5 AZR 364/04, NZA 2006, 423 (428).
1235 BAG, Urteil v. 07.12.2005 – 5 AZR 364/04, NZA 2006, 423 (428).
1236 BAG, Urteil v. 07.12.2005 – 5 AZR 364/04, NZA 2006, 423 (428).
1237 BAG, Urteil v. 24.09.2014 – 5 AZR 1024/12, NZA 2014, 1328 (1329).
1238 Vgl. BAG, Urteil v. 24.09.2014 – 5 AZR 1024/12, NZA 2014, 1328 (1329).
1239 Vgl. BAG, Urteil v. 24.09.2014 – 5 AZR 1024/12, NZA 2014, 1328 (1329).
1240 Vgl. BAG, Urteil v. 24.09.2014 – 5 AZR 1024/12, NZA 2014, 1328 (1329).

3. Stellungnahme

Die Verwendung einer Klausel, bei der sich die Arbeitszeit nach dem anfallenden Arbeitsbedarf richtet, dürfte jedenfalls auch für den Arbeitgeber bei Vereinbarung einer Vertrauensarbeitszeit nicht risikolos sein. Denn die Klausel wäre unter Berücksichtigung beider oben dargestellter Entscheidungen des 5. Senats des BAG unwirksam. Zwar könnte die Regelungslücke im Wege der ergänzenden Vertragsauslegung gefüllt werden. Die Rechtsprechung ist hier jedoch nicht stringent und die unterschiedlichen Auslegungsergebnisse dürften grundsätzlich nicht dem Interesse des Arbeitgebers entsprechen. Denn sollten die im Verlauf des Arbeitsverhältnisses tatsächlich geleisteten Durchschnittsstundenzahlen als fest vereinbart gelten, so birgt dies die Gefahr, dass zwischen ihm und dem jeweiligen Arbeitnehmer mehr als nur der ursprünglich gewollte Umfang als vereinbart gelten könnte. Denn schließlich steht es im Rahmen der Vertrauensarbeitszeit zur Disposition des Arbeitnehmers, wie viel er innerhalb einer Woche/eines Monats/Jahres arbeitet.

Sollte hingegen die Klausel im Streitfall von einem Gericht als Vereinbarung von Abrufarbeit nach § 12 TzBfG verstanden werden, so birgt dies das Risiko, dass der Arbeitnehmer ggf. bei Anwendung des § 12 Abs. 2 TzBfG nur zur Arbeitsleistung verpflichtet ist, wenn der Arbeitgeber ihm die Lage seiner Arbeitszeit jeweils mindestens vier Tage im Voraus mitteilt. Dies würde jedoch gerade nicht dem Sinn und Zweck einer derartigen Regelung entsprechen, dass die Mitarbeiter im Rahmen der Vertrauensarbeitszeit frei über die Lage ihrer Arbeitszeit bestimmen können. Aufgrund des Vorgenannten wäre daher jedenfalls für Arbeitgeber grundsätzlich zu empfehlen, die von den jeweiligen Arbeitnehmern geschuldete Dauer der Arbeitszeit im Arbeitsvertrag genau zu bestimmen. Dabei sollte eine regelmäßige wöchentliche Arbeitszeit festgelegt werden. Dies steht einer ergebnisorientierten und ausgelasteten Arbeitszeit nicht entgegen. Denn die Arbeitnehmer können dennoch die Lage der Arbeitszeit am Arbeitsbedarf orientieren und sind in dieser Hinsicht noch ausreichend flexibel.

Sollte der Arbeitnehmer weniger Arbeitsstunden als geschuldet leisten, weil z. B. die Auftragslage schlechter ist, so müsste er sie an einem anderen Tag mit besserer Auftragslage wieder nachholen bzw. einen Minusstand der Arbeitsstunden wieder ausgleichen.

III. Lage der Arbeitszeit

Die arbeitsvertragliche Gestaltung der Lage der Arbeitszeit dürfte im Gegensatz zu deren Dauer keine AGB-rechtlichen Probleme aufweisen. Denn der

Arbeitgeber ist regelmäßig berechtigt, die Lage der vereinbarten Arbeitszeit in Ausübung seines Weisungsrechts im Rahmen billigen Ermessens festzulegen (§ 106 S. 1 Gewerbeordnung – GewO). Zu beachten ist hingegen, dass er nach der Rechtsprechung des BAG sein Weisungsrecht nicht mehr ausüben kann, wenn die Lage der täglichen Arbeitszeit vertraglich vereinbart ist.[1241] Bei der Vereinbarung von Vertrauensarbeitszeit wird i. d. R. bzgl. der Lage der Arbeitszeit vereinbart, dass der Arbeitnehmer Beginn und Ende der individuellen täglichen Arbeitszeit, unter Berücksichtigung der Bedürfnisse des Arbeitgebers und der anderen Mitarbeiter, eigenverantwortlich bestimmen kann.[1242] Daher könnte hier unter Anwendung der Rechtsprechung angenommen werden, dass der Arbeitgeber sein Weisungsrecht nicht mehr ausüben kann, da er die Bestimmung der Lage der täglichen Arbeitszeit vertraglich auf die Arbeitnehmer übertragen hat.

Ob dies jedoch auch bei der Vereinbarung von Vertrauensarbeitszeit gilt, ist – soweit ersichtlich – bisher noch nicht höchstrichterlich entschieden worden. Auch in der Literatur sind – soweit ersichtlich – keine konkreten Ansichten hierzu vertreten. Gegen eine Übertragung des Grundsatzes auf die Vertrauensarbeitszeit könnte die hinter dieser stehende Intention, keine feste Lage der Arbeitszeit vereinbaren zu wollen, sprechen. Dagegen spricht jedoch, dass der Arbeitgeber sich mit dem Arbeitnehmer darüber einigt, sein Weisungsrecht hinsichtlich der Lage der Arbeitszeit nicht ausüben zu wollen, und ihm somit die Eigenverantwortung überträgt. Da es insbesondere bei Missbrauch der Vertrauensarbeitszeit ein berechtigtes Interesse des Arbeitgebers gibt, sein Weisungsrecht wieder an sich ziehen zu können, sollte er eine Klausel in den Arbeitsvertrag aufnehmen, in welcher er sich diese Möglichkeit vorbehält.

Auch eine derartige Klausel könnte ggf. AGB-rechtliche Probleme in sich bergen. Soweit ersichtlich, gibt es aber hierzu im Rahmen der Vertrauensarbeitszeit ebenfalls keine höchstrichterliche Rechtsprechung. Da der Arbeitgeber gem. § 106 S. 1 GewO auch den Inhalt und den Ort der Arbeitsleistung nach billigem Ermessen näher bestimmen kann, soweit diese Arbeitsbedingungen nicht durch den Arbeitsvertrag geregelt sind, dürfte hier die Rechtsprechung zur Versetzungsklausel – die für den Arbeitnehmer aufgrund des Wechsels des Arbeitsortes einschneidender ist – auch auf die Lage der Arbeitszeit übertragbar sein.

Eine arbeitsvertragliche Versetzungsklausel hält der Inhaltskontrolle nach § 307 BGB stand, wenn sie unter dem Vorbehalt der Wahrung der Interessen

1241 BAG, Urteil vom 17.07.2007 – 9 AZR 819/06, NZA 2008, 118 (119).

1242 Vgl. Preis/Necati, Innovative Arbeitsformen, S. 334.

des Arbeitnehmers steht und der Arbeitgeber sich, wie nach § 106 Abs. 1 GewO bei einer Weisung, nicht allein von seinen Interessen leiten lassen darf, sondern einen angemessenen Ausgleich der beiderseitigen Interessen vorzunehmen hat.[1243] Nach dem BAG bedürfe der Arbeitsvertrag als Dauerschuldverhältnis einer ständigen, bei Vertragsschluss gedanklich nicht vorweggenommenen Anpassung.[1244] Die Einflussfaktoren im Arbeitsrecht seien so zahlreich und vielgestaltig, dass gesicherte Prognosen kaum möglich seien.[1245] Der Arbeitnehmer erhalte zudem für die ihm abverlangte Flexibilität eine entsprechend stärkere Sicherung seines Arbeitsverhältnisses im Falle betriebsbedingter Kündigungen.[1246]

Nach dem BAG bedarf es auch keiner Aufzählung konkreter Versetzungsgründe im Arbeitsvertrag, um dem Transparenzgebot nach § 307 Abs. 1 S. 2 BGB gerecht zu werden.[1247] Denn eine Konkretisierung werde dem Bedürfnis, auf im Zeitpunkt des Vertragsschlusses nicht vorhersehbare Veränderungen reagieren zu können, nicht gerecht.[1248] Die Aufzählung aller in einer möglicherweise fernen Zukunft einmal in Betracht kommenden Gründe stoße auf Schwierigkeiten, und die Zusammenfassung unter einen Oberbegriff wie „sachlicher Grund" führe zu Leerformeln, die nicht mehr Klarheit verschaffften.[1249] Auch bringe § 106 S. 1 GewO zum Ausdruck, dass in Arbeitsverträgen regelmäßig nur eine rahmenmäßig umschriebene Leistungspflicht festgelegt werden könne; dies ist nach dem BAG eine Besonderheit des Arbeitsrechts, die nach § 310 Abs. 4 S. 2 BGB zu berücksichtigen sei.[1250]

Dies dürfte auch auf eine Klausel übertragbar sein, die dem Arbeitgeber unter dem Vorbehalt der Wahrung der Interessen des Arbeitnehmers das Recht einräumt, nachträglich einzelnen Mitarbeitern die Berechtigung zur Vertrauensarbeitszeit zu entziehen, wenn diese aus seiner Sicht für die Erbringung der arbeitsvertraglichen Leistungen nicht mehr ideal geeignet ist.

Um das Risiko einer unwirksamen Klausel zu minimieren, sollte eine Klausel daher derart gestaltet sein, dass die Wahrung der Interessen des Arbeitnehmers berücksichtigt wird, wie es nach obiger Darstellung bei einer Weisung nach § 106

1243 Vgl. BAG, Urteil v. 11.04.2006 – 9 AZR 557/05, NZA 2006, 1149.
1244 BAG, Urteil v. 11.04. 2006 – 9 AZR 557/05, NZA 2006, 1149 (1152).
1245 BAG, Urteil v. 11.04. 2006 – 9 AZR 557/05, NZA 2006, 1149 (1152).
1246 BAG, Urteil v. 11.04. 2006 – 9 AZR 557/05, NZA 2006, 1149 (1152).
1247 BAG, Urteil v. 11.04. 2006 – 9 AZR 557/05, NZA 2006, 1149 (1152).
1248 BAG, Urteil v. 11.04. 2006 – 9 AZR 557/05, NZA 2006, 1149 (1152).
1249 BAG, Urteil v. 11.04. 2006 – 9 AZR 557/05, NZA 2006, 1149 (1152).
1250 BAG, Urteil v. 11.04. 2006 – 9 AZR 557/05, NZA 2006, 1149 (1152).

Abs. 1 GewO im Rahmen einer Versetzung der Fall sein muss. Der Arbeitgeber sollte also vertraglich verpflichtet sein, einen angemessenen Ausgleich der beiderseitigen Interessen vorzunehmen.

IV. Überstunden und deren Vergütung

Klärungsbedürftig ist des Weiteren, wie die Abgeltung von entstandenen Überstunden bei vereinbarter Vertrauensarbeitszeit erfolgen kann und welche Regelungen hierfür im Arbeitsvertrag notwendig und zulässig sind. Wie bereits erläutert, können auch bei einer Vertrauensarbeitszeit Überstunden, also eine Überschreitung der regelmäßigen Arbeitszeit, entstehen, wenn der Arbeitnehmer über die vereinbarte Wochen- oder Monatsarbeitszeit hinaus arbeitet. Sofern keine regelmäßige Wochen- oder Monatsarbeitszeit vereinbart ist, ist von einer durchschnittlich geleisteten Arbeitszeit auszugehen.

1. Überstundenprozess

Bei Geltendmachung von Überstundenvergütung hat grundsätzlich der Arbeitnehmer im Einzelnen darzulegen, von welcher Normalarbeitszeit auszugehen ist und dass er tatsächlich über diese Zeit hinaus gearbeitet hat.[1251] Ferner muss er Tatsachen vortragen, aus denen sich herleiten lässt, dass die Überstunden vom Arbeitgeber angeordnet, gebilligt, geduldet oder jedenfalls zur Erledigung der geschuldeten Arbeit erforderlich waren.[1252] Dem Arbeitgeber obliegt es dann, diesem Vortrag substanziiert entgegenzutreten.[1253] Wie bereits auch das BAG festgestellt hat, obliegt es im Rahmen der Vertrauensarbeitszeit grundsätzlich dem Arbeitnehmer, eventuelle Überstunden durch Selbstbestimmung von Beginn und Ende der täglichen Arbeitszeit auszugleichen.[1254] Nach der Rechtsprechung des BAG[1255] kann sich ein Arbeitgeber im Rahmen eines Überstundenprozesses jedoch hierauf nicht berufen, wenn aufgrund des Umfangs der zugewiesenen Aufgaben dem Arbeitnehmer ein Ausgleich nicht möglich ist. In diesem Fall sind die Überstunden auch ohne ausdrückliche Vereinbarung im Arbeitsvertrag vom Arbeitgeber zu vergüten.[1256] Allerdings kann nach Auffassung des BAG der

1251 Vgl. BAG, Urteil v. 23.09.2015 – 5 AZR 767/13, AP BGB § 611 Arbeitszeit Nr. 47.
1252 BAG, Urteil v. 03.11.2004 – 5 AZR 648/03, BeckRS 2005, 40117.
1253 BAG, Urteil v. 03.11.2004 – 5 AZR 648/03, BeckRS 2005, 40117.
1254 BAG, Urteil v. 26.06.2019 – 5 AZR 452/18, NZA 2019, 1361 (1363), Rn. 31.
1255 BAG, Urteil v. 26.06.2019 – 5 AZR 452/18, NZA 2019, 1361 (1363), Rn. 31.
1256 BAG, Urteil v. 26.06.2019 – 5 AZR 452/18, NZA 2019, 1361 (1363), Rn. 31.

Arbeitgeber die Nichtzahlung von Überstunden rechtfertigen, wenn er darlegen und beweisen kann, dass es die Arbeitnehmer durch die Vertrauensarbeitszeit in der Hand hätten, einen „übermäßigen" Überstundenanfall zu verhindern.[1257] Dazu muss nach Auffassung des BAG der Arbeitgeber aufzeigen, „dass und in welcher Weise – gerade in Phasen übermäßiger Belastung – [Arbeitnehmer] Überstunden in nennenswertem Umfang durch bezahlte Freizeit ‚vermeiden' können und welche Regelungen dazu bei ih[m] bestehen."[1258]

Möchte ein Arbeitnehmer daher die Vergütung seiner Überstunden geltend machen, ist hierbei Folgendes zu berücksichtigen: Im Rahmen einer prozessualen Auseinandersetzung hat er die Erforderlichkeit der einzelnen Arbeitsstunden darzulegen.[1259] Insbesondere muss er erläutern, dass bestimmte angewiesene Arbeiten innerhalb der Normalzeit nicht zu leisten waren.[1260] Dabei genügt er der ihm obliegenden Darlegungslast auch, indem er vom Arbeitgeber abgezeichnete Arbeitsstunden und den sich daraus ergebenden Saldo vorträgt.[1261] Der Arbeitgeber kann sich dann entlasten, indem er im Einzelnen vorträgt, „welche Arbeiten er dem Arbeitnehmer zugewiesen hat und an welchen Tagen der Arbeitnehmer von wann bis wann diesen Weisungen – nicht – nachgekommen ist."[1262] Stützt der Arbeitnehmer die behauptete Überstundenleistung auf abgezeichnete Arbeitsnachweise, muss der Arbeitgeber darlegen, in welchem Umfang und aus welchen Gründen die abgezeichneten Arbeitsstunden nicht geleistet wurden oder sich der Saldo bereits durch Freizeitausgleich vermindert hat.[1263] Dazu ist es hilfreich, wenn der Arbeitgeber aufzeigen kann, dass gerade in Phasen übermäßiger Belastung Überstunden in nennenswertem Umfang durch bezahlte Freizeit vermieden werden können und Regelungen hierzu bestehen.

2. Pauschale Abgeltung von Überstunden

Aufgrund der mangelnden Kontrollmöglichkeit durch den Arbeitgeber erscheint es auf den ersten Blick zweckmäßig, Überstunden von vornherein pauschal abzugelten. Pauschale Abgeltungsklauseln, wonach z. B. „erforderliche Überstunden mit dem Monatsgehalt abgegolten sind", sind jedoch von

1257 BAG, Urteil v. 26.06.2019 – 5 AZR 452/18, NZA 2019, 1361 (1363), Rn. 31.
1258 BAG, Urteil v. 26.06.2019 – 5 AZR 452/18, NZA 2019, 1361 (1363).
1259 Vgl. BAG, Urteil v. 26.06.2019 – 5 AZR 452/18, NZA 2019, 1361 (1363).
1260 Vgl. BAG, Urteil v. 26.06.2019 – 5 AZR 452/18, NZA 2019, 1361 (1363).
1261 BAG, Urteil v. 26.06.2019 – 5 AZR 452/18, NZA 2019, 1361 (1363).
1262 BAG, Urteil v. 26.06.2019 – 5 AZR 452/18, NZA 2019, 1361 (1363).
1263 BAG, Urteil v. 26.06.2019 – 5 AZR 452/18, NZA 2019, 1361 (1363).

vornherein unwirksam.[1264] Sie unterliegen nämlich der Transparenzkontrolle nach § 307 Abs. 1 S. 1 BGB.[1265]

Nach der Rechtsprechung des BAG hält eine die pauschale Vergütung von Überstunden regelnde Klausel nur dann der Transparenzkontrolle stand – und ist damit auch ausreichend klar und verständlich – wenn sich aus dem Arbeitsvertrag selbst ergibt, welche Arbeitsleistungen in welchem zeitlichen Umfang von ihr erfasst werden sollen.[1266] Der Arbeitnehmer müsse laut BAG bereits bei Vertragsschluss erkennen können, was gegebenenfalls „auf ihn zukomme" und welche Leistung er für die vereinbarte Vergütung maximal erbringen müsse.[1267] Daher sei zwingend in der arbeitsvertraglichen Regelung anzugeben, wie viele Überstunden im Monat maximal zu erwarten und mit dem Grundgehalt abgegolten sein sollen.[1268] Klauseln, die bestimmen, dass die ersten zwanzig Überstunden im Monat in der vereinbarten (Grund-)Vergütung mitumfasst sind, wurden bisher von der Rechtsprechung als wirksam erachtet[1269].

Fehle es an einer wirksamen Regelung zur Überstundenvergütung, so sei nach der Rechtsprechung des BAG von einer objektiven Vergütungserwartung auszugehen, sodass der Arbeitnehmer einen Anspruch auf Vergütung der geleisteten Überstunden habe.[1270] Davon ist nur dann nicht auszugehen, wenn er Dienste höherer Art leistet oder ihm eine deutlich herausgehobene Vergütung gezahlt wird.[1271] Das wird insbesondere dann angenommen, wenn die Vergütung die Beitragsmessungsgrenze der gesetzlichen Rentenversicherung überschreitet.[1272]

3. Überstundenabgeltung durch Freizeitgewährung

Neben der finanziellen Pauschalvergütung gibt es auch die Möglichkeit, etwaige Mehrarbeit durch Freizeitgewährung auszugleichen. Eine derartige Vereinbarung, nach der Mehrarbeit durch Freizeit abgegolten werden soll, ist grundsätzlich zulässig.[1273] Dies entspricht laut *Preis* dem gesetzlichen Leitbild des § 3

1264 BAG, Urteil v. 01.09.2010 – 5 AZR 517/09; vgl. auch Preis/*Preis*, Der Arbeitsvertrag, II M 20, Rn. 9.

1265 Vgl. Schaub/ *Linck*, Arbeitsrechts-Handbuch 18. Auflage 2019, § 160 Rn. 54.

1266 BAG, Urteil v. 01.09.2010 – 5 AZR 517/09, NZA 2011, 575 (576).

1267 BAG, Urteil v. 01.09.2010 – 5 AZR 517/09, NZA 2011, 575 (576).

1268 BAG, Urteil v. 17.08.2011 – 5 AZR 406/10, NZA 2011, 1335 (1336).

1269 Vgl. BAG, Urteil. v. 16.05.2012 – 5 AZR 331/11, NZA 2012, 908.

1270 BAG, Urteil v. 17.08.2011 – 5 AZR 406/10, NZA 2011, 1335.

1271 Vgl. BAG, Urteil v. 22.02.2012 – 5 AZR 765/10, NZA 2012, 861 (862).

1272 Vgl. BAG, Urteil v. 22.02.2012 – 5 AZR 765/10, NZA 2012, 861 (862).

1273 Vgl. Preis/*Preis*, Der Arbeitsvertrag, II M 20, Rn. 46.

ArbZG.[1274] Der Arbeitnehmer hat grundsätzlich keinen Anspruch auf Überstundenvergütung, soweit die Parteien vereinbaren, dass Überstunden durch Freizeit abzugelten sind.[1275] Bestehen offene Ansprüche auf Freizeitausgleich, so sind diese bei Beendigung des Arbeitsverhältnisses dennoch pekuniär abzugelten.[1276] Eine Klausel, die den ersatzlosen Wegfall des bis zu einem bestimmten Zeitpunkt nicht genommenen Freizeitausgleichs vorsieht, ist hingegen grundsätzlich als unwirksam anzusehen[1277].

4. Stellungnahme

Gemessen an den Anforderungen des BAG bzgl. der Vertrauensarbeitszeit und der Gestaltung von Abgeltungsklauseln empfiehlt es sich, klare Regelungen zum geschuldeten wöchentlichen/monatlichen Umfang der Arbeitszeit zu treffen. Denn unter Berücksichtigung der dargestellten Rechtsprechung zur Bestimmung von Überstunden und zu den Grundsätzen zur Darlegungs- und Beweislast, muss sich der Arbeitgeber wappnen, um ggf. in einem Prozess die tatsächliche Anzahl von Überstunden hinreichend darlegen zu können, was er nur schaffen dürfte, wenn die geschuldete Arbeitszeit feststeht.

Da das Konzept der Vertrauensarbeitszeit einen Zeitausgleich in Form von verkürzten Arbeitszeiten oder durch ganze freie Tage vorsieht, ist zu empfehlen, etwaige Überstunden zunächst stets mittels Freizeitgewährung auszugleichen. Eine Pauschalabgeltung ist zwar im Rahmen der von der Rechtsprechung aufgestellten Grenzen möglich. Sofern von einer solchen Gebrauch gemacht wird, sollte eine derartige Klausel zur Steigerung der Rechtssicherheit hinsichtlich der Höhe der maximalen (pauschalen) Überstundenabgeltung auf eine Abgeltung von maximal 20 Überstunden pro Monat begrenz sein. Die Grenze von 20 Überstunden pro Monat ist nach der Rechtsprechung in jedem Fall zulässig.

Zudem sollte die vertragliche Überstundenklausel darüber aufklären, dass der Arbeitnehmer dafür Sorge zu tragen hat, dass seine Überstunden innerhalb eines Zeitraums von sechs Monaten ausgeglichen werden.[1278] Darüber hinaus sollte geregelt werden, dass Überstunden, die nicht schriftlich vom Arbeitgeber angeordnet werden, nur dann vergütet werden, wenn der Arbeitnehmer nachweisen kann, dass die Tätigkeiten nicht im Rahmen der betrieblichen

---

1274 Preis/*Preis*, Der Arbeitsvertrag, II M 20, Rn. 46.

1275 Vgl. Küttner Personalbuch/*Poeche*, 27. Auflage 2020, Überstunden, Rn. 14.

1276 Vgl. Preis/*Preis*, Der Arbeitsvertrag, II M 20, Rn. 46.

1277 Vgl. Küttner Personalbuch/*Poeche*, 27. Auflage 2020, Überstunden, Rn. 14.

1278 Dies entspricht der Regelung des § 3 S. 2 ArbZG. Hierzu jedoch unter II.2.b.

Standardarbeitszeit hätten erbracht und nicht hätten aufgeschoben werden können.[1279] Zudem sollte in der Klausel die Verpflichtung des Arbeitnehmers aufgenommen werden, bei übermäßigem Stundenanfall den Arbeitgeber um Abhilfe zu bitten.

V. Vereinbarkeit mit dem Entgeltfortzahlungsgesetz (EFZG)

Des Weiteren ist bei der arbeitsvertraglichen Gestaltung von Vertrauensarbeitszeit das Entgeltfortzahlungsgesetz zu beachten. Auch hier darf von diesem gemäß § 12 EFZG nicht zuungunsten des Arbeitnehmers abgewichen werden.[1280]

Voraussetzung für einen Anspruch auf Fortzahlung des Entgelts nach dem Entgeltfortzahlungsgesetz ist die Befreiung von der Arbeitspflicht zum Beispiel durch Krankheit (§ 3 EFZG) oder einen Feiertag (§ 2 EFZG).

Im Rahmen einer Vertrauensarbeitszeit können sich hinsichtlich des Entgeltfortzahlungsgesetzes insbesondere dadurch Schwierigkeiten ergeben, dass die gesetzliche Regelung der Entgeltfortzahlung – anders als die Vertrauensarbeitszeit – von genau festgelegten Arbeitszeiten ausgeht, in denen der Arbeitnehmer zur Erbringung seiner Arbeitsleistung verpflichtet ist.[1281]

Ob allerdings zum Zeitpunkt einer Abwesenheit des Arbeitnehmers gerade keine Verpflichtung zur Arbeitsleistung bestand, kann bei der Vertrauensarbeitszeit mitunter nur schwer zu bestimmen sein. Hat der Arbeitnehmer beispielsweise im Zuge seiner Vertrauensarbeitszeit keine tägliche Anwesenheits- bzw. Arbeitspflicht, kann ggf. nicht genau bestimmbar sein, ob einer ganztägigen Fehlzeit eine entgeltfortzahlungsrelevante Befreiung von der Arbeitspflicht zugrunde liegt oder ob es sich nur um die Ausprägung seiner Vertrauensarbeitszeit handelt.

Es besteht also die Gefahr, dass in diesem Fall entweder ein Entgeltfortzahlungsanspruch des Arbeitnehmers mangels entsprechender Befreiung von der Arbeitspflicht entfallen würde. Oder dass die Arbeitspflicht vom Arbeitnehmer nachzufüllen wäre, wodurch sich krankheitsbedingte Fehltage auf eigentlich arbeitsfreie Tage des Arbeitnehmers verlagern würden.[1282] Eine solche Pflicht

---

1279 Vgl. Beck'sches Formularbuch Arbeitsrecht/*Ubber,* C II. 7, für die Gestaltung einer Betriebsvereinbarung.

1280 Vgl. MünchArbR/*Schüren*, Band 1: Individualarbeitsrecht I 4. Auflage 2018, § 47 Rn. 43.

1281 vgl. zum Streitstand *Grunewald*, Grundlagen und Grenzen der Vertrauensarbeitszeit, 2005, S. 90.

1282 Vgl. Grunewald, Grundlagen und Grenzen der Vertrauensarbeitszeit, 2005, S. 91.

zur Nacharbeit widerspricht jedoch dem von der Arbeitspflicht befreienden Prinzip des Entgeltfortzahlungsgesetzes.[1283]

Um dem Rechnung zu tragen, bedarf es in der Praxis daher der Festlegung eines Referenzzeitraums.[1284] Hierdurch kann bestimmt werden, wann krankheitsbedingte Ausfallzeiten als Arbeitszeiten zu werten sind, und wann nicht.

Dies kann derart gestaltet werden, dass eine Standardarbeitszeit für eine Fünf-Tage-Woche im Arbeitsvertrag aufgenommen wird, die den notwendigen Referenzzeitraum bildet. Die Vertrauensarbeitszeit gilt im Rahmen des Arbeitsverhältnisses dann zwar grundsätzlich in Abweichung zur Standardarbeitszeit. Im Krankheitsfall des Arbeitnehmers kann so aber – trotz der grundsätzlich abweichenden Vertrauensarbeitszeit – anhand der Standardarbeitszeit bestimmt werden, ob eine Verpflichtung zur Arbeit bestand oder nicht.[1285]

1283 Vgl. Grunewald, Grundlagen und Grenzen der Vertrauensarbeitszeit, 2005, S. 91.

1284 Vgl. Beck'sches Formularbuch Arbeitsrecht/*Ubber*, C.II.6 Anmerkung 5 für Abwesenheitszeiten, die weniger als einen vollen Tag in Anspruch nehmen.

1285 Vgl. Beck'sches Formularbuch Arbeitsrecht/*Ubber*, C.II.6 Anmerkung 5 für Abwesenheitszeiten, die weniger als einen vollen Tag in Anspruch nehmen.

E. Zusammenfassung der Ergebnisse

Zusammenfassend kann Folgendes festgehalten werden:

1. Vertrauensarbeitszeit bedeutet, dass der Arbeitgeber auf die Festlegung von Beginn und Ende der täglichen Arbeitszeit verzichtet und darauf vertraut, dass der betreffende Arbeitnehmer seine Arbeitspflicht in zeitlicher Hinsicht auch ohne Kontrolle erfüllen wird. Sie entbindet den Arbeitnehmer nicht von der Erfüllung seiner arbeitsvertraglichen Verpflichtung in zeitlicher Hinsicht. Der Arbeitgeber verzichtet auch bei einer Vertrauensarbeitszeit nicht auf die Erfassung der täglichen Arbeitszeit. Er kontrolliert nur nicht, ob der Arbeitnehmer die versprochenen Dienste im Rahmen der geschuldeten individualrechtlichen Arbeitszeit abgeleistet hat. Eine Zeiterfassung als Abrechnungsgrundlage kann auch bei der Vereinbarung von Vertrauensarbeitszeit bestehen. Ebenso kann sie auch als Nachweis für die erbrachte Arbeitsleitung dienen.
2. Das Rechtsverhältnis, auf dem die Vertrauensarbeitszeit beruht, ist trotz ergebnisorientierter Arbeit als Arbeitsverhältnis, und nicht als Werkvertragsverhältnis zu qualifizieren.
3. Für eine erfolgreiche Umsetzung von Vertrauensarbeitszeit sind die Flexibilitätsinteressen von Arbeitnehmern (Vereinbarkeit von Beruf und Familie bzw. eine gute Work-Life-Balance und Zeitsouveränität) und dem Arbeitgeber (Positionierung als attraktive Arbeitgeber, Arbeits- und Kosteneffizienz, Koordinierungsaufwand und Wettbewerbsfähigkeit) nicht deckungsgleich und müssen daher entsprechend ausbalanciert werden.
4. Die Grenzen des ArbZG gelten für alle Arbeitnehmer i. S. d. RL 2003/88/EG. Da der Arbeitnehmerbegriff des EuGH sehr weit ist, können auch Mitglieder der Unternehmensleitung, die oft auch in Vertrauensarbeitszeit arbeiten, als Arbeitnehmer i. S. d. RL 2003/88/EG zu qualifizieren sein, wenn sie Tätigkeiten nach Weisung und Aufsicht eines anderen Organs der Gesellschaft im Unterordnungsverhältnis ausüben, als Gegenleistung eine Vergütung erhalten und selbst keine Anteile an der Gesellschaft innehaben.
5. Bei der Beurteilung, ob Arbeitszeit oder Ruhezeit vorliegt, ist stets auf den unionsrechtlichen Begriff und nicht auf den nationalen Arbeitszeit- und Ruhezeitbegriff abzustellen, da es sich bei den Begriffen „Arbeitszeit" und „Ruhezeit" um unionsrechtliche Termini handelt.
6. Unter Zugrundelegung der Vorgaben der EuGH-Rechtsprechung zum Arbeitszeit- und Ruhezeitbegriff sprechen die besseren Argumente dafür, die

sogenannte „ständige Erreichbarkeit“ im Rahmen einer Vertrauensarbeitszeit im Grundsatz als Rufbereitschaft zu qualifizieren, weil der Arbeitnehmer in einer Vertrauensarbeitszeit durch die Art und Weise der ständigen Erreichbarkeit nicht an der Verfolgung seiner persönlichen und sozialen Interessen gehindert wird, sodass sich die Situation kaum von einer Anwesenheit am Arbeitsplatz unterscheidet. Etwas anderes gilt, wenn der Arbeitnehmer derart häufig in Anspruch genommen wird, dass die Möglichkeit, sich um persönliche oder familiäre Angelegenheiten kümmern zu können, erheblich eingeschränkt ist, sodass sich die Situation kaum von einer Anwesenheit im Betrieb unterscheidet.

7. Unproduktive Zeiten sind – wie stets im Arbeitszeitrecht – auch bei der Vertrauensarbeitszeit als Arbeitszeit zu qualifizieren.
8. Geringfügige Tätigkeiten sind als Arbeitszeit zu werten und können daher die in § 5 Abs. 1 ArbZG vorgesehene ununterbrochene tägliche Ruhezeit von mindestens elf Stunden unterbrechen. Für die Vertrauensarbeitszeit in der heutigen Arbeitswirklichkeit stellt die Vorschrift daher ein erhebliches Hindernis dar. Um insbesondere auch den Flexibilisierungswünschen der Arbeitnehmer und Arbeitgeber entgegenzukommen und die Ruhepausenregelung an die heutige Arbeitswirklichkeit anzupassen, bedarf es einer gesetzlichen Regelung.
9. Ein Arbeitnehmer, der in Vertrauensarbeitszeit arbeitet, kann bereits nach derzeitiger Fassung des § 3 ArbZG die Arbeit auch vor Ablauf eines Zeitraums von 24 Stunden wieder aufnehmen, wenn er eine ununterbrochene elfstündige Ruhezeit i. S. d. § 5 Abs. 1 ArbZG eingehalten hat.
10. § 4 S. 1 ArbZG setzt nicht voraus, dass Lage und Dauer der gesetzlichen Pause vor Beginn der täglichen Arbeitszeit festgelegt werden müssen. Bei der Vertrauensarbeitszeit reicht es aus, wenn die Ruhepause und ihre Dauer erst zu Beginn der jeweiligen Arbeitsunterbrechung feststehen.
11. Aus der Entscheidung CCOO des EuGH vom 14.5.2019 – C-55/18, NZA 2019, 683 – ergibt sich nicht eindeutig und unmissverständlich eine Verpflichtung der Mitgliedstaaten, die Arbeitgeber zur Aufzeichnung der täglichen Arbeitszeit ihrer Arbeitnehmer zu verpflichten. Vielmehr sprechen die besseren Argumente dafür, dass der EuGH lediglich konstatierte, dass die Art. 3, 5, 6, 16 und 22 ArbZRL i. V. m. Art. 4 Abs. 1, Art. 11 Abs. 3 und Art. 16 Abs. 3 der RL 89/391/EWG sowie Art. 31 Abs. 2 GRC der Regelung eines Mitgliedstaates entgegenstehen, die nach der Auslegung durch die nationalen Gerichte den Arbeitgebern nicht die Verpflichtung auferlegt, ein objektives, verlässliches und zugängliches System einzurichten, das die Messung der täglichen Arbeitszeit jedes Arbeitnehmers ermöglicht.

12. Der EuGH verlangt nur, dass der Arbeitgeber ein System zur Messung der Arbeitszeit einrichten muss. Eine allgemeine Verpflichtung zur Dokumentation der Arbeitszeit fordert er nicht.
13. Das System ist objektiv und verlässlich, wenn es die Messung der tatsächlich erbrachten Arbeitszeit der Arbeitnehmer funktionsfähig gewährleistet. Hierzu muss der Arbeitgeber eine Organisation in seinem Betrieb schaffen, durch die er einen Informationsfluss gewährleistet, damit er die Arbeitszeit seiner Arbeitnehmer feststellen kann. Dabei muss es sich nicht zwangsläufig um ein technisches System handeln. Das System muss zugänglich sein. Zugänglich bedeutet, dass Kontrollorgane, wie die Aufsichtsbehörde, Arbeitnehmervertreter (Betriebsrat und ggf. Gewerkschaften), Zugriff auf die Messergebnisse haben.
14. Eine Delegation der Pflicht zur Messung der täglichen Arbeitszeit an die Arbeitnehmer ist weiterhin möglich. Bei der Vertrauensarbeitszeit kann daher die selbstständige Messung und Protokollierung durch die Arbeitnehmer, z. B. durch einen Handzettel, das Einpflegen in ein technisches System oder mittels einer App, weiterhin erfolgen. Den Arbeitgeber treffen jedoch Organisations- und Kontrollpflichten, d. h. stichprobenartige Kontrollen durch diesen sind bei einer Vertrauensarbeitszeit erforderlich. Nur dann kann gewährleistet werden, dass das System objektiv und verlässlich ist.
15. Bereits derzeit besteht nach dem ArbZG – in seiner Auslegung durch die Rechtsprechung des BAG – die Verpflichtung des Arbeitgebers, ein System einzurichten, mit dem die tägliche Arbeitszeit der Arbeitnehmer gemessen werden kann. Der Arbeitgeber musste bereits vor der Entscheidung CCOO nach Auffassung des BAG auf geeignete Weise dafür sorgen, dass die objektiv vorhandenen Daten im Betrieb zur Kenntnis genommen und mitteilbar gemacht werden. Diese Pflicht wurde sogar explizit für den Fall der Vereinbarung einer Vertrauensarbeitszeit bejaht.
16. Das Arbeitszeitgesetz muss nach der Entscheidung CCOO nicht geändert werden. Eine unionsrechtskonforme Auslegung des § 16 Abs. 2 ArbZG führt zu keinem anderen Ergebnis.
17. Kommt man zu dem Ergebnis, dass der EuGH eine Erfassung der täglichen Arbeitszeit verlangt, bedarf es einer gesetzgeberischen Umsetzung der Entscheidung CCOO. Dabei hat der EuGH dem nationalen Gesetzgeber einen Gestaltungsspielraum eingeräumt.
18. Aus Art. 31 Abs. 2 GRC i. V. m. Art. 3, 5 und 6 ArbZRL ergibt sich keine unmittelbare Verpflichtung des Arbeitgebers auf Schaffung eines Systems zur Arbeitszeiterfassung. Allerdings ist zu erwarten, dass der EuGH aus Art. 31 Abs. 2 GRC i. V. m. Art. 3, 5 und 6 ArbZRL ein unmittelbarer Anspruch

des Arbeitnehmers auf eine Begrenzung der Höchstarbeitszeit und auf tägliche und wöchentliche Ruhezeiten annehmen wird, den der Arbeitnehmer gegenüber seinem Arbeitgeber unmittelbar geltend machen kann.

19. Bei der Umsetzung der Aufzeichnungspflicht kann der Gesetzgeber nach Maßgabe des Art. 17 Abs. 1 ArbZRL Ausnahmen für Arbeitnehmer in Vertrauensarbeitszeit vorsehen. Allerdings fallen nur Arbeitnehmer, die wegen der besonderen Merkmale ihrer auszuübenden Tätigkeit in einer Vertrauensarbeitszeit arbeiten und über die Dauer ihrer Arbeitszeit bestimmen können, unter diese Norm. Grundsätzlich fallen Arbeitnehmer, die lediglich in Vertrauensarbeitszeit arbeiten, jedoch nicht unter die Bereichsausnahme der Vorschrift, da sich ihre Arbeitszeitautonomie nur auf die Lage der Arbeitszeit – und nicht auf deren Dauer – bezieht und ihre gesamte Arbeitszeit gemessen werden kann.
20. Die völlige Herausnahme eines Arbeitnehmers aus dem Anwendungsbereich der RL 2003/88/EG wird zurecht kritisiert. Denn Art. 17 Abs. 1 ArbZRL ist so auszulegen, dass lediglich von Art. 3-6, Art. 8 und 16 ArbZRL abgewichen werden darf.
21. Vertrauensarbeitszeit wird auch in Zukunft möglich bleiben. Die Entscheidung CCOO hat hieran nichts geändert. Ein Verzicht auf die Arbeitszeitmessung ist bereits nach derzeitiger Rechtslage bei einer Vereinbarung von Vertrauensarbeitszeit rechtlich unzulässig. Kommt man – entgegen der hier vertretenen Auffassung – zum Ergebnis, dass der EuGH eine Erfassung der täglichen Arbeitszeit verlangt, so bedeutet auch dies nicht das Ende der Vertrauensarbeitszeit. Denn auch bei einem objektiven, verlässlichen und zugänglichen System zur Erfassung der Arbeitszeit kann der Arbeitgeber die Dokumentation der Arbeitszeit auf die Arbeitnehmer delegieren.
22. Bei der Gestaltung eines Arbeitsvertrages sollte bei Vereinbarung von Vertrauensarbeitszeit grundsätzlich von der Verwendung einer Klausel, nach der sich die Arbeitszeit nach dem anfallenden Arbeitsbedarf richtet, abgesehen werden. Diese wäre nämlich unter Berücksichtigung der Rechtsprechung des BAG unwirksam mit jedenfalls für den Arbeitgeber nicht vorteilhaften Rechtsfolgen.
23. Bei arbeitsvertraglicher Gestaltung der Lage der Arbeitszeit im Rahmen einer Vertrauensarbeitszeit ist zu beachten, dass der Arbeitgeber bei konsequenter Anwendung der Rechtsprechung des BAG sein Weisungsrecht nicht mehr ausüben kann, da er die Bestimmung der Lage der täglichen Arbeitszeit vertraglich auf die Arbeitnehmer übertragen hat. Da es insbesondere bei Missbrauch der Vertrauensarbeitszeit ein berechtigtes Interesse des Arbeitgebers gibt, sein Weisungsrecht wieder an sich ziehen zu können,

sollte er eine Klausel in den Arbeitsvertrag aufnehmen, in welcher er sich diese Möglichkeit vorbehält. Um das Risiko einer unwirksamen Klausel zu minimieren, sollte diese derart gestaltet sein, dass die Wahrung der Interessen des Arbeitnehmers berücksichtigt wird, wie es bei einer Weisung nach § 106 Abs. 1 GewO im Rahmen einer Versetzung der Fall sein muss.

24. Obwohl es im Rahmen der Vertrauensarbeitszeit grundsätzlich dem Arbeitnehmer obliegt, eventuelle Überstunden durch Selbstbestimmung von Beginn und Ende der täglichen Arbeitszeit auszugleichen, kann sich ein Arbeitgeber im Rahmen eines Überstundenprozesses hierauf nicht berufen, wenn dem Arbeitnehmer aufgrund des Umfangs der zugewiesenen Aufgaben ein Ausgleich nicht möglich ist.
25. Stützt der Arbeitnehmer die behauptete Überstundenleistung auf abgezeichnete Arbeitsnachweise, muss der Arbeitgeber darlegen, in welchem Umfang und aus welchen Gründen die abgezeichneten Arbeitsstunden nicht geleistet wurden oder der Saldo sich bereits durch Freizeitausgleich vermindert hat. Dazu ist es hilfreich, wenn der Arbeitgeber aufzeigen kann, dass gerade in Phasen übermäßiger Belastung Überstunden in nennenswertem Umfang durch bezahlte Freizeit ausgeglichen werden können und Regelungen hierzu bestehen.
26. Im Rahmen einer Vertrauensarbeitszeit können sich hinsichtlich des Entgeltfortzahlungsgesetzes insbesondere dadurch Schwierigkeiten ergeben, dass die gesetzliche Regelung der Entgeltfortzahlung – anders als die Vertrauensarbeitszeit – von genau festgelegten Arbeitszeiten ausgeht, in denen der Arbeitnehmer zur Erbringung seiner Arbeitsleistung verpflichtet ist. Um der Gefahr des Entfallens eines Entgeltfortzahlungsanspruchs des Arbeitnehmers mangels entsprechender Befreiung von der Arbeitspflicht Rechnung zu tragen, bedarf es in der Praxis der Festlegung eines Referenzzeitraums. Über ihn kann bestimmt werden, wann krankheitsbedingte Ausfallzeiten als Arbeitszeiten zu werten sind, und wann nicht.

Literaturverzeichnis

Ahrendt, Martina/Koch, Ulrich/Linck, Rüdiger/Treber, Jürgen/Vogelsang, Hinrich: Arbeitsrechts-Handbuch, 18. Auflage 2019, München (zit. Schaub/*Bearbeiter*, Arbeitsrechts-Handbuch 18. Auflage 2019)

Andreas, Wirtz: Gestaltungsmöglichkeiten bei der Verlängerung der täglichen Arbeitszeit nach dem ArbZG, Betriebs-Berater 2014, 1397–1401 (zit.: *Wirtz*, BB 2014, 1397)

Anzinger, Rudolf/Koberski, Wolfgang: Arbeitszeitgesetz Kommentar, 4. Auflage 2020, Frankfurt am Main (zit.: Anzinger/Koberski)

Baeck, Lösler: Neue Entwicklungen im Arbeitszeitrecht, Neue Zeitschrift für Arbeitsrecht 2005, 247–250 (zit.: *Baeck/Lösler*, NZA 2005, 247)

Baeck, Ulrich/Deutsch, Markus/Winzer, Thomas: Arbeitszeitgesetz (ArbZG), Kommentar, 4. Auflage 2020, München (zit.: Baeck/Deutsch, ArbZG/*Bearbeiter*, 4. Aufl. 2020, ArbZG)

Baeck, Ulrich/Winzer, Thomas/Launer, Miriam: Neuere Entwicklungen im Arbeitsrecht, EuGH: Aufzeichnungspflicht für gesamte Arbeitszeit?, Neue Zeitschrift für Gesellschaftsrecht 2019, 858–860 (zit.: *Baeck/Winzer/Launer*, NZG 2019, 858)

Baeck, Ulrich/Wizer, Thomas: Aktuelle Herausforderungen des Arbeitszeitrechts-betriebsnahe Vereinbarungen als Lösungsansatz, Neue Zeitschrift für Arbeitsrecht 2020, 96–101 (zit.: *Baeck/Winzer*, NZA 2020, 96)

Bayer, Bastian: Verpflichtung zur systematischen Arbeitszeiterfassung, Gesellschafts- und Wirtschaftsrecht 2019, 198 (zit.: *Bayer*, GWR 2019, 198)

Bayreuther, Frank: Die Verpflichtung des Arbeitgebers zur Erfassung der Arbeitszeit der Beschäftigten, Europäische Zeitschrift für Wirtschaftsrecht 2019, 446–449 (zit.: *Bayreuther*, EuZW 2019, 446)

Bayreuther, Frank: Einrichtung eines Systems der Arbeitszeiterfassung, Neue Zeitschrift für Arbeitsrecht 2020, 1–9 (zit.: *Bayreuther*, NZA 2020, 1)

Bayreuther, Frank: Mehr Flexibilität hinsichtlich des Arbeitsumfangs?, Neue Zeitschrift für Arbeitsrecht 2018, 103–108 (zit.: *Bayreuther*, NZA-Beilage 2018, 103)

Bayreuther, Frank: Rechtsgutachten: Identifizierung von rechtlichem Umsetzungs- und/oder Änderungsbedarf im deutschen Recht in Nachfolge des EuGH-Urteils vom 14. Mai 2019 (Rs. C-55/18, CCOO), erstellt im Auftrag des Bundesministeriums für Arbeit und Soziales (zit.: *Bayreuther*, Rechtsgutachten für die BMAS 2020)

Bergmann, Jan/Dienelt, Klaus: Ausländerrecht: AuslR, 13. Auflage 2020, München (zit.: Bergmann/Dienelt/*Bearbeiter*, 12. Aufl. 2018)

Besgen, Nicolai/Prinz, Thomas: Arbeiten 4.0 – Arbeitsrecht und Datenschutz in der digitalisierten Arbeitswelt, 4. Auflage 2018, Bonn (zit.: *Bearbeiter* in: Besgen/Prinz, Arbeiten 4.0 – Arbeitsrecht und Datenschutz in der digitalisierten Arbeitswelt, 4. Aufl. 2018)

Bettinghausen, Mina: Pauschale Abgeltung von Überstunden und das Modell der Vertrauensarbeitszeit unter Berücksichtigung der EuGH-Rechtsprechung, Betriebs Berater 2019, 2740–2743 (zit.: *Bettinghausen*, BB 2019, 2740)

Bissels, Alexander/Domke, Carsten/Wisskirchen, Gerlind: BlackBerry & Co.: Was ist heute Arbeitszeit?, Der Betrieb 2010, 2052–2055 (zit.: *Bissels/Domke/Wisskirchen*, DB 2010, 2052)

Bissels, Alexander/Krings, Hannah: Dringend gebotene Reform des Arbeitszeitgesetzes – Neues wagen, Neue Juristische Wochenschrift 2016, 3418–3422 (zit.: *Bissels/Krings*, NJW 2016, 3418)

Bissels, Alexander/Meyer-Michaelis, Isabel: Arbeiten 4.0 – Arbeitsrechtliche Aspekte einer zeitlich-örtlichen Entgrenzung der Tätigkeit, Der Betrieb 2015, 2331-2336 (zit.: *Bissels/Meyer-Michaelis*, DB 2015, 2331)

Boecken, Winfried Düwell, Franz Josef Diller, Martin Hanau, Hans: Gesamtes Arbeitsrecht, 1. Auflage 2016, Baden-Baden (zit.: NK-ArbR/*Bearbeiter*, 1. Aufl. 2016)

Boemke, Burkhard: Aktuelles zum GmbH-Geschäftsführer aus arbeitsrechtlicher Sicht, Recht der Arbeit 2018, 1–24 (zit.: *Boemke*, RdA 2018, 1)

Brors, Christiane: Mitbestimmung des Betriebsrats bei der Dokumentation der Arbeitszeit vor und nach der CCOO-Entscheidung des EuGH, Neue Zeitschrift für Arbeitsrecht 2019, 1176–1180 (zit.: *Brors*, NZA 2019, 1176)

Buschmann, Rudolg/Ulber, Jürgen: Arbeitszeitrecht, Kompaktkommentar zum Arbeitszeitgesetz mit Nebengesetzen und Europäischem Recht, 1. Auflage 2019, Frankfurt am Main (zit.: Buschmann/Ulber)

Calliess, Christian/Ruffert, Matthias: EUV/AEUV, Das Verfassungsrecht der Europäischen Union mit Europäischer Grundrechtecharta, 5. Auflage 2016, München (zit. Calliess/Ruffert/*Bearbeiter*, 5. Aufl. 2016)

Claudia, Hahn: Flexible Arbeitszeit, 2. Auflage, München (zit.: Hahn, Flexible Arbeitszeit)

Compensis, Ulrike: Vertrauensarbeitszeit – arbeitnehmerbestimmte Arbeitszeit (auch) im Arbeitgeberinteresse, Neue Juristische Wochenschrift 2007, 3089–3093 (zit.: *Compensis*, NJW 2007, 3089)

Däubler, Wolfgang: Digitalisierung und Arbeitsrecht, Internet, Arbeit 4.0 und Crowdwork, 6. Auflage 2018, Frankfurt am Main (zit.: Däubler, Digitalisierung und Arbeitsrecht, 6. Aufl.)

Däubler, Wolfgang/Hjort, Jens/Schubert, Michael/Wolmerath, Martin: Arbeitsrecht, Individualarbeitsrecht mit kollektivrechtlichen Bezügen, 4. Auflage 2017 (zit.: Däubler/Hjort/Schubert/Wolmerath/*Bearbeiter*)

Dietrich, Thomas/Müller-Glöge, Rudi/Preis, Ulrich/Schmidt, Ingrid: Erfurter Kommentar zum Arbeitsrecht, 20. Auflage 2020, München (zit.: ErfK/*Bearbeiter*, 20. Aufl. 2020)

Dr. Steffan, Ralf: Arbeitszeit(recht) auf dem Weg zu 4.0, Neue Zeitschrift für Arbeitsrecht 2015, 1409–1417 (zit.: *Steffan*, NZA 2015, 1409)

Eyler, Mario: Arbeitszeitschutz durch den Betriebsrat?, Neue Zeitschrift für Arbeitsrecht-Beilage 2017, 95–101 (zit.: *Eyler*, NZA-Beilage 2017, 95)

Falder, Roland: Immer erreichbar – Arbeitszeit- und Urlaubsrecht in Zeiten des technologischen Wandels, Neue Zeitschrift für Arbeitsrecht 2010, 1150–1157 (zit.: *Falder*, NZA 2010, 1150)

Forst, Gerrit: Anmerkung zum Urteil des EuGH vom 14.5.2019, Az. C-55/18 – Zur Verpflichtung von Unternehmen zur Arbeitszeiterfassung, Entscheidungen zum Wirtschaftsrecht, Kurzkommentare 2019, 379–380 (zit.: *Forst*, EWiR 2019, 379)

Franzen, Martin/Gallner, Inken/Oetker, Hartmut: Kommentar zum europäischen Arbeitsrecht, 3. Auflage 2020, München (zit.: EuArbR/*Bearbeiter*, 3. Aufl. 2020)

Fuhlrott, Michael/Garden, Florian: Arbeitsrechtliche Folgen des „Stechuhr-Urteils" des EuGH, ArbRAktuell 2019, 263–265 (Zit.: *Fuhlrott/Garden*, ArbRAktuell 2019, 263)

Greiner, Stefan: Erfolgsbezogene Vergütungen im Arbeitsverhältnis – oder: der Arbeitsvertrag als spezieller Werkvertrag?, Recht der Arbeit 2015, 218–221 (zit.: *Greiner* RdA 2015, 218)

Grimm, Detlef/Freh, Stefan: Der EuGH und die Arbeitszeit, Folgerungen aus dem Urteil vom 14.5.2019, Arbeits-Rechtsberater 2019, 278–282 (zit.: *Grimm/Freh*, ArbRB 2019, 278)

Grobys, Isabella/Panzer-Heemeier, Andrea: StichwortKommentar Arbeitsrecht, 3. Auflage 2020, Baden-Baden (zit.: StichwortKommentar Arbeitsrecht, Grobys/Panzer-Heemeier/*Bearbeiter*, 3. Auflage, Edition 11 2020)

Grunewald, Helke: Grundlagen und Grenzen der Vertrauensarbeitszeit: Vorgaben des ArbZG und kollektivvertragliche Gestaltungsmöglichkeiten, 2005, Berlin (zit.: *Grunewald*, Grundlagen und Grenzen der Vertrauensarbeitszeit, 2005)

Hahn, Frank/Pfeiffer, *Gerhard*/Schubert, *Jens*: Arbeitszeitrecht, Handkommentar, 2. Auflage 2018, Baden-Baden (zit.: *Bearbeiter*/HK – ArbZR)

Hanau, Hans: Zum Flexibilisierungspotenzial der Arbeitszeitrichtlinie, Europäische Zeitschrift für Arbeitsrecht 2019, 423–440 (zit.: *Hanau*, EuZA 2019, 423)

Hanau, Hans: Schöne digitale Arbeitswelt?, Neue Juristische Wochenschrift 2016, 2613–2617 (zit.: *Hanau*, NJW 2016, 2613)

Hanau, Hans: Viel Lärm um Nichts – Das Urteil des EuGH in der Rechtssache CCOO zur Messung der Arbeitszeit, Zeitschrift für Arbeitsrecht 2020, 129–141 (zit.: *Hanau*, ZfA 2020, 129)

Haußmann, Katrin: Arbeit 4.0 – Update Arbeitsrecht?!: , Recht der Arbeit 2019, 131–134 (zit.: *Haußmann*, RdA 2019, 131)

Henssler, Martin/Lunk, Stefan: Leitende Angestellte und das Arbeitszeitrecht – Betrachtungen de lege lata und de lege ferenda, Neue Zeitschrift für Arbeitsrecht 2016, 1425–1430 (zit.: *Henssler/Lunk*, NZA 2016, 1425)

Henssler, Martin/Pant, Benjamin: Europäisierter Arbeitnehmerbegriff, – Regulierung der typischen und atypischen Beschäftigung in Deutschland und der Union –, Recht der Arbeit 2019, 321–332 (zit.: *Henssler/Pant*, RdA 2019, 321)

Henssler,Martin/Willemsen, Heinz Josef/Kalb, Heinz-Jürgen: Arbeitsrecht Kommentar, 9. Auflage 2020, Köln (zit.: HWK/*Bearbeiter*)

Heuschmid, Johannes: Neujustierung des Arbeitszeitrechts und des Systems der Arbeitszeiterfassung durch den EuGH, Neue Juristische Wochenschrift 2019, 1853–1854 (zit.: *Heuschmid*, NJW 2019, 1853)

Höpfner, Clemens/Alexander, Jan: Die Pflicht des Arbeitgebers zur Erfassung der Arbeitszeit, Recht der Arbeit 2019, 270–280 (zit.: *Höpfner/Daum*, RdA 2019, 270)

Hümmerich, Klaus/Reufels, Martin/Borgmann, Bernd/Mengel, Anja/Schiefer, Bernd: Gestaltung von Arbeitsverträgen, 4. Auflage 2019, Baden-Baden (zit.: Hümmerich/Reufels/*Bearbeiter*, Gestaltung von Arbeitsverträgen 4. Auflage 2019)

Hüpers, Bernd/Reese, Birgit: Vollständige Arbeitszeiterfassung für jeden Arbeitnehmer – Was bedeutet die Entscheidung des Gerichtshofs der Europäischen Union für wen?, Zugleich Besprechung des Urteils EuGH (Große Kammer) 14.5.2019 – Federación de Servicios de Comisiones Obreras (CCOO), Recht der Arbeit 2020, 53–58 (zit.: *Hüpers/Reese*, RdA 2020, 53)

Jacobs, Matthias: Reformbedarf im Arbeitszeitrecht, NZA 2016, 733–737 (zit.: *Jacobs*, NZA 2016, 733)

Jarass, Hans: Charta der Grundrechte der Europäischen Union: GRCh, 3. Auflage 2016, München (zit.: Jarass GrCh, 3. Aufl. 2016, EU-Grundrechte-Charta)

Kainer, Friedemann: Rückkehr der unmittelbar-horizontalen Grundrechtswirkung aus Luxemburg?, Neue Zeitschrift für Arbeitsrecht 2018, 894–900 (zit: *Kainer*, NZA 2018, 894)

Kalb, Heinz-Jürgen: 9. Landestagung Bremen des Deutschen Arbeitsgerichtsverbandes, Recht der Arbeit 2004, 188–189 (zit. *Kalb*, RdA 2004, 188)

Kamann, Jannis: Arbeitsvertragliche Gestaltung von Telearbeitsverhältnissen, Arbeitsrecht Aktuell 2016, 75–78 (zit.: *Kamann*, ArbRAktuell 2016, 75)

Karthaus, Boris: Wahlarbeitszeitgesetz – Flexibilität am Küchentisch?, Arbeit und Recht 2017, 154–156 (zit.: *Karthaus*, AuR 2017, 154)

Kiel, Heinrich/Lunk, Stefan/Oetker, Hartmut: Münchener Handbuch zum Arbeitsrecht, Band 1: Individualarbeitsrecht, 4. Auflage 2018, München (zit.: MünchArbR/*Bearbeiter*, Band 1: Individualarbeitsrecht I, 4. Aufl. 2018)

Klein-Schneider, Hartmut: Flexible Arbeitszeit – Vertrauensarbeitszeit, Betriebs- und Dienstvereinbarungen, Analyse und Handlungsempfehlungen, 2007, Frankfurt am Main (zit.: Klein-Schneider, Flexible Arbeitszeit-Vertrauensarbeitszeit)

Klem, Bernd/Kornbichler, Hendrik/Löwe, Hans-Peter/Ohmann-Sauer, Ingrid/Schwarz, Eckard/Ubber, Thomas: Beck'sches Formularbuch Arbeitsrecht, 4. Auflage 2020, München (zit.: Beck'sches Formularbuch Arbeitsrecht/*Bearbeiter*)

Kohte, Wolfhard: Arbeitsschutz in der digitalen Arbeitswelt, Neue Zeitschrift für Arbeitsrecht 2015, 1417–1424 (zit.: *Kohte*, NZA 2015, 1417)

Kohte, Wolfhard/Faber, Ulrich/Feldhoff, Kerstin: Gesamtes Arbeitsschutzrecht, 2. Auflage 2018, Baden-Baden (zit.: Kohte/Faber/Feldhoff/*Bearbeiter*, Gesamtes Arbeitsschutzrecht)

Kössel, Andreas: Deutsches Arbeitszeitrecht im Wandel?, Der Betrieb 2019, 1958–1962 (zit.: *Kössel*, DB 2019, 1958)

Krause, Rüdiger: Herausforderung Digitalisierung der Arbeitswelt und Arbeiten 4.0*, NZA-Beilage 2017, 53–59 (zit.: *Krause*, NZA-Beilage 2017, 53)

Krause, Rüdiger: Arbeit anytime? Arbeitszeitrecht für die digitale Arbeitswelt, Neue Zeitschrift für Arbeitsrecht 2019, 86–95 (*Krause*, NZA-Beilage 2019, 86)

Krause, Rüdiger: Digitalisierung der Arbeitswelt – Herausforderungen und Regelungsbedarf, Neue Juristische Wochenschrift 2016, 33–36 (zit.: *Krause*, NJW-Beil 2016, 33)

Kunz, Jürgen/Henssler, Martin/Brand, Jürgen/Nebeling, Martin: Praxis des Arbeitsrechts, 6. Auflage, Bonn (zit.: Kunz/Henssler/Brand/Nebeling/*Bearbeiter*, Praxis des Arbeitsrechts, 6. Aufl. 2018)

Küttner, Wolfdietrich/Röller, Jürgen: Personalbuch 2020, Arbeitsrecht, Lohnsteuerrecht, Sozialversicherungsrecht, 27. Auflage 2020, München (zit.: Küttner/*Bearbeiter*, Personalbuch, 27. Aufl. 2020)

Latzel, Clemens: Primärrechtliche Effektuierung der Arbeitszeitgrenzen, Urteil des Europäischen Gerichtshofs vom 14.5.2019 – Rechtssache CCOO, Europäische Zeitschrift für Arbeitsrecht 2019, 469–481 (zit.: *Latzel*, EuZA 2019, 469)

Lukas, Roland/Dahl, Holger: Mitbestimmung in sozialen Angelegenheiten, 1. Auflage 2016 (zit.: *Bearbeiter* in: Lukas/Dahl, Mitbestimmung in sozialen Angelegenheiten, 1. Aufl. 2016)

Lunk, Stefan: Der EuGH und die deutschen GmbH-Fremdgeschäftsführer – Auf dem Weg zum Arbeitnehmerstatus?, Neue Zeitschrift für Arbeitsrecht 2015, 917–920 (zit.: *Lunk*, NZA 2015, 917)

Maier, Natalie: Freie Arbeitszeiteinteilung von Wissensarbeitern – Selbstbestimmung oder Ausbeutung?, Der Betrieb 2016, 2723–2728 (zit.: *Maier*, DB 2016, 2723)

Maier, Natalie/Ossoinig, Verena: Freizeit und Beruf – Rechtliche und technische Unterstützung der Work-Life-Balance, Der Betrieb, 2015, 2391–2396 (zit.: Maier/Ossoinig, DB 2015, 2391)

Maschmann, Frank/Sieg, Rainer/Göpfert, Burkard: Vertragsgestaltung im Arbeitsrecht, 2. Auflage 2016, München (zit.: Maschmann/Sieg/Göpfert/*Bearbeiter*, Vertragsgestaltung im Arbeitsrecht, 2. Auflage 2016)

Meyer, Jürgen/Hölscheidt, Sven: Charta der Grundrechte der Europäischen Union, 5. Auflage 2019, Baden-Baden (zit.: Meyer/*Bearbeiter*)

Neumann, Dirk/Biel, Josef: Arbeitszeitgesetz: ArbZG Kommentar, 16. Auflage 2012, München (zit.: Neumann/Biebl)

Oetker, Hartmut/Preis, Ulrich: Europäisches Arbeits- und Sozialrecht – EAS – Grundwerk mit Fortsetzungsbezug, Stand: 02/2020, Heidelberg (zit. Oetker/Preis/*Bearbeiter*, Europäisches Arbeits- und Sozialrecht)

Pletke, Matthias/Schrader, Schrader/Siebert, Jens/Thoms, Tina/Klagges, Rhea-Christina: Dimensionen der Flexibilisierung Rechtshandbuch Flexible Arbeit, 1. Auflage 2017, München (zit.: Rechtshandbuch Flexible Arbeit 1. Auflage 2017)

Preis, Ulrich: Innovative Arbeitsformen, Flexibilisierung von Arbeitszeit, Arbeitsentgelt, Arbeitsorganisation, 1. Auflage, Köln (zit.: Preis/*Bearbeiter*, Innovative Arbeitsformen)

Preis, Ulrich: Der Arbeitsvertrag, Handbuch der Vertragsgestaltung, 5. Auflage 2015, Köln (zit.: Preis/*Bearbeiter*, Der Arbeitsvertrag)

Preis, Ulrich/Wieg, Florian: Weisungsrecht nach Inhalt, Ort und Zeit der Arbeitsleistung in einer mobilen Arbeitswelt, Arbeit und Recht 2016, 313–325 (zit.: *Preis/Wieg*, AuR 2016, 313)

Preis, Ulrich/Sagan, Adam: Europäisches Arbeitsrecht, 2. Auflage 2019, Köln (zit.: Preis/Sagan/*Bearbeiter*, EuArbR, 2. Aufl. 2019)

Raif, Alexander/Nann, Philipp: Arbeitsrecht 4.0 – Möglichkeiten und Hürden in der digitalen Arbeitswelt, Gesellschafts- und Wirtschaftsrecht 2016, 221–224 (zit. *Raif/Nann*, GWR 2016, 221)

Reinhard, André: Pflicht zur Arbeitszeiterfassung und Arbeit 4.0, Wird die Flexibilität abgeschafft oder unbezahlbar?, Neue Zeitschrift für Arbeitsrecht 2019, 1313–1317 (zit.: *Reinhard*, NZA 2019, 1313)

Richter, Tim: Flexibilisierung der Arbeitszeit durch Arbeitszeitkonten – Möglichkeiten und Grenzen (zit.: *Richter*, ArbRAktuell 2018, 241)

Ricken, Oliver: Arbeit im Sinne des Arbeitszeitrechts, Der Betrieb 2016, 1255–1260 (zit.: *Ricken*, DB 2016, 1255)

Rolfs, Christian/Giesen, Richard/Kreikebohm, Ralf/Udsching, Peter: Beck'-sche Online-Kommentare Arbeitsrecht, 55. Edition Stand: 01.03.2020 (zit.: BeckOK ArbR/*Bearbeiter*)

Rudkowski, Lena: Urlaub als Grundrecht des Arbeitnehmers, Neue Juristische Wochenschrift 2019, 476–480 (zit.: *Rudkowski*, NJW 2019, 476)

Sasse, Stefan/Schönfeld, Julia: Rechtliche Aspekte psychischer Belastungen im Arbeitsverhältnis, Recht der Arbeit 2016, 346–357 (zit.: *Sasse/Schönfeld*, RdA 2016, 346)

Schlegel, Rainer: Grenzenlose Arbeit, Neue Zeitschrift für Arbeitsrecht 2014, 16–22 *(zit.: Schlegel,* NZA-Beil. 1/2014, 16)

Schliemann, Harald: Arbeitszeitgesetzt mit Nebengesetzen Kommentar, 3. Auflage 2017, Neuwied (zit.: Schliemann)

Schliemann, Harald: Pflichten zur Aufzeichnung von Arbeitszeiten, Fachanwalt Arbeitsrecht 2016, 66–73 (zit.: *Schliemann*, FA 2016, 66)

Schlottfeldt, Christian/Hoff, Andreas: „Vertrauensarbeitszeit" und arbeitszeitrechtliche Aufzeichnungspflicht nach § 16 II ArbZG, Neue Zeitschrift für Arbeitsrecht 2001, 530–533 (zit.: *Schlottfeldt*, NZA 2001, 530)

Schlottfeldt, Christian/Hoff, Andreas: „Vertrauensarbeitszeit" und arbeitsrechtliche Aufzeichnungspflicht nach 16 II ArbZG, Neue Zeitschrift für Arbeitsrecht 2001, 530–533 (zit.: *Schlottfeldt*, NZA 2001, 530)

Schrader, Peter: Aufzeichnung und Dokumentation der Arbeitszeit nach dem Urteil des EuGH in der Rechtssache CCOO, Neue Zeitschrift für Arbeitsrecht 2019, 1035–1039 (zit.: *Schrader*, NZA 2019, 1035)

Schwab, Joachim/Weber, Arno/Michael, Winkelmüller: BeckOK Arbeitsschutzrecht, 1. Edition, Stand: 01.03.2020, München (zit.: BeckOK ArbSchR/*Bearbeiter*)

Sittard, Ulrich/Esser, Ilka: Das Ende der Vertrauensarbeitszeit? Das EuGH-Urteil zur Arbeitszeiterfassung, Juris Die Monatszeitschrift 2019, 284–290 (zit.: *Sittard/Esser* JM 2019, 284)

Thüsing, Gregor/Flink, Maike/Jänsch, Melanie: Arbeitszeiterfassung als europarechtliche Pflicht, Zur Reichweite der Entscheidung EuGH v. 14.5.2019 – C-55/18 und zum Umsetzungsbedarf im deutschen Recht, Zeitschrift für Arbeitsrecht 2019, 456–485 (zit.: *Thüsing/Flink/Jänsch*, ZFA 2019, 456)

Ulber, Daniel: Arbeitszeiterfassung als Pflicht des Arbeitgebers. Die Folgen der Entscheidung des EuGH in der Rechtssache CCOO, Neue Zeitschrift für Arbeitsrecht 2019, 677–681 (zit.: *Ulber*, NZA 2019, 677)

Ulber, Daniel: Vorgaben des EuGH zur Arbeitszeiterfassung, HSI-Schriftenreihe, Band 32 (zit.: *Ulber*, Vorgaben des EuGH zur Arbeitszeiterfassung, HSI-Schriftenreihe Band 32)

Ulber, Daniel: Arbeitszeiterfassung als Pflicht des Arbeitgebers, Die Folgen der Entscheidung des EuGH in der Rechtssache CCOO, Neue Zeitschrift für Arbeitsrecht 2019, 677–681 (zit.: *Ulber* NZA 2019, 677)

von Gleiss Lutz in Zusammenarbeit mit beck-online. DIE DATENBANK: Fachdienst Arbeitsrecht, Neuigkeiten zum Arbeitsrecht, von Gleiss Lutz in Zusammenarbeit mit beck-online.DIE DATENBANK, Ausgabe 33/2012 vom 23.08.2012 (zit.: FD-ArbR 2012, 335884)

von Roetteken, Torsten: Pflicht des Arbeitgebers zur Einrichtung eines Systems zur Erfassung der täglichen effektiven Arbeitszeit, juris PraxisReport Arbeitsrecht 23/2019 Anmerkung 1 (zit.: *von Roetteken*, jurisPR-ArbR 23/2019 Anm. 1)

Wank, Rolf: Der Arbeitnehmerbegriff in der Europäischen Union – Praktische Konsequenzen, Europäische Zeitschrift für Arbeitsrecht 2018, 327–345 (zit.: *Wank*, EuZA 2018, 327)

Wank, Rolf: Die unmittelbare Wirkung von Unionsrecht unter Privaten im Arbeitsrecht, Recht der Arbeit 2020, 1–12 (zit.: *Wank*, RdA 2020, 1)

Wank, Rolf: Facetten der Arbeitszeit, Recht der Arbeit 2014, 285–290 (zit.: *Wank*, RdA 2014, 285)

Wiebauer, Bernd: Arbeitsschutz und Digitalisierung, Neue Zeitschrift für Arbeitsrecht 2016, 1430–1436 (zit.: *Wiebauer*, NZA 2016, 1430)

Zumkeller, Alexander R.: Der EuGH und die Arbeitszeiterfassung – eine sonnenklare Entscheidung?, Betriebs-Berater 2019, Heft 25, Umschlagteil, I (zit.: *Zumkeller*, BB 2019, Heft 25, Umschlagteil, I)

www.ingramcontent.com/pod-product-compliance
Ingram Content Group UK Ltd.
Pitfield, Milton Keynes, MK11 3LW, UK
UKHW021937290926
8980IPUK00016B/1682

9 783631 871966